Next 教科書シリーズ

マーケティング論

雨宮 史卓 編

弘文堂

はしがき

われわれの日常生活やビジネスシーンにマーケティングは深く浸透している。TV やインターネットで目にする華やかな広告、次々に発売される利便性を追求した新製品、賑やかな街角で人目を惹くブランドショップのショーウィンドウなど、これらを支えているのはマーケティング理論である。マーケティングを多くの先人達が学び実践し、この理論なしには今の社会生活は成立しないといっても過言ではない。しかし、現実には一筋縄ではいかない状況に直面することが多々ある。綿密な計画を立て、多額の予算をつぎ込んだキャンペーンが失敗に終わったり、逆に、思いがけない商品が人々の注目を集め、大ヒットすることもある。商業上で何故このようなことが起きるのか、どうしてこうなるのかが中々、理論だけでは説明できないのである。

なぜなら、現代は商品 1 つを例にとっても、その本質的な機能だけで、企業が競争優位を勝ち取ることは不可能だからである。例えば、ファッション性の高い商品はブランド価値に代表されるように、感覚的・情緒的要素が重要であるし、実用性が重視される商品は、環境や世論形成に配慮するなどの社会的要素を中心に検討する必要がある。また、芸術性にかかわる映画や音楽に関しては、元来の消費者行動研究では限界がある。したがって、今後の理論構築は、マーケティング概念や手法の表面的な新しさをのみを追求するのではなく、新しい現実を深く考察することが重要となる。

本書は、日常で何故こうなるのか？という疑問をマーケティング理論に即して分かりやすく解説したテキストである。マーケティングを学ぶ大学生を主な対象としているが、一線で活躍しているビジネス・パーソンがマーケティング理論を身につけるうえでの必要な基礎知識も、十分カバーできる内容となっている。

なお、本書は共著であり私を含め 4 人の大学の教壇に立つ研究者によって執筆された。皆、昔からの学友であり、同じ学会に所属している。そこで数多くの研究発表を行い、今では皆、学会の要職に携わっている。学友達のマーケティングにかかわる豊富な知識や研究姿勢に私はいつも感銘を受けている。本書は学友の研究成果、知識や知恵に支えられて成り立っている。心から御礼を申し上げたい。

また、刊行の機会を与えて頂いた弘文堂編集部の世古宏氏に感謝の意を表したい。執筆中がコロナ禍であったため、いつも励ましのメールを頂いた。また、緻密な編集の労をとって頂いた小林翔氏にも心より感謝する。両氏の献身的なサポートがなければ本書は完成していなかっただろう。改めて執筆者一同、この場を借りて御礼申し上げたい。

2021 年 12 月

編者　雨宮史卓

目　次　Next 教科書シリーズ『マーケティング論』

第1章 マーケティングの基本的概念

本章のポイント

1. マーケティングに対する考え方や、時代ごとの定義の変遷は、それぞれの社会や文化の現実に即して実践されている。このことを認識してこそマーケティングの基本的概念が理解できる。
2. マーケティング・コンセプトとは、企業や組織がマーケティング活動を行うための基本的指針となる考え方である。企業が市場において競争に勝つためには、時代に適合したマーケティング・コンセプトの立案が必要となる。
3. 企業は独自に掲げるマーケティング目標を達成させるために、4P を効果的に組み合わせて戦略を遂行していかなくてはならない。また、市場創造をするためには、消費者ニーズとウォンツをリサーチする必要がある。

1 マーケティングの定義とその役割

マーケティングとは何かについては多くの研究者が定義を試みている。それらの中で、最も多く引用されてきたのは、1985年にアメリカ・マーケティング協会（AMA : American Marketing Association）によって発表された定義であろう。その定義は、「マーケティングは個人や組織の目的を満たす交換の実現のために、アイデア、財、サービスの考案、価格決定、プロモーション、流通を計画し、実行する過程」というものである。この定義は、「財・サービス」「価格」「プロモーション」「流通」という記述がなされ、その特徴は所謂、「マーケティングの4P」に焦点を当てたものである。詳細は後述するが、「マーケティングの4P」とは、Product（製品）、Price（価格）、Place（流通）、Promotion（プロモーション）の4つを指し、これらを管理することがマーケティングの諸活動において中心になることを示している。1960年代のマーケティングは、「製品を流通させる方法」という意味で捉えられていた。このことは、1960年における「マーケティングとは、消費者や利用者に生産者が製品・サービスを流通させるための様々な商業的行為」というAMAの定義からも明らかである。それが1985年の定義により、「流通」を中心に考えていたマーケティングから、製品の開発・販売に関する様々な活動を取り入れた上で、アイデアやサービスを強調するマーケティングへと変化した。この背景には、サービスの経済化、マーケティング適用領域拡大への関心の高まりが世論にあったと考えられる。また、「交換の実現」という表現に、市場に参加する者の自由な意思に基づく市場経済の取引を前提としていることが示されている。

しかし、2004年になると、時代の変化を受けてAMAの定義は、「マーケティングとは、組織と利害関係者にとって有益となるように、顧客に対して価値を創造・伝達・提供し、顧客との関係性を管理するための、組織的機能ならびに一連の諸過程」と改訂された。1985年から約20年の時を経て改訂されたこの定義の特徴は、次の3点にある。第1に、売り手にとっての交換の実現から、顧客のための価値実現に視点がシフトしている。第2に、個人や組織だけでなく、マーケティングに関与する利害関係者にまで範囲を拡大している。つまり、企業と顧客の満足という考え方に加え、マーケティングに関与する利害関係者「ステークホルダー」(顧客、株主、従業員、取引先、住民、金融機関、投資家、政府など) の有益も考慮に加えている。第 3 に、交換に加え経時的な関係性の管理が強調されている。さらに、2007 年になると、「マーケティングとは、顧客、依頼人、パートナー、社会全体にとって価値のある提供物を創造・伝達・提供・交換するための活動であり、一連の制度、そして諸過程」と AMA の定義が改訂された。この定義の特徴は、企業と顧客、あるいは利害関係者にとどまらず社会全体という考え方になっている点である。すなわち、社会を構成する様々な人が価値を創造し、伝達、供給する仕組みがマーケティングなのだという考え方にほかならない。

また、米国マーケティング研究の第一人者であるコトラー (Kotler, P.) は、「マーケティングとは、個人や手段が、製品および価値の創造と交換を通じて、そのニーズやウォンツを満たす社会的・管理的プロセスである」と定義している。コトラーの定義において、生産と消費を結び付ける市場での交換を前提としている点、あるいはマーケティングは単なる製品の販売でなく価値の創造と交換に関する点は、AMA の定義に通じるものである。しかしながら、マーケティングの目的が消費者のニーズやウォンツの充足にあるとする点は、結果的に AMA の定義通り遂行されれば、それは成されることではあるが、表現としては見受けられないため、コトラーは、消費者のニーズやウォンツの充足をより強調しているといえる。したがって、コトラーの定義によれば、企業が製品や価値を創造して提供されても、消費者のニーズを満たさなければマーケティングとはいえないことになる。価値に対してのニーズやウォンツの充足を検討すると、経済的な使用価値を有する製品の開発だけでは企業は成功しない。当然、消費者の情緒的価値や自己表現的価値なども研究対象としてマーケティングを捉える必要がある。

一方、わが国においては、1990 (平成 2) 年に日本マーケティング協会 (JMA : Japan Marketing Association) が、「マーケティングとは、企業および他の組織が、グローバルな視野に立ち、顧客との相互理解を得ながら、公正な競争を通じて行う市場創造のための総合的活動」と定義している。そして、この定義には、4つの用語に注釈が付されている[1)]。それは次の4点である。

①「他の組織」は、教育・医療・行政などの機関、団体などを含む。②「グローバルな視野」とは、国内外の社会、文化、自然環境の重視。③「顧客」は、一般消費者、取引先、関係する機関・個人、および地域住民を含む。④「総合的活動」とは、組織の内外に向けて統合・調整されたリサーチ・製品・価格・プロモーション・流通、および顧客・環境関係などに係わる諸活動をいう。

JMAの定義は、1985年におけるAMAの定義では日本の実情からすると、満足できないとして作成された経緯がある。そのため、AMAの定義の問題点を抽出して検討された。その問題点とは、「マーケティングが社会のなかで果たしている積極的な意味がまったく出ていない」「不明瞭な印象を与える」「競争という問題が抜けている」「市場創造、開発という視点が明確でない」などが挙げられた。そして、これらの問題点を踏まえた上で、JMAの定義に盛り込みたい観点として、「マーケットの創造」「マーケティングが社会において果たしている積極的な意味」「なるべく簡潔にわかりやすく」「日本で行っているマーケティングを反映させたい」などが挙げられた[2)]。これらのことを考慮すると、JMAの定義の特徴は次の3点に集約できる。第1に公正な競争に基づく自由主義経済や、進展するグローバル化を前提としている点。第2に、営利目的の企業だけでなく、教育・行政・医療などに携わる機関や団体などの非営利組織も主体に含まれている点。第3に、AMAの定義が顧客との関係性や顧客価値を重視しているのに対し、JMAはマーケティングにおいて「顧客との相互理解」が重要であることを強調している点である。

現代では、マーケティング概念が非常にポピュラーになり、多くの人が学び実践し、巷にはマーケティング関連の書籍が氾濫している。このような状況下においては、マーケティングは、企業がモノやサービスを売るための手段として捉えるのが通常である。しかしながら、上述の如く検討すると、様々な方面からのマーケティングに対する考え方や、時代ごとの定義の変遷は、それぞれの社会や文化の現実に即して実践されているマーケティングを反映したものと改めて認識できる。1960年のAMAの定義は、当時のマーケティングにおける流通の重要性を反映したものであろうし、それが交換から顧客価値・関係性・相互理解、そして社会的観点へという動向は、まさにその後のマーケティングにおける関心のシフトに呼応する。したがって、マーケティングの定義は今後も改訂を余儀なくされるのは必至であり、時代の流れに迅速に対応する必要がある。

2　日本市場におけるマーケティング・コンセプトの変化

マーケティング・コンセプトとは、企業や組織がマーケティング活動をどのように行っていくべきであるか、その基本理念、あるいは基本的指針となる考え方である。マーケティング・コンセプトを理解する上で、前提となるのが「プロダクト・アウト」と「マーケット・イン」の考え方で、製品の開発をするにあたって、志向の違いを説明したものである。「プロダクト・アウト」は、まずは企業の技術部門が中心となり、技術力や思想に照らし合わせ、企業が作りたいもの、作れるものを中心に製品を開発し、それを市場に送り出す志向のことである。これに対して、「マーケット・イン」とは、まずは顧客ニーズを出発点として製品を開発していこうとする志向である。したがって、「プロダクト・アウト」は生産者視点であり、「マーケット・イン」は顧客視点の志向といえる。

前節のマーケティング定義も時代の変化に伴い改訂されていった。同様に、社会情勢や経済状況も刻々と変化する。また、消費者ニーズや市場自体も変化していく。このような状況下で企業に求められるのは、市場の変化に素早く対応し、自社のマーケティング活動に取り入れ方向性を明確に示すことである。マーケティング・コンセプトも時代と共に移り変わっており、「生産志向」→「製品志向」→「販売志向」→「顧客志向」→「社会志向」の順に５つの志向が生成された。この５つの志向は「プロダクト・アウト」の考え方を基盤とする「生産志向」「製品志向」「販売志向」と、「マーケット・イン」の考え方を基盤とする「顧客志向」「社会志向」の２つに分けることが可能である。

それぞれのマーケティング・コンセプトは、時代背景や社会状況の変化に伴い、出現してきたが、古いコンセプトが劣っているということを意味するわけではない。それぞれのコンセプトがその時代には適した市場環境が存在していたことを意味する。本節では、日本市場におけるマーケティング・コンセプトが時代の変遷に伴い、どのように変化してきたかを考察する。

A プロダクト・アウト

[1] 生産志向

生産志向は、マーケティング・コンセプトの中で最も歴史が古く、需要が供給を上回っていてモノが不足していた時代に生まれたコンセプトであり、日本市場の戦後から高度成長期までは主流の考え方であった。需要に比べて供給力が未成熟な段階では、メーカーは生産性の向上を第一義として、市場需要に見合うだけの生産力をつけようとする。したがって、企業は製品を作れば、もしくは仕入れれば売れる時代であった。また、この時代は消費者が安価な製品を好むことが前提であったため、メーカーは、いかに安いコストで多くの製品を作るかを念頭に置いていた。流通業者にとっては、いかに多くの供給業者を確保し、大量の製品を仕入れるかが重要であった。つまり、この志向は「需要に対して生産が追い付かない」「多くの人が購入できるように価格を下げたい」「どこでも製品が手に入るようにする」という課題を解決するために生まれた考え方である。

[2] 製品志向

製品志向は、多くの企業が同じような製品・サービスを提供し始め、競争が激化した時代に生まれたコンセプトである。競争が激しくなると、企業は既存製品よりも高品質・高性能な製品を顧客は求め、それを開発すれば必ず売れるという目論見を持つようになる。なぜなら、高度成長期も終盤になると、各企業の生産志向の経営が功を奏し、人々にとって生活する上で必要な製品が一通り行き渡る。そのため、顧客は各メーカーの製品同士を比較検討するようになる。つまり、各企業の生産志向により、市場の需要に対応が可能になったため、次の段階として競合企業と品質、機能、デザインなどで差別化することによって、新たな需要の開拓を試みるのである。しかしながら、メーカーは既存製品に対して、よりよい製品を作り、改善していくことを最優先とするため、本来の顧客ニーズを見落としていたり、顧客が求めている領域から逸脱する可能性もあった。

[3] 販売志向

上述の製品志向が製品の品質や機能、デザインなどで差別化するのに対し、販売志向は売り方によって差別化することである。生産志向によって需要量に対応し、製品志向によって優れた製品が現れたものの、それも消費者に行き渡り製品での差別化が頭打ちになれば、今まで以上の売上は期待できなくなる。つまり、企業の生産志向、製品志向による経営戦略の結果、供給量が需要量を上回ると、メーカーは作ったものをいかに売るかということが課題となる。そのため、メーカーは大量生産した製品を捌くために新たな市場の開拓や効果的な販売促進に注力することが求められる。具体的には、可能な限り多くの流通経路を確保し、消費者と自社製品との出会いの場を作ること、製品に関する情報を消費者に対して提供するための広告・プロモーション活動などが重要となる。

このような販売志向の考え方が重視される時代になると、物販を担う流通業者、とりわけ小売業者が力を有することになる。メーカーにとって小売業者は自社製品を販売してもらう立場にあるのと同時に、「消費者に一番近い場所」に存在する。つまり、メーカーは集客力のある小売業を選別し、自社製品の仕入れを促し、捌いてもらい、消費者からの情報を小売業から吸収できるシステムを構築する事が重要となる。なぜなら、販売志向は、「すでにある製品をどのように売るか」という考え方が根底にあり、消費者のニーズは考慮されていない。そのため、企業が売りたいと思っているものだけを売るための概念である。したがって、小売業から提供される消費者にまつわる情報は、企業本位の考え方の修正を可能にする。

B マーケット・イン

[1] 顧客志向

顧客志向とは、顧客のニーズやウォンツを調査し、それを充足し、顧客が求めているものを作ることに主眼をおいた考え方で、マーケティング志向とも呼ばれる。上述の志向（生産志向・製品志向・販売志向）は、企業が主体となって製品を生産し販売するため、プロダクト・アウトの考え方が中心であった。これに対して、顧客志向以降は、顧客を中心に捉えたマーケット・インの考え方が中心である。

市場が成熟し、消費者もほぼ全てのモノを所有する時代になると必要なモノのみを購入するようになる。さらに景気後退などの社会状況が重なると、消費者は本当に必要なモノ、自分自身にとって価値のあるモノのみを選択し、より安く購入する傾向になる。このような状況下においては、販売志向のように企業が生産し販売するだけの考え方では、顧客のニーズやウォンツとの間に乖離が生まれ、製品の売上に限界が到来する。そのため、顧客の立場に立ち、顧客一人ひとりにとって、価値のある製品を生産・販売し、顧客の満足を得ることが可能なより緻密なマーケティング概念が要求される。したがって、顧客志向は、市場調査、消費者行動分析、競合製品分析などを通して、ターゲットのニーズやウォンツを意識し、競合よりも優れた価値を提供することに焦点を当てたコンセプトである。

[2] 社会志向

社会志向とは、対象顧客のニーズやウォンツの充足だけでなく、社会全体の利益や福祉の向上を考慮し、長期的な視点に立ってマーケティングを行おうとする考え方で、ソーシャル・マーケティングとも呼ばれる。顧客志向により、消費者の欲するモノを多く作ると、物質的に豊かになり、企業の業績は伸びる一方で、環境破壊、資源不足、人口問題、経済格差などの社会的な課題に企業は直面する。このような状況においては、企業は利益のみを追求するのではなく、長期的な視点に立ち、社会に還元・貢献することも考慮しなくてはならない。

例えば、家電メーカーや自動車メーカーは、顧客の「より快適な生活」というニーズに応え様々な製品を市場に導入してきた。それにより、電気やガソリンの消費量が増えると地球の温暖化が進み、自然環境に悪影響を及ぼすことになる。そのため、家電メーカーは、電気の消費量を抑えた省エネ家電を、自動車メーカーは、CO_2の排出を抑えるハイブリッドカーを開発し、市場に導入してきた。消費者に対しても、それらの製品が既存製品より多少高額であっても、「我々の企業はモノを売るだけでなく、自然環境のことを考慮した製品を世に送り出し、社会に貢献している」ということを訴求し、プロモーションと同等の効果が期待できる。したがって、この考え方は前節に検討した2007年のAMAの定義に見られる「社会全体にとって価値のある提供物」という表現にまさしく通じるのである。

メーカーだけにとどまらず社会志向の考え方は、流通業にも浸透している。例えば、コンビニエンス・ストアは1970年代に登場し、当初は長時間、あるいは年中無休で営業し、生活最寄品を中心に販売する業態であった。消費者にとって身近でその名の通り便利な小売店として存在感を示していた。それに加え、近年では国税・地方税の納付、国民健康保険・介護保険など保険料納付、住民票の写しなど各種証明書類の自動交付など、多くの行政サービスも提供されている。さらに、「安全・安心なまちづくりに協力」「青少年環境の健全化への取り組み」の２つを柱とする「セーフティステーション活動」にも取り組んでおり、地域の防犯活動として成果も上げている[3)]。その意味では、地域に密着し社会に貢献している流通業の典型といえる。

このように、マーケティング・コンセプトは時代背景や社会・経済状況の変化によって、変遷し続けており、今後も変遷していく可能性が大きい。企業は、そのような変遷を敏感に察知し、対応できるような柔軟性がマー

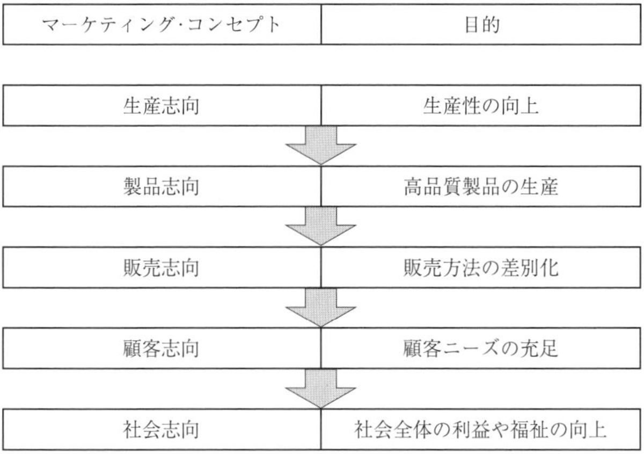

図1-1　マーケティング・コンセプトの変遷

ケティング・コンセプトに対して必要となる。なお、日本市場におけるマーケティング・コンセプトの変遷を図1-1に示す。

3 マーケティング・ミックス

本章第1節でも述べた通り、多くの研究者がマーケティングの定義を試みる際に引用された1985年のAMAの定義は、「マーケティングの4P」に焦点を当てたものである。一般的に、マーケティングの意味自体を市場調査や販売方法などに捉えがちであるが、実際は、何か1つの具体的な手法や活動ではない。マーケティングは多岐にわたる手法や活動およびコンセプトなどを統合的に実践することである。このことは、上述のマーケティングの定義、マーケティング・コンセプトからも明白である。

また、上述の様々なマーケティング定義は、顧客との関係性の創造・維持および価値提供を強調している。企業が顧客に対し製品・サービスを提供することによって、顧客は様々な価値を得ることになる。したがって、企業と顧客の関係性は製品・サービスが中心となるが、それだけで商取引が成され市場が形成される訳ではない。顧客が製品・サービスに対して、どれくらいの価格が適正と思っているのか、どれくらいの支払い能力があるのか、あるいは、どのような支払い方法を便利と考えるのかなどを検討しなくてはならない。また、顧客が必要とした場合、欲しいと思った時、いつでも、どこでも、自社の製品・サービスを効率よく購買できるように準備しておくことが必要である。さらに、自社の製品・サービスを顧客となりそうな人に認知してもらうことや、当該ブランド力を高めるための情報提供を促進することも重要である。企業は、製品・サービスを中心に適切な価格を設定し、効果的な流通経路を構築した上で、プロモーションを考案しなくてはならない。

こうしたマーケティングに用いられる一連の手法や活動は、「マーケティング・ミックス」と総称される。マーケティング・ミックスは、企業が環境に適応し、マーケティング目標（売上高、利益、マーケット・シェア、名声など）

を達成するために用いる「製品（Product）」「価格（Price）」「流通（Place）」「プロモーション（Promotion）」の組み合わせである。つまり、企業は独自に掲げるマーケティング目標を達成させるために、4P を効果的に組み合わせてマーケティング戦略を遂行していかなくてはならない。これらの 4 つのカテゴリーは、その頭文字をとって、「マーケティングの 4P」と呼ばれる。以下では、この 4P の枠組みに沿って、順番に検討していく。

A 製品

製品（Product）は、市場において人々が対価を支払い購入しようとする直接的な対象である。例えば、コトラーは「製品は、ニーズとウォンツを満足させるため、注目、取得、使用、消費を目的として市場に提供されるもの」[4)] と定義している。ニーズ、ウォンツを満足させるために、取得したり使用する権利のあるものは有形財に限らず、無形財も存在する。例えば、スマートフォンは有形財であるが、消費者は所有のためだけに購入するわけではない。スマートフォンを駆使し、インターネットで情報を引き出したり、メールや SNS をコミュニケーション・ツールとして活用するなど、無形の要素が重視される。また、レストランで食事をする場合などは、提供されるメニューの美味しさも重要だが、店舗の雰囲気、接客サービスの優劣など無形の要素が選択理由になることが多い。そのため、「4P＋S」と示される場合もある。

4P のカテゴリーとしては、便宜上「製品」のみ記されることが多く、それは上述のコトラーの定義にも見られる。正確には無形財であるサービスもその対象に含まれることに注意が必要である。通常は、有形財を製品、無形財をサービスとし、市場において商取引される全てを商品と名付ける。換言すれば、商品には製品とサービスの 2 種類があり、市場に提供されている。いずれにしても、製品・サービスは顧客との関係を構築・維持する上で中心的な問題である。競合企業より優れた機能や品質、あるいはブランド力を備えていることは重要であるが、顧客はそれらだけに反応するわけではない。製品・サービスのネーミング、デザイン、パッケージ、サイズなども見逃してはならない重要な要素である。これらの要素が異なれば、評価や選択の対象となる製品やサービスが異なってくるし、その用途や利用方法も異なる可能性がある。

B 価格

価格（Price）とは、企業が製品やサービスの対価として消費者に支払いを求める金額のことである。通常、企業が製品やサービスを提供するのに必要なコストを回収し、適正な利益を得ることが出来るように設定される。したがって、価格は企業活動の最大の目的である利益に直接かかわる要素である。一方、消費者にとっては購入の意思決定をする際に、最も重要な要素となる。企業は商品を入手するにはいくら払えばよいのかという条件を、価格を通して示している。消費者は、この金額によって、予算内で支払いが可能かどうかを判断する。そのため、消費者にとって、価格とは極めて身近な情報であると同時に、購買状況における様々な比較検討の「目安」となる。

その具体的な「目安」とは、「あの店の方が安かった」などの店舗の比較、「このブランドでこの価格は仕方ない」といったブランド間の比較、「この素材だったら良心的な価格だ」といった品質・機能の比較、「この季節だから安い、あるいは高い」といった、季節間の比較、さらに、「ボーナスの時期だから、贅沢をしよう」「アルバイト代が入ったからいつもより高いサービスを受けよう」といった消費者自身の経済的事情に伴う気持ちの比較などである。同一の商品カテゴリーにおいて、多岐にわたるブランドが存在する。また、同一の製品・サービスの価格が常に同一でなければならないわけではない。販売する店舗、地域、時期、量などによって割り引かれたり、割り増しされた価格を設定する場合がある。そのため、消費者は常に何らかの目安を必要としている。

また、商品に付与された価格は、当該商品の品質を連想させる情報ともなる。高額の商品ならば、いかにも高級そうなイメージを抱くし、手に取った商品のブランドを知らなくても高額なら、有名なブランドなのだろうと予測する。逆に、予想外に安価であれば、この商品の品質は大丈夫なのかと疑ってしまう商品群もある。もちろん、「安ければ安いほどありがたい」という商品群もあるが、風邪薬や栄養ドリンクなどの新製品が安価で売り出されたら多くの人は効果を疑うはずである。

このように消費者は、日常の購買行動において意識することなく、ある時は予算制約に関する経済的な情報として、またある時は様々な比較検討の目安として、もう一方では、品質を判断する手がかりとして価格情報を活用する。したがって、企業にとって価格設定は常に重要である。

C　流通

流通（Place）は、生産から消費に至る商品の社会的移転を円滑に推進する役割を担っている。企業が優れた製品・サービスを創造した結果、消費者がそれを必要として、購買可能な水準に価格が設定されたとしても、流通していない商品を人々が購買することは不可能である。「必要な時に、必要な商品が、必要な量だけ、必要な人に」届かなくてはならず、これを実現するのが流通の目的である。この目的を実現させるために、生産と消費の間に存在する様々な懸隔《けんかく》を架橋する経済活動が遂行されなくてはならない。自給自足の経済下では流通は必要ないが、社会的分業が発達した現代社会では下記のような懸隔が生じる[5)]。

①所有権の懸隔（生産者と消費者との分離により生じる懸隔）、②空間的懸隔（生産地と消費地との距離により生じる懸隔）、③時間的懸隔（生産時期と消費時期との相違により生じる懸隔）、④量的・質的懸隔（生産された製品の量・組み合わせと消費者が求める製品の量・組み合わせとの間に生じる懸隔）、⑤情報的懸隔（生産者が需要情報を、消費者が供給情報を持たないことにより生じる懸隔）。

製品がメーカーの工場で梱包されたままの状態、あるいは、農産物が農家の倉庫に置かれている状態では、その生産物は価値を持たない。それを必要とする消費者の手に届けられ、消費・使用されてはじめて価値を生み出すのである。したがって、流通は社会的分業や専門化により発生する供給と需要の間の様々な社会経済的分離状態を結合することで経済価値を創造する活動といえる。

また、流通の具体的な機能としては、主体から主体への使用権や所有権の移転に着目した「商的流通（商流）」、権利の移転を前提に生じる取引対象物の時間的・空間的移転に着目した「物的流通（物流）」がある。例えば、インターネット上である商品を購入するために、クレジットカード番号などの入力を完了したとする。この時点で、所有権は販売者から購入者に移転しているので、「商的流通」は完結していることになる。しかしながら、購入した商品はまだ手元に届いていない。後日、購入者の手元に当該商品が届けられて初めて物的流通が完結したことになる。さらに、「商的流通」と「物的流通」を円滑に推進するために重要な「情報流通」、製品の社会的移転に間接的な支援を与える流通金融と危険負担を内容とする「補完的流通」がある。商的流通と物的流通を完結させるためには、商品を購入してもらわなくてはならない。そのためには、商品の特徴を消費者に伝えなくてはならないし、どこで購入できるかを認知してもらう必要がある。とりわけ近年では、SNSの繁栄により企業と消費者間の双方向の情報流通が盛んである。また、高額な商品はローンを組んでこそ円滑に流通が完結するし、車など危険が伴う製品は保険により安心が担保されるので、「補完的流通」も現代においては必須である。

D プロモーション

顧客のニーズやウォンツを満たす商品計画が成され、適正な価格が検討され、効果的な流通方法が考案されても、その存在や有用性が広く認知されなければ、当該商品は顧客を獲得することができない。つまり、4Pの要素における、上述の製品（Product）、価格（Price）、流通（Place）は売れるようにするための条件作りで、実際それが売れるように顧客にアピールするのがプロモーション（Promotion）の役割である。したがって、プロモーションとは顧客に自社商品のことを知ってもらい、買いたいと思うように購買意欲を喚起させ、販売を促進する活動の総称である。

製品やサービスの販売を促進する活動として多くの人が思い浮かべるのが「広告」であろう。確かに広告の機能・役割は非常に重要であるが、より高い効果を上げるには、広告による市場への告知や浸透だけでは不十分である。顧客に自社商品の購入を意思決定させるためには、広告と連動した様々な活動によって消費者の購買意欲を喚起し、さらには流通業者の販売意欲を高めることが重要である。

このような様々な活動や手段の総称がプロモーションであるが、広義には「広告」「人的販売」「PR活動」「セールス・プロモーション（SP）」の4要素から成り立っている。対象によって、消費者向け、流通業者向け、小売向けに分かれる。また、この4要素は、独立して機能するわけではなく、それぞれが特徴を持っており、商品の特性、プロモーションの目的やマーケティング目標に最適な組み合わせを考えることが重要である。なお、4要素の組み合わせを「プロモーション・ミックス」という。

4　マーケティング領域におけるニーズとウォンツ

上述において、ニーズ（needs）やウォンツ（wants）という言葉が度々出てくる。この場では、ニーズとウォンツがマーケティング領域の中でどのように位置付けられ、どのような意味を持つかを明確にしておきたい。

人間には様々な好みや欲求がある。「美味しいものを食べたい」「便利な場所に住みたい」「海外に行ってみたい」「高級ブランドを揃えたい」「常に健康で若々しくいたい」など、人が求めるモノやコトを一括してニーズと呼ぶ場合が多く、欲求の充足は誰しもが持つニーズといえる。しかし、このニーズには、衣食住にかかわる生存の欲求をはじめ、心理的・社会的・文化的なものなど、様々である。したがって、ニーズを細分化して検討する必要がある。

ニーズを考察する場合、多くの研究の中でその原点になっているのは、「マズローの欲求五段階説」である。アメリカの心理学者であるマズロー（Maslow, A. H.）によると、人間の欲求は、図1-2に示すように5つの段階構造から成立し、一番下に位置する「生理的欲求」が充足されてから、「安全欲求」が生じ、それが満たされた後で、「帰属と愛情の欲求」「尊重欲求」「自己実現欲求」が生じるというように順次、高度化していくとしている。つまり、「生理的欲求」（衣食住にかかわる欲求や睡眠など）が満たされると、苦痛、不安、危険などを避け、安全に暮らしたいという「安全欲求」が生じる。次に集団（例えば家庭）に属し、愛されたい、人に認められたいという「帰属と愛情の欲求」が生じる。ここまでの欲求が満たされると、自分に対する高い評価、自尊心、社会的地位などを求める「尊重欲求」が生じ、他人から尊敬されたい、名声、注目を得たいという欲求に高度化する。そし

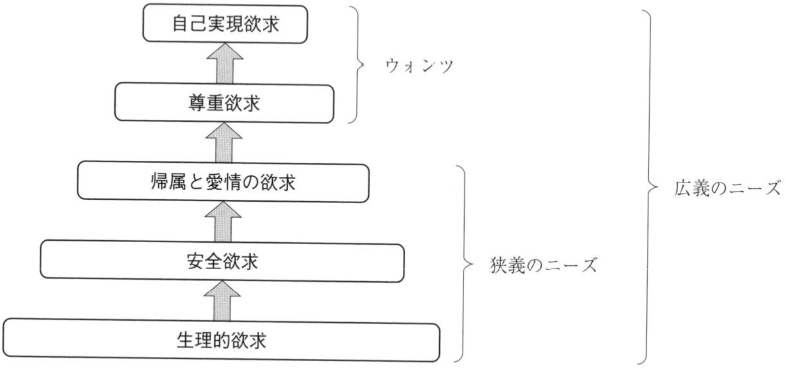

出典）野口智雄『ビジュアル　マーケティングの基本（第2版）』日本経済新聞出版，2005, p.13を参考に筆者作成.

図1-2　マズローの欲求五段階説

て、人の感じる最高次の欲求が「自己実現の欲求」とされる。これは自己の能力を最大限に発揮し、精神的充足感を感じるときに満たされる。また、この欲求だけは満足して終わることなく、さらに高度な次元を求めて行動し続けると考えられる。

これらの階層構造の全ての欲求は、人が求めるコトなので広義にはニーズといえる。しかし、ニーズとウォンツを分けて考察すると狭義のニーズは、「生理的欲求」「安全欲求」「帰属と愛情の欲求」の3つになる。なぜなら「生理的欲求」は人間が生存するために必要な最小限の欲求であり、それが達成されれば、安全に暮らしたい、そして、安全に暮らせれば、他者との友好、愛情関係や集団への帰属を求めることになる。これらは、人間の基本的要件である。これに対して、「尊重欲求」と「自己実現欲求」は、人々の心理的、文化的状況、あるいは自己を取り巻く周囲の社会的環境との対応関係から生じる欲求である。だからこそ、「尊重欲求」と「自己実現欲求」は、広義のニーズの中のウォンツであり、狭義のニーズとは分けて考えることが可能である（図1-2参照）。このことは、後述するコトラーの主張からも明らかである。

ところで、マズローは心理学者であるが、コトラーはマーケティング研究者である。そのため、コトラーの見解はより製品カテゴリー選択やブランド選択に傾倒している。マズローは欲求に対し、「人が求めるコト」に傾倒し、コトラーは「人が求めるモノ」に傾倒していると言えるであろう。いずれにしても、広義のニーズに対する見解である。コトラーは、ニーズをウォンツ、デマンド（需要）と関連付けて次のように述べている。マーケターは標的市場のニーズ、ウォンツ、デマンドを理解しようと努めなければならない。ニーズとは人間の基本的要件である。人間は生きるために、食料、空気、衣服、風雨を避ける場所を必要とする。レクリエーション、教育、娯楽のニーズも無視できない。こうしたニーズがそれを満たす特定の物に向けられるとウォンツになる。アメリカ人にとって食料はニーズだが、ウォンツはハンバーガー、フライドポテト、ソフトドリンクだ。モーリシャスの人にとっても食料はニーズだが、ウォンツはマンゴー、米、レンズ豆、空豆である。ウォンツは人間が暮らしている社会によって決まる。

デマンドは特定の製品に対するウォンツで、支払い能力に後押しされる。メルセデスベンツを欲しいと思う人は多い。しかし、実際に買うことができて買おうとする人はわずかである。企業は欲しいと思う人だけでなく、買う気があってしかも実際に買うことのできる人がどのくらい存在するかを判断しなければならない。

こうして区別してみれば、「マーケターは欲しくもないものを人々に買わせる」というよく耳にする批判の正体も明らかになる。マーケターがニーズを作り出すのではない。ニーズはマーケターより先に存在するものである。マーケターは他の社会的影響とともに、ウォンツへ影響を与えるにすぎない。マーケターは、メルセデスベンツを持てば社会的地位を高められるというニーズが満たされるとの考え方をプロモーションするかもしれないが、社会的地位というニーズを生み出してはいないのである[6)]。

このことを考慮すると、日常生活をする上で、どんな人にも人間の基本的要件があり、商品カテゴリーの選択に係わる要因としてウォンツがあり、ブランド選択に係わる要因としてデマンドが存在することになる。したがって、狭義のニーズとウォンツに関してはマズローの見解と一致している。例えば、気温が暑かったりスポーツの後は誰しも「喉が渇き」飲料を必要とする基本的要件がある。しかし、人にはその日の気分や体調は勿論、各個人の飲み物に対する好みがある。食事と一緒に飲料を必要とすれば、食品の味を邪魔しないお茶やミネラル・ウォーターを好むであろうし、眠気を覚ますのであればコーヒーや炭酸飲料になる。リフレッシュやストレス解消の一因として飲料を考えるのであればアルコール飲料を求めるであろうし、体調を気遣うのであれば栄養ドリンクを購入するであろう。そして、それぞれの製品カテゴリーには様々な価格帯のブランドが存在する。お茶やコーヒーであれば葉や豆の等級に分かれてブランドが設定されているし、アルコール飲料や栄養ドリンクも品質によりブランドごとの価格帯が異なる。人々は各個人の製品カテゴリーに対する自身の予算、品質を検討した上で適応するブランド購入を決める。これがデマンドにあたる。

また、誰しも基本的要件は不変であるが、同一人物、同じ一日であってもシチュエーションによってウォンツやデマンドは変化する可能性がある。例えば、朝起きて朝食の時間を家族と過ごす人は、家族の健康を気遣って野菜ジュースや牛乳を準備しておくであろう。その人が職場での休憩時間には気分転換のためにコーヒーを購入し、仕事の後は同僚とコミュニケーションを取るためにビールを注文するかもしれない。また、お酒の好きな人は家で1人の晩酌をするのが日常的である人もいる。家族の健康を第一に念頭に置くのであれば、飲料にお金に糸目を付けずブランドを選択する可能性が大きいであろうが、日常的な個人のための飲料であるならば節約志向でブランドを選択するであろう。

この場で、ニーズとウォンツの違いを明確にしておきたいと思う。コトであれモノであれ、「欲求の充足」は広義の意味でニーズといえる。総称されたニーズの中でも基本的要件は万人に共通する要素であり、食料、空気、衣服、風雨を避ける場所など、衣食住に係わる人間が生きるための最低限の要素や安全、社会への帰属や愛情は狭義のニーズである。また、広義のニーズにおけるウォンツは各個人の好みや気分、さらにはシチュエーションによって変化する製品カテゴリー選択に係わり、カテゴリー選択が決定するとシチュエーションに応じて予算、品質を検討して、コトラーが主張したデマンドに起因するブランド選択が決まる。

コラム　マーケティングの起源

学術的定義を考慮しない場合、一般的にマーケティングを販売や経営と同義に捉えられることがある。そのため、商業の歴史を振り返ってみたいと思う。販売の歴史は非常に古く、旧約聖書にも商人の話が出てくる。商人が存在したということは、販売が行われていたことが立証でき、その起源を遡れば文字の歴史よりも古いであろう。勿論、人間の歴史と共に商人の歴史が始まったということでなく、人間は血縁集団の中で自給をしていた。他の血縁集団と遭遇すると相手の財産や食料を奪おうと殺し合いとなる。どちらか一方の血縁集団が勝つと、また他の集団を探し相手の財産を奪おうと争いが繰り返される。これが、商業の起源であり、商業は「略奪」から始まったとされる。商業の「商」の字は所謂、「商い」を意味する。「商い」をするからにはもうけなくてはいけない。つまり、「もうける」という概念の起源が「略奪」なのである。

一方、学問領域に目を移すと、マーケティングは商業学に位置する。わが国で商業学という名称が用いられ出したのは1890年代のことであり、生産者やサービス業者の地位の向上、大規模化などと共に、1920年代になると広く企業経営を対象とする経営学が分離独立した。そして、1960年代になると、それらを主体とするマーケティング論の発達をみて、商業学は新たに再構築されたのである。当時から1970年代前半のわが国のマーケティングは非常に楽であったとされる。1970年代前半までの日本経済は高度成長を遂げ、次々と新製品を吸収することができるほど、経済的に豊かになっていったからである。また、「日本人は集団主義」と言われていたように、多くの人が同じ方向を向き、価値観も画一化されていた。そのため、買い手の欲するところが、売り手には自らの掌を指す如く分かったのであった。つまり、自分でこういうものが欲しいと売り手が思うものが、そのまま買い手の欲するものであった。さらに、当時の日本は欧米に対する憧れがあったため、欧米のものをそのまま真似て作れば、目新しさがあり売れたのである。だからこそ、売り手にとってとても楽だったのである。

それが現代では、人々の価値観やライフスタイルは多様化し、同質であることが困難となった。リサーチを通してのマーケティング努力も欠かせなくなった。市場に目を向ければモノから心へ、つまりモノがもたらす豊かさが飽和して、気分や経験、理想の人のライフスタイルさえも人々の欲求の対象である。そして、企業は様々なマーケティング戦略を駆使して競合企業に勝とうとしている。つまり、市場が飽和した状況下では、顧客の奪い合いが行われていると言っても過言でない。平和的商業以降、さすがに「略奪」ではないが、手段がマーケティング戦略に代わり奪い合いが続いているといえるのではないだろうか。

注)

ネット検索によるデータの取得日は，すべて 2021 年 9 月 1 日.

1) 公益社団法人日本マーケティング協会ウェブサイト「マーケティング定義委員会」p. 32.（https://www.jma2-jp.org/images/pdf/marketingdefinitioncommittee.pdf）

2) 1985 年の AMA の定義に対する評価、および JMA として定義に盛り込みたい観点については同上ウェブサイト 1), p. 7 を参照した。

3) 地域におけるコンビニエンス・ストアの役割については、コンビニエンスストアの経済・社会的役割研究会（2015）『2014 年度　コンビニエンスストアの経済・社会的役割に関する調査報告書』を参考にした。
（https://warp.da.ndl.go.jp/info:ndljp/pid/11038495/www.meti.go.jp/press/2014/03/20150325006/20150325006-2.pdf）

4) Kotler, Philip（1991）“Marketing Management : Analysis, Planning, Implementation and Control”, Prentice Hall　コトラー，P. 著 / 村田昭治監修 / 小坂恕・疋田聰・三村優美子訳（1996）『マーケティングマネジメント——持続的成長の開発と戦略展開（第 7 版）』プレジデント社，p. 412.

5) 懸隔については、意味や内容は同じでも、表現は研究者によって様々であり、必ずしも一致しない。本章では、鈴木安昭（1993）『新・流通と商業』有斐閣, pp. 4-5 および石川和男（2013）『基礎からの商業と流通（第 3 版）』中央経済社，pp. 38-39 を参考にした。

6) Kotler, Philip（2001）” Marketing Management : The Millennium Edition”, Prentice Hall　コトラー，P. 著 / 恩藏直人監修 / 月谷真紀訳（2001）『コトラーのマーケティング・マネジメント——ミレニアム版』ピアソン・エデュケーション，pp. 12-13 を参照した。

第2章

製品戦略とマーケティング

本章のポイント

1. 製品とは、消費者が購入することによってニーズやウォンツを満たすものであり、企業にとっては利益を生み出してくれるものである。消費者から支持される製品を開発するためには、消費者の多彩なニーズをいかに製品戦略に反映させるかが、重要である。
2. 人間に寿命があるように、製品にも誕生から衰退までの一生がある。これを製品ライフサイクルといって、売上高の水準や競争の違いに基づいて4段階に分けられる。
3. 同一製品用途の代替製品が市場に投入されれば、自然と既存製品は衰退していくことになる。しかし、「計画的陳腐化」は、意図的に既存製品を陳腐で古いものと消費者に認識させ、新たな製品購買に結び付ける戦略である。

1 製品の基本的概念と類型

A 製品の基本的概念

製品計画がなされ、ヒット商品へと導くために、製品戦略は欠くことができない。消費者が製品を求める際には、単にその物理的な構造物を購入しているわけではない。製品にとって、その基本機能が果たす効用やベネフィットだけではなく、そのブランドやスタイル・デザインなどがもたらすイメージさえも重要な要素である。したがって、情報化社会において、多彩なニーズを持つ豊かな消費者の発想をいかに反映させた製品を開発していくかが企業にとって大きな課題となる。

本章では、企業が競争相手の製品に対して、いかに自社の製品に独自の特徴を持たせ、消費者にそれを認識させ、市場の確保、拡大を目指しているのかという戦略を製品ライフサイクルとブランド・ライフサイクルの概念を比較しながら検討した上で、製品にまつわるマーケティング戦略を考察する。まずは、製品の基本的な概念を検討する。

製品とは、消費者が購入することによってニーズを満たすものであり、企業にとっては利益を生み出してくれるものである。消費者から支持される製品、つまりヒット商品を開発するためには、消費者の多彩なニーズをいかに製品戦略に反映させるかが、重要なテーマとなる。製品は基本的機能だけ備わっていれば良いわけではない。むしろ、企業はいかに競合製品と差別化を図るかという付加機能で勝負しているといっても過言ではない。例えば、「車」という製品は、動いて人や荷物を運ぶという必要最低限の働きが基本機能であり、「バッグ」は小物や書類などを入れて手軽に持ち運びを可能にするのが基本機能である。したがって、どんな高級車でも排気量の少ない車でも、あるいは、紙袋でも高級ブランドのバッグでも製品の基本機能には差がないことになる。

これに対して、消費者側はスタイル・デザインが自分の好みであるとか、当該ブランドにステータスを感じるといった付加機能を重視する傾向にある。そればかりか販売店のディーラーの対応が好印象であったとか、アフターサービスが充実しているなどの要素を重視する消費者も存在する。すなわち、「製品＝基本機能＋付加機能」という公式がなりたち、むしろマーケティング力が発揮されるのは、スタイル・デザイン、ブランド名などの製品の物理的特性に関係ない製品イメージの領域である（図2-1参照）。このことは、前章におけるコトラー（Kotler, P.）の定義である「製品は、ニーズとウォンツを満足させるため、注目、取得、使用、消費を目的として市場に提供されるもの」[1]をまさしく裏付ける。

したがって、企業側だけの立場では最終的に消費されることを目的としているが、消費者は製品自体を消費して使用することを望んでいるのではない。製品を取得することによって、基本機能に付随している様々な役割や便益性（製品ベネフィット）を求めているのである。このことを考慮すると製品とは、消費者のニーズやウォンツを満たすことを前提として市場に導入されなければ成立しないといえる。

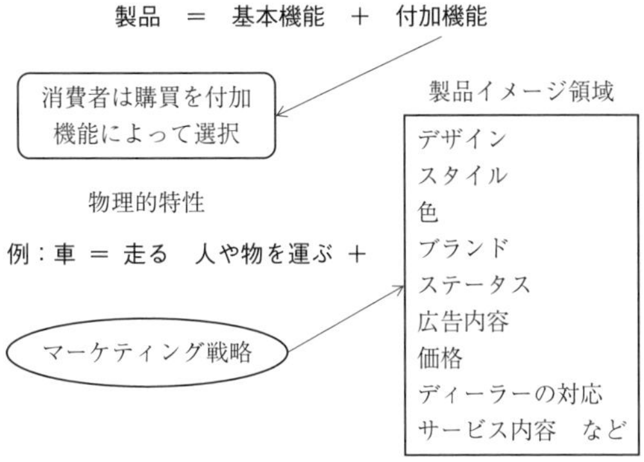

出典）筆者作成.

図2-1　製品とは？

B　製品の類型

製品は、様々な特徴や物理的特性を持ち合わせている。そのため、マーケティングの実務上では次の3つによって分類され、戦略の方法も変わってくる。第1章で考察したように、市場において商取引されるすべてを商品として、商品は有形財と無形財からなる。つまり、有形財が製品であり、無形財はサービスを指す。そのため、まずは「物理的特性」による分類を試みる。次に、物理的特性によって分類された製品を「使用目的」によって、分類する。そして最後に、消費者によって消費される消費財を「購買行動」によって分類する。

[1] 物理的特性による分類

(1) 耐久財

比較的長期間にわたり使用できる製品である。例としては家具、家電製品、自家用車、寝具などが挙げられる。何回も買い替えをするものではないので、その品質保証やアフターサービス、配送サービスなどが重要となる。耐久財は比較的高価格のものが多いため、購入された時の利益率は高いが、企業にとっての利益の回収期間・頻度を念頭に置くと、後述の非耐久財と比較すると短く少ない。そのため、家電製品や時計などは製品価格にいくらかプラスすると保証期間が長くなるシステムを導入している。また、消費者の立場になると輸入車などは購入価格が国産の車と比べて大差なくても、車検の時に付加されるメンテナンス料金などが高額になる場合がある。したがって、購入時の価格よりも当該車種を使用する期間に維持費を含めての支出額を検討する必要がある。

(2) 非耐久財

食料、洗剤、石鹸、文具品などの日用品がそれにあたる。使用期間が比較的短く、何度も買い替えをするものであるから、店頭シェアを確保し、常に消費者の手元に置いておく必要がある。つまり、スーパーマーケットやコンビニエンス・ストアなど、日常誰しもが立ち寄る店舗に陳列する必要がある。また、恒常的な需要のある製品群なので、使用者にリピーターとなってもらい、企業は自社ブランドを指名購入されることを目的とした継続的な広告・プロモーション戦略が重要となる。価格の面では耐久財と対照的に低価格で販売することが多く、大量に販売して利益を上げるような価格設定がなされる。

(3) サービス

交通手段、医療、運送、レストラン、ホテルなど、無形で取引されるために、いったん消費されると返品や修正ができない。なお、サービスの特徴については**第3章**で詳細に述べられているので、そちらを参照されたい。

[2] 使用目的による分類

(1) 消費財

一般の個人消費を目的に売買される製品を指す。消費者は必ずしも当該の製品・サービスに深い知識を持ち合わせているわけではないので、ブランドが持っているイメージが重要となる。不特定多数を相手にするので、マス・マーケティングが重要である。

(2) 生産財

生産者が顧客に提供する製品やサービスを創造するために購入する製品を指す。工事現場などのフォークリフトがわかりやすい例であろう。フォークリフトはビルや建物を作り上げるために使用する製品であり、個人の目的で消費者が購入する製品ではない。

同じ製品でも使用目的によって、消費財にも生産財にもなりうる点に注意が必要である。例えば、シャンプーという製品を個人の目的で消費したら、それは消費財になるが、美容室がシャンプーをまとめて購入した場合、それは顧客に洗髪する目的で購入されるので生産財となろう。いずれにせよ、購買先が専門知識を持っているので、マス・マーケティングの対象になりにくい。そのため、信頼性を基盤とした、メンテナンス・サービスや品質保証が重要となる。

[3] 消費者の購買行動による分類

生産財以外の製品は消費財になるので、これらを４つに分類する。なぜなら、一口に消費財といっても数えきれなく存在するのが現状であるため、それぞれの特徴に見合ったマーケティング戦略が必要である。

(1) 最寄品

消費者が計画的に購入しようとしない製品である。例としては、タバコ、コーヒーなどの嗜好品や雑誌、インスタント食品が挙げられる。頻繁に購買する製品であるが、計画的に購入される製品ではないので、消費者自身、当該の製品がなくなってから初めて店舗へ向かうので、常にどこでも買えるような状況下になくてはならない。すなわち、コンビニエンス・ストア、スーパーマーケット、駅の売店など、消費者の手元に置いておく流通戦略が重要である。

(2) 買回品

消費者が製品の品質や機能、デザインを複数のメーカーの中から比較検討して購入される製品である。家電製品、家具、衣料品などがそれにあたる。したがって、価格と品質のバランスが重要で、ブランド名を消費者に認知させることが課題となる。例えば、家電製品を購入しようとしている消費者は、家電小売店が多数存在する商業集積地へ出向いて、価格、品質、ブランドといった3つの要素を比較検討して製品を選択することになる。

(3) 専門品

購入しようとする人たちの趣味・嗜好、知識、およびそのブランドに対する情報などが大きく反映される製品である。宝飾品、高級自家用車、高級ワインなどがそれにあたる。製品単価は高く、最寄品とは対照的に店舗数も限られている。しかし、そのことでかえって希少性が増し、購買者は計画的にその製品を求めて、どこへでも出向く傾向がある。専門品として当該の企業が競争優位を得るためには、品質はもちろんブランド力を確立することが条件となる。

(4) 非探索製品

消費者にはあまり知られてなく、情報も少ない商品である。供給者側から積極的に働きかけなければ購入を計画されることがない。生命保険や健康器具がその典型であり、直接、消費者側へ訪問することが中心となるが、最近では通信販売に頼るケースもある。

2 製品ライフサイクルとブランド・ライフサイクルの比較

A 製品ライフサイクルとその各段階の戦略

人間の一生に寿命があるように製品にも寿命がある。この寿命とは、ある製品の市場における売上や利益がいつまで継続するかというビジネス上のことである。そのような製品の一生の変遷を一般的に製品ライフサイクル（PLC : product life cycle）という[2)]。ライフサイクルを考察することは、製品戦略を行う際に大きな意味がある。当該製品のライフサイクルがどのようになるかを予測することで、その製品の特徴が明確になり、他企業との競争にも大いに役に立つ。売上高の時間推移や競争状態の違いに基づき、①導入期、②成長期、③成熟期、④衰退期の 4 つの段階に分けて考えることができる。

[1] 導入期

製品が初めて市場に導入された段階である。通常、いかなる製品も消費者には認知されていない時期なので、売上高は低い状態である。メーカーとしては製品ブランド名、製品機能などに対しての消費者認知度を高めるために、広告活動やサンプル配布を行う。このようなコストや研究開発費が掛かるために、この段階では利益はほとんど発生せず、いわば先行投資の時期である。

そのため、積極的なプロモーション活動を行って、新製品の存在、製品用途、利点などとして潜在顧客に情報として与えることと、適切な価格設定が今後の当該新製品の将来を担うことになる。

[2] 成長期

導入期の広告効果が現れ、製品の認知度が高くなり、チャネル体制も整うので、製品が消費者に行き渡る。したがって、評価が高まるので売上高が急速に上昇する。また、製造段階において操業効率が高まり、製造コストが低下した結果、利益率も上昇する。

しかしながら、当該製品の市場の可能性を見込んで競合企業が参入してくる時期でもある。特に、先発企業の製品がヒットすると後発企業の参入が相次ぎ、競争が激しくなってくる時期でもある。後発企業は、先発企業が多大なプロモーション・コストにより当該製品の存在や用途を顧客に認知させているために、プロモーション・コストを先発企業よりもあまり投入しないで、参入に成功する場合もある。したがって、自社製品の指名買いを促進できるようなプロモーション活動や新市場の探索が必要となり、競争企業に対して確固たるポジショニング優位の確立を目指す。

[3] 成熟期

当該製品がある程度市場に行き渡ると、需要が飽和状態に達し、売上高自体は高いものの、伸び率が鈍化する段階に入る。競合企業との価格競争が激しくなり、企業の利幅は薄くなる。この時期は製品をリニューアルしたり、買い換え需要をターゲットにするなど新市場を模索する必要がある。

さらに、製品の本来の機能ではない付加機能で競争する場合もある。例えば、携帯電話の基本的機能は相手と通話をするというコミュニケーション機能であったが、競争が激しくなると、メール機能、カメラ機能を導入し、さらにインターネットを検索できたり音楽を鑑賞できたりと、本来の機能以上のものが付加されている。近年では、携帯電話からスマートフォンを使用する人々が多くなり、通話機能以外の価値で競争している状況である。また、車を例にとれば車の基本的機能は「人や物を運ぶ」というものである。しかし、その機能はもはや当然であり、現代の市場では「ハイブリッドの車だから燃費が良い」「障害物をセンサーが感知する」「車庫入れが容易にできる」など、車の本来の機能以外での競争が続いている。

また、製品とは異なるが小売業態にもこのライフサイクルはあてはまる。例えばコンビニエンス・ストア（以下、CVS）が好例である。CVSとは本来、「アメリカから導入された新しい小売業態の一つで、消費者への便宜性を重視し、住宅地に至近な立地、最寄品を中心とした日用品の幅広い品揃え、長時間営業、親密な接客応対」[3]などが特徴である。しかし、多数の企業が先発の「セブン-イレブン」に続き参入すると、日用品の品揃えにとどまらず、銀行ATM機の導入、宅配サービス、公共料金の支払い、チケットの予約などの多岐に渡るサービスを行っている。

[4] 衰退期

製品のニーズがなくなり、売上高も利益も急激に下降線をたどる段階である。市場が冷え込むわけであるから、常に市場からの撤退と新製品開発を視野に入れながら、マーケティング活動を進めていく必要がある。

また、同じ製品用途の代替製品が市場に導入されたことが原因で、衰退する可能性もある。例えば、レコードはその典型である。レコードの製品用途とは、「音楽を鑑賞する」ことがその中心であるが、カセット・テープ、

CD、MD、MP3といった同じ製品用途のものが次々登場し、すでに衰退期にある。今やレコードは、一部の人に対するニッチなマーケットとなっている。さらに、上述の携帯電話やスマートフォンの普及率上昇により、家庭での固定電話は衰退期に突入しているといえる。なぜなら、携帯電話も固定電話も本来の用途は通話することであり、通勤や通学のために一人暮らしを始める人の固定電話設置率は年々、低くなっている。

マーケティング上ではこれら4つの段階に応じた政策をとることになる。ライフサイクルは基本的に図2-2のような曲線を導入期から衰退期まで描くことになる。ライフサイクルの一生は製品やサービスの種類によって、その周期は当然、異なる。何十年というロングセラー商品もあれば、数か月という短いものもある。例えば、車と同じ製品用途のもので過去の製品は「人力車」である。人力車は一部の観光地において街中を周遊するのに根強い人気を誇っているが、市場に投下されている数からいえば確実に衰退期にある製品である。したがって、車が自家用車として大衆化されて市場に導入されてから成熟期に至るまでに100年以上の歳月が経過している。それに対して、音楽を鑑賞する製品用途の製品は、レコード、カセット、CD、MDなどは短期間で代替製品が市場に導入されていることになる。

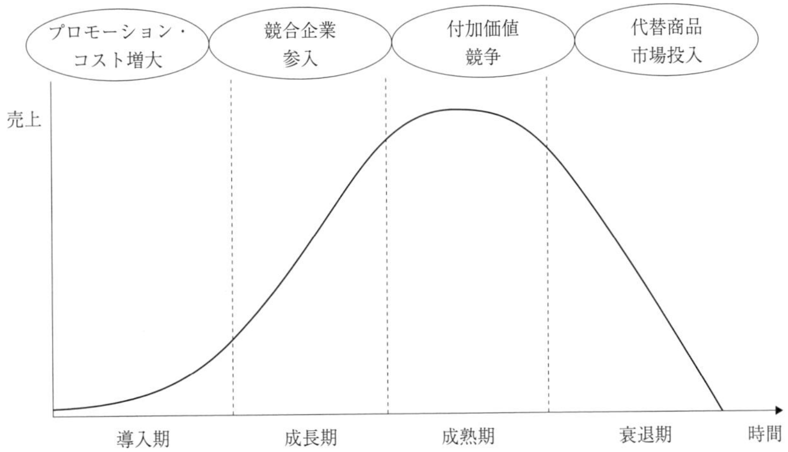

出典）著者作成.

図2-2 製品ライフサイクルの概念図

さらに、すべての製品が、全段階を通過するとは限らない。製品によっては、市場導入後、わずかの期間で市場から姿を消すものもある。ブーム商品といわれるものはその典型であり、ロングセラーになるためのプロモーション戦略が必要になる。いずれにしても、メーカーである企業は製品の衰退とともに企業自身も衰退とならないように、自社製品がライフサイクル上でどの段階にあるのか、同一製品用途の可能性があるかなどを常にリサーチした上でマーケティング戦略を立案すべきである。

B ブランド・ライフサイクルの捉え方

ところで、現在、日本市場に存在する多くの製品が成熟期にあるといえる。多くの家電製品は、モデルチェンジや新機能やデザインの付加で買い替え需要の促進に励んでいるし、日常、頻繁に買い足される洗濯洗剤でさえも、コンパクト化や洗濯機自体の機能の進歩に合わせた新しいタイプのものを導入している。また、モバイルオーディオにおけるウォークマンはカセット・テープから、CD、MD、MP3といった用途は同じでありながら、新たなラインが時代のニーズに合わせて導入され、主導のラインが転換しながら多様化を図っている。

このように意図的に企業が消費者に対し、既存製品を陳腐で古いものと意識させ、新たな製品の買い替えを促す戦略を「計画的陳腐化」と呼んでいる。この戦略には技術革新により新機能を追加して機能面を陳腐化させるものと、スタイル、デザインおよびパッケージなどを陳腐化させるものなどがある。前者の例としてはAV関連機器やパソコン市場が好例であり、後者の例としては、家電製品や車の市場がそれにあたる。スタイルやデザインの面から陳腐化を試みると結果的にセカンド・マーケット（中古市場）を育成することにもなる。輸入車ディーラーの認定中古車市場や、近年、繁栄してきた高級衣服のリサイクルショップはこういった戦略のためである。なお、「計画的陳腐化」の戦略については次節で検討する。

実際に売れるかどうかはわからない新製品に多額の開発費や広告費をかけて市場に導入するよりも、すでに浸透している製品ブランドを活性化させた方が企業にとってリスクが少ない場合もある。換言すれば、確立された同一ブランド名の下でモデルチェンジや製品ラインを拡張することで多

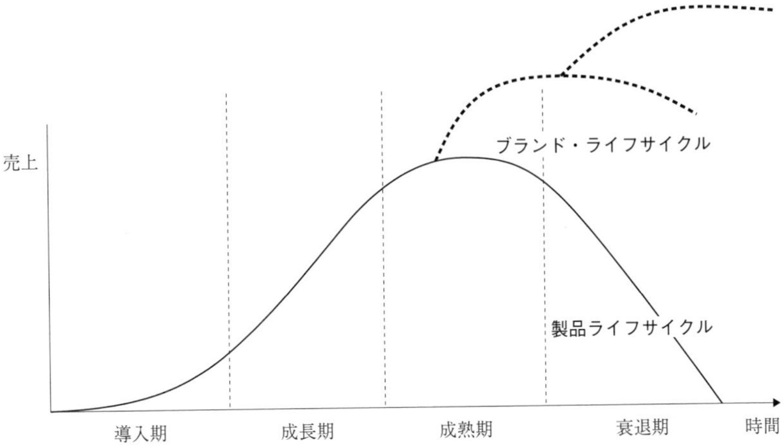

出典）著者作成.

図 2-3 ブランド・ライフサイクルの概念図

様化を図り、ブランドをロングセラー化することでライフサイクルを延長（エクステンション）することができる。したがって、この考えが成功すれば、成熟期の段階で新たなサイクルが登場することになる（図 2-3 参照）。上述のように製品ライフサイクルには衰退期がやってくるが、メーカーの主体的な意思と適切な戦略があればブランドを維持拡大し、ロングセラー化が可能となり衰退期の到来を防ぐことができる。このように、新たな製品投入には多くのコストが掛かるため、メーカーとしては少しでもリスクを避けるため、既成の製品ブランドのライフサイクルを延長しようと試みる。これをライフサイクル・エクステンションという。このライフサイクル・エクステンションは、ブランド・ライフサイクルを考察する上で重要な要素となる。

しかし、マーケティング・マネジメントにおけるライフサイクルの考え方は、製品単位とブランド単位を同次元で捉えるのが通常である。その代表的な議論として、コトラーはすべての製品が、同一のライフサイクルをたどるわけではなく、発売後すぐに消える製品もあれば、長期間成熟段階にとどまる製品もあるとしている。また、製品ライフサイクルの概念は製品クラス、製品フォーム、ブランドに適用することができるとしている[4)]。

製品は上述の4段階からなるライフサイクルと考えられてはいるが、確かに、技術により製品進化のスピードが速いコンピュータなどの関連市場においては、短期間にライフサイクルが変化するパターンも見受けられる。

しかし、製品とブランドのライフサイクルは明確に区別する必要があると思われる。なぜなら、成熟・衰退期に入って企業戦略により製品が活性化される場合は、ブランド拡張やポジショニングの変更などによるあくまでブランドの範疇によるものがほとんどだからである。現に、ブランドが企業にとって最も価値ある資産であるということが認識されるにつれ、多くの企業は自社の持つ既存のブランド・ネームの下で多岐に渡る新製品を導入し、その資産を活用するようになってきている。ケラー（Keller, K. L.）は企業が新製品を導入する際、ブランド化の方法には次の3つの選択肢があるとしている[5)]。

①それぞれの新製品に固有の新ブランドを開発する
②既存ブランドの1つを何らかの方法で適用する
③新ブランドと既存ブランドを組み合わせて使用する

ケラーの指摘するブランド化の方法からも理解できるように、製品形態は進化を遂げ、使用機会が変更されても同一ブランド内で製品多様化を推進し成功を収めている場合や、ブランド特有のイメージや名声を利用して新製品を導入しているのが通常である。ケラーの調査によればほとんどの新製品はライン拡張であるとしている。それによると、1990年にアメリカで導入された製品の63%はライン拡張であり、18%はカテゴリー拡張である[5)]。このことを考慮すると、製品ライフサイクルの概念とともに、ブランド・ライフサイクルの概念を新たに創出する必要があるのは明白である。

新製品を導入することは企業の中・長期的な戦略にとって不可欠である。しかし、当該製品に付与されるブランドはターゲットとする消費者や市場の動向に大きく左右される。したがって、製品ライフサイクルの各段階での戦略がそうであるように、ブランドをロングセラー化するためのライフサイクルも各段階によって異なったマネジメントが必要である。当該ブランドが浸透したら、その受容層を見極めて新たな受容層の発掘や拡大およびブランド拡張の判断を各段階で行うことが必要となる。

ところで、ブランドのライフサイクルは製品ライフサイクル上の成長期まで同様な曲線を描くことになる。なぜなら、製品がある程度浸透していかないと、ブランドの浸透もありえず、成長期から競合企業による後発ブランドが進出してくるからである。したがって、新製品が受容され認知されるかどうかの時期に、当該ブランドを拡張することはありえない。そして、成熟期においてブランド拡張などの戦略が成功すると新たな曲線が描かれることになり、たとえ製品が衰退を見せても他の製品カテゴリーで同一ブランド名が生き残るのである。換言すれば、浸透した既存ブランドが新市場へブランド・マネジメントの成功により進出する可能性があるのである。

3　製品の計画的陳腐化

通常、経年によって製品自体が劣化したり、あるいは、時代の流れと共に製品が陳腐化するのは避けられることではない。また、上述のライフサイクルの理論でも明らかなように、代替製品が市場に投入されれば、自然と既存製品は衰退していくことになる。しかし、「計画的陳腐化」は、意図的に既存製品を陳腐で古いものと消費者に認識させ、新たな製品購買に結び付ける戦略である。消費者が所有している製品が、まだ本来の機能を果たし、実際に使用可能な状況にある段階でも、新しい更新需要を生み出すことを目的としている。つまり、消費者の買い替え需要を喚起するための戦略といえる。「計画的陳腐化」は、大別して下記の３つの種類がある6)。

[1] 機能的陳腐化

消費者の所有している製品がまだ本来の機能を果たし、実際に使用可能な状況にもかかわらず、より新しく優れた機能であると思わせ、同一製品カテゴリー内におけるブランドをバージョンアップさせて市場に投入する戦略である。従来はオプションで付与されていた機能を標準装備したり、若干の機能を付与することで、消費者は自身が所有する製品を古く感じたり、機能が劣っていると思い、買い替えの消費者行動を促進する。具体例としては、パソコンにおけるOSやスマートフォンなどが挙げられる。

[2] 心理的陳腐化

製品の性能そのものには大きな変化がなくても、モデルチェンジを定期的に行うことでより新しいものを欲したいという気持ちを促進する方法である。つまり、心理的陳腐化はスタイルやデザインなどの単なる外観上の変更を基礎にしたものである。自動車メーカーは、製品そのものの性能面に大きな変化はなくても、必ずそれぞれの車種を何年かに一度ずつモデルチェンジやマイナーチェンジが行われている。車の見た目に大きな変化は認識できなくても、同モデルに前期型・後期型があるのは、その典型的例といえる。差別化が難しく、成熟した市場では心理的陳腐化が有効になる。

[3] 物理的陳腐化

この戦略は、製品が適当に短期間に物理的に摩滅するように設計されたものであり、明らかに企業が粗悪品を提供しているという悪評を受けるため危険な戦略といえる。つまり、製品の耐久度を製造の段階からあらかじめ設定しておき、当該製品使用開始からある一定の期間に破損が起きるように仕向けることで買い替えを促す方法である。しかしながら、当該製品の耐久性が意図的なものなのか、あるいは企業努力が間に合わないものなのかは消費者側からは判断がつきにくい。

このように計画的陳腐化は製品ライフサイクルやブランド・ライフサイクルに大きくかかわっている。しかし、これらのサイクルを計画的に衰退へ導くものなので、批判がしばしば寄せられる。それは、次の3点に凝縮される[7)]。

①「旧製品」の陳腐化が技術革新や市場での競争原理、あるいは消費者ニーズの変化により生じたものでなく、企業側の戦略として仕組まれた可能性がある。

②「新製品」は言葉の本来の意味での新製品ではなく、いわばブランドのバージョンアップであり、製品としては焼き直しである。

③消費者にまだ使用可能な製品を廃棄させて「新製品」とされるものの購

入を迫る結果、浪費を促進し資源やエネルギーの無駄遣い、廃棄物の大量発生をもたらす可能性がある。

しかし、このような批判の一方で、市場を活性化させる側面も計画的陳腐化は持ち合わせている。例えば、上述のスタイルやデザインの変更から成される心理的陳腐化の戦略は、結果としてセカンドマーケット（中古市場）の育成を促している。新車の規模を上回る中古車マーケットなどはその代表的な例である。とりわけ、メーカー系ディーラー販売店における認定中古車は、独自に定めた良質な中古車であるため、消費者に安心と安全の提供が可能である。また、高級衣服などの古着はリサイクルショップの繁栄を促している。スタイルやデザインが古くなっても特定のブランドは、古着屋においても高値を維持している。そのことにより、消費者は「古着でもこの価格」という印象を受け、メーカーにとってはブランド力の維持に繋がることもある。そして、中古品は販売店が独自に当該製品の価値を見極め、価格設定をするために、店舗ごとの競争原理が働き消費者にとっても良い影響を及ぼす。このように、資源のリサイクルや競争原理の観点からも、このセカンドマーケットは注目され成長を続けることが予想される。

さらに、計画的陳腐化の積極的な側面がクローズアップされる場合もある。それは、消費者は元より、より社会的に価値のある製品を浸透させるために従来の製品コンセプトを意識的に陳腐化させる戦略である。例えば、環境への配慮を念頭に置き、ガソリンと電気の両方を動力源とするハイブリッドカーや電気自動車（EV）は、その典型といえる。また、ドライバーが車を意のままに操り運転を楽しむというコンセプトから、車がドライバーの運転スタイルや好みを理解し、運転操作を自動で行ってくれるというコンセプトがトレンドになりつつあるのも、より安全性への配慮を社会的に追求した結果である。車だけでなく、家電製品にも計画的陳腐化の積極的な側面は影響を及ぼしている。消費者は、便利で快適な生活を追い求め、家庭での電化製品の保有台数や使用時間は年々増加傾向にある。世帯ごとの消費エネルギーも増加している。そのため、二酸化炭素排出量を削減し、限りある資源を節約しながら暮らすために、家庭でのエネルギー消費量を抑える「省エネ」は課題となっている。各家電メーカーは、自社の省エネ性能は年々向上していることを謳い、エネルギー消費量が少なく、エネルギー効率の良い省エネ家電に買い替えることを消費者に訴求している。

元来、計画的陳腐化は、マーケティング戦略において古典的な手法であり、大量消費が注目された高度成長期には非常によく用いられた手法である。しかし、昨今では浪費の促進や廃棄物の大量発生などの面から批判的な意見を受ける場合も多々ある。そのため、今後の計画的陳腐化は、消費者をパートナーとして社会的価値や環境を重視する姿勢が強く求められているため、慎重な対応が必要とされている。同時に、この計画的陳腐化の積極的な側面は、前章第2節の「社会志向」に通じる考え方である。したがって、計画的陳腐化自体は古典的な手法であるが、現代のマーケティング・コンセプトに照らし合わせて再考の時期に来ているといえよう。

コラム キャラクターと製品

日本市場における様々な製品にキャラクターが付与されたり、印刷されている。早急に必要のない製品であっても、また、すでに持っている製品であっても、自分のお気に入りのキャラクターが付与されていると思わず購入する人も多いのではないだろうか。小売店の商品棚の前に立てば、玩具、文具などの子供向けの商品にだけでなく、家庭用品にもキャラターが数多く登場する。また、プロ野球観戦に行けば、各球団のキャラクターが観客と一体になり応援しているし、地方自治体のイベントにおいては、必ずと言っていいほどご当地キャラクターが誕生する。銀行や保険会社などの金融機関でも、さかんに貯金箱や通帳を作って顧客の歓心を惹いている。日本人はどうしてキャラクターに魅了されるのであろうか。この場では、日本市場における製品とキャラクターの関係について考えてみたい。

キャラクターの明確な定義は見当たらないが、アニメ、コミック、特撮、ゲーム、映画、TV などに登場する「架空の創造物」といえるだろう。また、営利目的の企業や自治体などの非営利団体・個人が、製品の宣伝や自らの意見や主張を社会に発するために創造されたものもある。いずれにしても、「架空の創造物」に違いはない。日本市場は、これらのキャラクターを受け入れる文化が定着していると言われている。例えば、昭和の時代は電車の中で子供から大人までコミックを読んでいたし、雑誌からスマートフォンに変わった今でも、それは変わらない。また、ディズニーランドに行けば、親子でキャラクターを楽しんでいる。アニメやゲームも子供向けだけでなく、大人も十分楽しめる水準を持ったものが多い。欧米でもディズニーやコミックなどは人気があるが、ここまで過去から深く浸透していない。このように、キャラクターを受け入れることに対して世代間の差が日本ではないのである。

さらに、歴史を遡ると、キャラクターを受け入れる日本固有の風土的背景をいくつか挙げることができる。その主な項目は、次の5点である[8)]。

①仏像・偶像崇拝（飛鳥、奈良、平安時代ごとのアレンジも加わり、個性豊かにキャラクター化している。ヨーロッパのキリスト教文化圏には、偶像崇拝の文化的歴史はない）

②根付（根付とは、印籠や財布、煙草入れなどを帯に挟んで下げるとき、落ちないように紐の端につける留め具のことである。いわばストラップの飾りである）

③御守り（常時身につけて、安心や癒しを得るという役割を果たしていた）

④妖怪伝説（妖怪はアジア特有のもので、人に危害を加えるものでなく、生活上の戒めを代弁するコミュニケーションの役割を果たす）

⑤七福神・招き猫（七福神は縁起物、招き猫は商売繁盛のシンボルである）

このように、日本人は偶像や飾り物、架空の創造物を身近に置いたり身につけることが好きな民族であり、またそれを通してメッセージを読み取ることにも長けていたのである。また、受け入れることに対して世代間の差がないのである。キャラクターが需要やプロモーションに多大な影響を及ぼすといっても、日本の社会や文化にそれを受け入れる素地がなければ、ここまで様々な製品にキャラクターが付与され定着することはなかったであろう。海外から見れば、日本市場におけるキャラクターはビジネスとして捉えるとエリア・マーケティングの調査対象になるといっても過言ではない。

注)

本章は、拙著(2020)『広告コミュニケーション』八千代出版の第8章を大幅に改編したものである。

1) Kotler, Philip(1991)"Marketing Management : Analysis, Planning, Implementation and Control" コトラー, P. 著/村田昭治監修/小坂恕・疋田聰・三村優美子訳(1996)『マーケティングマネジメント——持続的成長の開発と戦略展開(第7版)』プレジデント社, p. 412.

2) 製品ライフサイクルの議論については、Kotler, Philip(1984)"Marketing Essentials" コトラー, P. 著/宮澤永光・十合晄・浦郷義郎共訳(1986)『マーケティング・エッセンシャルズ』東海大学出版会, pp. 274-282 および同上書1), pp. 312-313 を参考にした。

3) 久保村隆祐・荒川祐吉監修/鈴木安昭・白石善章編(1995)『最新商業辞典』同文舘出版, p. 104.

4) Kotler, Philip & Armstrong, Gary(2001)"Principles of Marketing", 9th ed. コトラー, P. & アームストロング, G. 著/和田充夫監訳(2003)『マーケティング原理(第9版)——基礎理論から実践戦略まで』ダイヤモンド社, p. 422 を参照した。

5) Keller, Kevin Lane(1998)"Strategic Brand Management" ケラー, K. L. 著/恩藏直人・亀井昭宏訳(2000)『戦略的ブランド・マネジメント』東急エージェンシー出版部, p. 515.

6) 計画的陳腐化は、伝統的な製品戦略ではあるが、どのように定義づけるか、あるいはどう種別するかの明確な一致はない。本件に関しては、前掲書3), p. 72 および出牛正芳編(2004)『基本マーケティング用語辞典(新版)』白桃書房, p. 48 を参考にした。

7) 宮澤永光・亀井昭宏監修/岩本俊彦ほか編(2003)『マーケティング辞典(改訂版)』同文舘出版, p. 69 を参考にした。

8) キャラクターに対する日本の風土的背景に関しては、星野克美監修/宮下真(2001)『キャラクタービジネス——知られざる戦略』青春出版社, pp. 57-60 を参照した。

第3章 サービスのマーケティング

本章のポイント

1. サービスの捉え方は多様であるため、本章では様々な研究者の理論を整理していく。各論者の立場は異なるが論点を整理すると、サービスとは顧客とサービス提供者間における行為のプロセスであり、相互作用であるといえる。
2. サービスには有形財とは異なる特有の性質があり、それぞれ無形性、不可分性、変動性、消滅性である。また、それに伴い、在庫がないことや可視化の困難さ、共同生産による価値の創出などが特徴となる。
3. サービスのマーケティングは、いわゆるマーケティング・ミックスの4つのPである、製品、価格、流通、プロモーションに、物的環境、プロセス、人の3つを加えた7つのPで検討することが必要となる。

1 サービスの概念

A サービスとは何か

サービス・マーケティングを理解するためには、まず取り扱う対象であるサービスが何かということを検討しなければならない。しかし、実社会においてサービスとして扱われる対象は非常に多岐にわたる。したがって、サービスという概念が何を指し示すかということを検討することが肝要であるため、先行研究からサービスの定義を整理していく。

まず中原は、サービスの行為または行動を人間同士間の関係に限定しながら、「サービスは、物的要素と非物的要素が組み合わさった一連の可視化されにくい人間的行為である。サービスとは、提供側と受入側の間の一定の時間的プロセスを経て、両者の情緒的・精神的ニーズの満足を優先とする意識的または潜在意識的相互作用である」[1)]としている。

近藤は、心や身体に直接何か良い効果を生む活動、個人や組織を対象とする価値生産的な活動、市場で取引される活動というようないくつかの要素を示し、これらを統合してサービスとは、個人や組織にとって何らかの便益（ベネフィット）をもたらす活動そのものが、市場取引の対象となるときサービス（商品）と呼ぶことができる[2)]としている。

神原は、サービスを、人々が他者（相手）に対して提供する様々な「行為」を意味するものだとしている。神原は、休日に父親が子供たちと遊んだりする家庭サービスという意味でのサービスを社会・文化的な活動と位置付け、一方レストランのシェフやテーマパークのスタッフが専門的な技能を発揮して企業の収益を獲得するために費やされる労力であるサービスを経済的な活動と位置付けている。これらを踏まえた上で、サービス・マーケティングにおけるサービスを「商品（取引対象）としての売り手（営利／非営利組織）の行為」であるとしている。サービスは、人々が他者（相手）に対して提供するものであり、営利・非営利の様々な組織が有償のサービスを提供しており、顧客は代金を支払ってそれらを利用している[3)]のである。

コトラー（Kotler, P.）とケラー（Keller, K. L.）は、「サービスとは、一方が他方に対して提供する行為や行動で、本質的に無形で何の所有権ももたらさないもの」[4]としている。

ラブロック（Lovelock, C.）とウィルツ（Wirtz, J.）は、「サービスとは、ある主体が別の主体に提供する経済活動である。通常、時間単位の行動であり、受け手自身あるいは受け手の所有物や財産に対して期待通りの結果をもたらすものである。顧客は、金銭、時間、活動の対価として物、労働力、専門技術、設備、ネットワーク、システムを利用し、価値を手に入れることを期待している。ただし、通常はサービス提供に関わる物の所有物を得ることはない」[5]ものだとしている。

グルンルース（Grönroos, C.）は、「サービスは、程度の差はあるものの目に見えない活動から成立するプロセスであり、それはたいてい、しかし必ずしもいつもではなく、顧客とサービス従事者やサービス提供者の物理的資源や製品やシステムとの間で相互作用において発生し、顧客の抱える問題へのソリューションとして提供される」[6]としている。

ラッシュ（Lusch, R. F.）とバーゴ（Vargo, S. L.）は、サービスとは、「他のアクター[7]あるいは自身のベネフィットのために資源を適用すること」と定義している。ここで説明されているサービスとは、ヘアカットのように他のアクターに直接的に提供されるものや、輸送サービスのように有形財などを通じて間接的に提供されるものである[8]とラッシュとバーゴは述べている。

これらを統合して考えた場合、いくつかの共通点が見られる。1つは行為あるいは行動であるという点である。これは、人々が他者に対して提供する行為がサービスを生み出すということで、サービスという言葉が用いられる多くの場面で成立する点だと考えられる。次に、顧客とサービス提供者間に成立する行為のプロセスだという点である。サービス従事者が提供する過程とそれを顧客が享受する過程にサービスが発生しているということである。そして、相互作用である。サービスを提供する側とされる側が互いに存在し、行為を授受しあう過程の中で影響を及ぼしあうことでサービスが生み出されているということである。

以上のようにサービスの定義は多くの研究者によって試みられており、それぞれの学問的立場や議論する対象によって異なった表現で示されている。本章では、多面的にサービスの概念を捉えるため、異なる立場の研究者による視点を網羅的に展開してきた。その意味で言えば、サービスを何か1つに定義するということは非常に困難であるというように解釈することもできる。また、サービスというものが社会の中で広がりを見せているということも大きなポイントになる。

これらのサービスの定義の中に見られるいくつかの共通点を整理すると、サービスとは、サービスを提供する側とそのサービスを受ける側との間に発生する行為あるいは行動であり、それらが相互作用することによって創出されるものである。そして、このプロセスが顧客の課題解決へつながっていくと理解することができる。

B サービス経済化

サービスの概念が重要な意味を持っている理由の1つとして、経済がサービス化しているという点がある。これは、経済活動全体におけるサービスの比率が高まっているということを示す。具体的には、人々のサービスに対する支出が増大してきたことや、サービス産業に従事している人が増加してきたこと、そして、製造業自体がサービス化してきているということなどが挙げられる。

例えば、主な産業を第一次から第三次産業[9]というように分類した場合、第一次産業に分類される農業、林業、第二次産業に分類される建設業、製造業に対して、それ以外である第三次産業とを比較したとき、図3-1が示すように主な産業別就業者数の観点から言えば、第三次産業が占める割合が高くなっている。つまり、日本の産業構造においてはサービス業に分類される職業で働いている人が多数存在し、全体に占める割合が大きくなっている。また、第一次産業の就業者数は長期の時系列で見てみると減少傾向にあり、第三次産業の就業者数が増加している。

サービス経済化の背景にあることの1つが、高齢化社会の進展である。現在、日本は高齢化社会に突入していると言われている。総務省によると2019（令和元）年時点での全人口に占める65歳以上の人の割合は28.4%である。これは、1950（昭和25）年の4.9%から考えると大きな増加であるといえる。高齢化社会は医療、介護、宅配などのサービスの需要を増加させると考えられる。

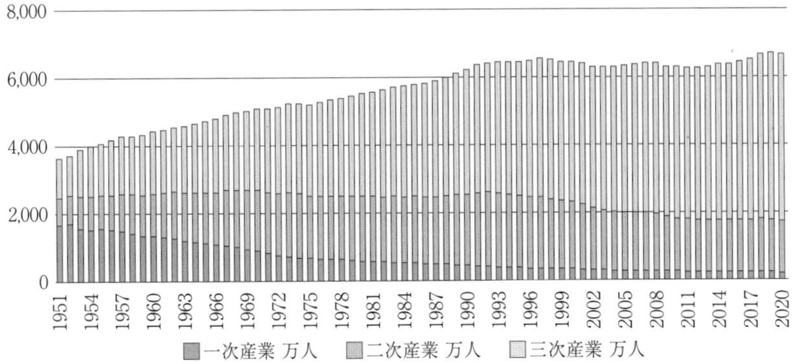

出典）独立行政法人労働政策研究・研修機構ウェブサイト「早わかりグラフでみる労働の今　産業別就業者数」より筆者作成.
（https://www.jil.go.jp/kokunai/statistics/chart/html/g0004.html）

図 3-1　産業別就業者数（時系列）

女性の就労人口が増加することも新たなサービスを呼び込む可能性がある。女性の進学率や高学歴化などに伴い女性の就労者が増加していく。このような変化に応じて、家事を代行するようなサービスの需要が伸びると考えられる。

そして、高齢化社会の進展や女性就労人口の増加は、余暇活動のあり方にも影響を与える。例えば、経済的に余裕のある高齢者の場合、旅行などのレジャーにかかわる消費が盛んになったり、カルチャースクールなどに通うことで、新しい趣味的な活動に勤しんだり、他者との交流を楽しんだりすることもあるだろう。一方、女性就労者も同様で、経済的な余裕がある場合は、高齢者と同様に旅行などのレジャーやカルチャースクールといったサービスの利用が高まると考えられる。

C　サービスの分類

サービス経済化の中で、サービスというものはさらに多様化していくだろう。しかし、多様であるということは捉え所がないという意味ではない。ここでは、ラブロックらの分類[10]に基づいてサービスを検討していく。

まずラブロックらはサービスを分類するために、以下のような点について検討している。①サービス・プロセスの有形／無形の度合い。サービスそのものは無形であるが、そのプロセスには有形のものが伴う場合がある。この有形な要素と無形な要素の割合の問題。②サービス・プロセスの直接の受け手。例えば、顧客がサービスを直接受けるのか、顧客の持ち物に修理のようなサービスが施されるのかなど、そのプロセスへのかかわり方の程度。③サービス・デリバリーの場所・時間。顧客がそのサービスを提供される場はどこなのか、どのような経路で提供されるのかなど。④カスタマイゼーションか標準化か。顧客全員に同じサービスが提供されるのか、顧客に応じてそれぞれのニーズに沿ったサービスが提供されるのか、というようなカスタマイズの程度。⑤顧客とのリレーションシップのあり方。顧客が誰か把握している状態でのサービス提供か、顧客が誰なのかわからない状態でのサービス提供なのか。継続的なリレーションシップを生み出すためにこれらに即した対応をする必要がある。⑥需要変動と供給能力。定常的な需要を確保しているサービス産業がある一方で、需要の変動が激しいサービス産業も存在する。供給能力を適合させるか、需要を予測しマネジメントしていくなどの対応を検討する必要がある。⑦施設・設備・人がサービス・エクスペリエンスを構成する度合い。サービスを提供するプロセスの中に有形な要素が存在するが、このサービスの経験の中にどの程度場所や設備、人などの要素が介入しているかということによって、サービスの質や対応する戦略が異なってくる。

これらを踏まえてラブロックらはサービス行為が有形なのか無形なのか、対象は人なのか所有物なのかを軸にサービスを分類した。

表3-1は、ラブロックらによるサービスの分類である。まず、人とモノという2つのカテゴリーがサービスの対象となる。そして、オペレーションの観点から、人の身体に対する有形の行為、物理的な所有物に対する有形の行為、人の心・精神・頭脳に対する無形の行為、無形の財産に対する無形の行為というようにカテゴライズすることで、マーケティング、オペレーション、人的資源管理にとって意味のあるものになるという。

人を対象とするサービスは、顧客と積極的に協働する必要がある。所有物を対象とするサービスは、生産と消費が同時に行われない場合もある。このタイプのサービスでは、人を対象とするサービスとは異なり顧客が物理的にサービスにかかわる必要性は低い。メンタルな刺激を与えるサービ

表 3-1 サービス行為の本質の理解

サービス行為の本質	サービスの直接の受け手	
	人	所有物
有形の行為	（人を対象とするサービス） 人の身体に向けられるサービス • 旅客輸送 • ヘルス・ケア • 宿泊 • ビューティ・サロン • ボディ・セラピー • フィットネス・センター • レストラン/バー • ヘアカット • 葬祭サービス	（所有物を対象とするサービス） 物理的な所有物に向けられるサービス • 貨物輸送 • 修理・保全 • 建設・施設管理サービス • 小売流通 • クリーニング • 給油 • 植栽/芝の手入れ • 廃棄/リサイクル
無形の行為	（メンタルな刺激を与えるサービス） 人の心・精神・頭脳に向けられるサービス • 広告/PR • 芸術や娯楽 • 放送・有線放送 • 経営コンサルティング • 教育 • 情報サービス • コンサート • サイコセラピー • 宗教 • 電話	（情報を対象とするサービス） 無形の財産に向けられるサービス • 会計 • 銀行 • データ処理 • データ変換 • 保険 • 法務サービス • プログラミング • 調査 • 債券投資 • ソフトウェア・コンサルティング

出典）Lovelock, Christopher H. and Wright, Louren K. *Principles of Service Marketing and Management.* Prentice Hall. 1999. ラブロック，クリストファー＆ライト，ローレン著 / 小宮路雅博監訳 / 高畑泰・藤井大拙訳『サービス・マーケティング原理』白桃書房，2002, p. 40.

スは、すべて情報に基づくものであるため、記録が可能な場合もある。つまり、情報を貯蔵できるというように理解もできる。その意味で言えば、記録されたものを後になってから消費することが可能となる。しかし、ライブ・コンサートをコンサート・ホールで観るということとその記録映像を自宅で視聴するということは別のものであることを理解する必要がある。情報を対象とするサービスは、最も無形の形態である。メンタルな刺激を与えるサービスとどのような点に違いがあるかというと、顧客が実際にサービス提供者と顔を合わせることを希望するかどうかというようなことに相違がある。例えば、観劇や教育は提供者と対面してサービスを享受することを希望するかもしれないが、銀行のようにATMや手紙などを利用した方が、利便性が高い場合もあるだろう。つまり、直接のコンタクトがなくても十分にサービスの価値を伝えることが可能なプロダクトも存在するのである。

2 サービスの特性

A サービス特有の性質

サービスの定義でも述べてきたように、サービスには特有の性質が存在する。それは一般的な有形財とは異なるものである。サービス・マーケティングは、伝統的なモノのマーケティングと異なる特性を有している。サービスは行為であったり、プロセスが重要であるという側面からも理解できるように、モノとは違い無形であるため、それ自身に何らかの有用な機能が備わっているというような捉え方をすることが困難な場合もある。そのため、サービスを捉えるためには、特有の性質を把握しなければならない。ここでは、広くサービスの特性として認識されている「無形性（Intangibility）」「不可分性（Inseparability）」[11]「変動性（Heterogeneity）」[12]「消滅性（Perishability）」という4つの性質について説明していく。

[1] 無形性

サービスが持つ特性の1つは無形だということである。サービスそのものは目で見ることはできず、触れることもできない。そして、基本的に所有することができない。この点は、モノのマーケティングとは対照的な位置付けになるといえる。例えば、物理的な属性が備わっているモノを考えた場合、手にとってそのものの品質を直接確認することができたり、実際に試用してみることが可能である。しかし、無形のサービスは、実際に経験してみなければ品質を判断することができない。また、サービスはこのような事前評価の困難さを伴うため、専門知識が必要な場合は価値の推定が容易ではなくなる。そして、事前評価の困難さは消費の意思決定の困難さにもつながるため、第三者の情報や評判などが重要な意味を持つこともある。例えば、ヘアサロンは無形のサービスを提供している。ヘアカットはどのような仕上がりになるかが完成してみないとわからないため、実際の経験が伴うものだといえる。ヘアサロンが提供してくれる品質の評価は困難であるため、利用する際に知人の情報やクチコミなどを参考にすることもあるだろう。店内の雰囲気や設備、ヘアカットに用いる道具はモノであり、これらを介してサービスが提供されるが、このような道具が品質を知らせるシグナルとして働くこともある。経験してみなければ品質がわからないため、初回時に割引価格にて提供される場合もある。ホテルなども同様で、実際にその空間で過ごしてみなければ品質を評価することは困難である。部屋の雰囲気や寝具、アメニティなどのモノを介して提供される要素もあるが、これらは補助的なものであり、ホテルの価値は経験してみなければ評価できない。無形という性質は触れられないということに加えて、事前評価が困難という側面も有するため、これらの対応を検討することが肝要となる。

[2] 不可分性

不可分とは分けることができないという意味である。つまり、不可分性とはサービスとサービス提供者、そして顧客を切り離すことができないという性質のことである。これはサービスが相互作用の産物であるという考え方にも符合する部分である。切り離せないということはサービス提供者と顧客が同時にその場に存在し、サービスの提供、つまり生産と、サービスの享受、つまり消費が同時に行われているということを示している。不可分性が同時性という言葉で表現される理由はこのような点にあると言えるだろう。例えば、ヘアサロンの場合、サービス提供者単独では、基本的にヘアカットは成立しない。その場に、髪を切ることになる顧客が存在して初めてサービスが提供されることになる。ホテルの例についても同様で、サービス提供者のおもてなしは、宿泊客が施設を実際に利用することで成立する。サービス提供者と顧客は分けたり切り離すことができず、同時に存在することでサービスが創出されるのである。また、サービスの品質についても不可分性は影響を与える。ヘアサロンやホテルの品質は提供者側からだけの価値の提供で決まるわけではなく、顧客のかかわり方でも変化する。顧客の能力や理解、どれだけ協力的かなどもサービスの品質に影響を与える。このように、不可分であるという性質は顧客がサービスの共同生産者でもあるということを示しており、その価値が相互作用によって創出されているということも意味している。顧客が価値の共同生産者であるという言葉は広く使われるようになってきているが、生産と消費に隔たりのある一般的な製造業を考えた場合、不可分性は特徴的な性質であるといえる。したがって、マーケティングのアプローチ方法も顧客との関係性や顧客自身が共同生産のパートナーであるということが重要な意味を持つ。

[3] 変動性

製品の品質には高低の水準という意味での品質以外にも、一定して同じ品質のものを間違いなく提供するという意味での品質がある。これは工業製品を考えてみると明瞭である。工業製品の場合、品質のばらつきなくほぼ同じものが生産され、それが顧客の元に届けられるということは製品に対する信頼につながる。常に安定した品質が約束されている状態を品質が良いと表現することができる。しかし、サービスは人間の行為であるため、まったく同じ状態を繰り返し再現することは非常に困難である。つまり、サービスは常に変動する性質を持っているのである。この変動性という性質は、不可分性とのつながりでもある。サービス提供者と顧客の相互作用によって共同生産されるため、工業製品とは違い、サービス提供者、顧客、環境などが異なればサービスの質も異なってくる。また、生産と消費が同時に行われるため、顧客に届く前に修理したり、別のものを提供したりするようなことができない。ヘアサロンであっても、ホテルであっても、サービス提供者が全く同じように顧客と接しようと努めていても、人間であるがゆえに、調子の悪い日もあれば、ミスをしてしまうこともありえる。これらは精緻なマニュアルなどを作り上げ、極力ミスを起こさず、ミスを最小限にとどめるような取組みなどで対応することになる。また、ミスが起きた場合の顧客対応についても十分な配慮をしておく必要がある。

[4] 消滅性

消滅性とは、サービスは生産した後に保存しておいたり、それを再販売したりすることができないという性質である。有形財であるならば生産後に在庫しておくことができるが、サービスの場合は在庫をしておくことができない。例えば、ホテルの場合、今日の空室を翌日に販売することができない。モノであるならば、本日の売れ残りを翌日に販売するということが可能だが、サービスの場合はそのように扱うことができない。この在庫をしておくことができないという性質は、販売機会のロスにつながる可能性がある。なぜならば、需要が安定しない類の提供物である場合、対応することが困難になるからである。そのため、需要を安定化させるなどの方策が検討課題となる。

B　モノとサービスの違い

ラブロックとウィルツは製造業のマーケティングとは違うサービス業特有のマーケティング課題を検討するために、モノとサービスの違いについても整理している（表3-2）。

この違いについては、サービスが持つ4つの性質とも繋がっている。サービスは行為であるため、保管しておくことができず消滅してしまう。したがって在庫することができない。また、無形であることも可視化の問題と結びつく。そして、顧客によってサービス経験が左右されたり、パフォーマンスに変動が生じることもある。ただし、これらの相違点がすべてのサービス業に当てはまるわけではないことをラブロックとウィルツは指摘している。

3　サービス・マーケティング

A　サービス・マーケティングの7P

企業が顧客のニーズを満たし、価値あるものを提供できるように働きかけるためのマーケティングの手法であるマーケティング・ミックスは、対

表3-2 サービスとモノの相違点とその影響

相違点	影響	マーケティング課題
サービスには在庫がない	• 顧客がサービス提供を断られたり、待たされたりすることがある	• プロモーション、柔軟な価格戦略、予約による需要の標準化 • オペレーション部門と協力したサービス提供能力の調整
無形要素がサービス価値を生み出す	• サービスには味や匂いや触感がなく、見たり聞いたりすることもできない • サービスの評価や競合サービス同士の比較が難しい	• 有形の要素を利用したサービスの視覚化 • 比喩や明確なイメージによる広告やブランディング
可視化が難しい	• 顧客のリスクや不確実性が高まる	• 正しい選択のための顧客への説明、サービス内容やパフォーマンスの解説、保証の提示
顧客が共同生産者となる	• 顧客がサービス提供側の設備、施設、システムに関わる • 顧客の能力不足により生産性、サービス経験、ベネフィットに悪影響が生じる	• 顧客が使いやすい機器、施設、システムの開発 • 習熟機会とカスタマー・サポートの提供
顧客がサービス経験を左右する	• サービス・スタッフおよび他の顧客の外見、態度、行動がサービス経験や顧客満足度を左右する	• サービス・コンセプト強化につながる従業員の採用、研修、評価 • 時間にあわせたターゲット顧客の設定と顧客行動のマネジメント
インプットとアウトプットの変動が大きい	• 一貫性・信頼性・品質の維持、生産性向上によるコスト削減が難しい • ミスをなくすことが難しい	• 顧客の期待に基づくサービス品質基準の設定、サービス要素の再構築による簡素化と失敗回避 • 的確なサービス・リカバリー手順の策定 • サービス提供の自動化、顧客不在の場所での作業
時間が重要な要素である	• 顧客が時間を有効活用し、無駄な待ち時間を嫌って時間効率の良いサービスを求める	• サービスの迅速化、待つことの軽減、営業時間の拡大
オンライン・チャネルが存在する	• 情報サービスはインターネットや電話などのオンライン・チャネルで提供できるが、物理的な活動や商品などが関わるコア・サービスは提供できない	• 顧客の利用しやすい安全なウェブ・サイトの設計、フリーダイヤルの設置 • 情報サービスはウェブ・サイトから提供できるようにする

出典）Lovelock, Christopher and Wirts, Jochen. *Services Marketing : PEOPLE, TECHNOLOGY, STRATEGY, 7th ed.*. Pearson Education. 2007. ラブロック，クリストファー＆ウィルツ，ヨッヘン著／白井義男監修／武田玲子訳『ラブロック＆ウィルツのサービス・マーケティング』ピアソン・エデュケーション，2008, p. 18.

象がサービスであっても有用である。マーケティング・ミックスとは、コントロール可能なマーケティングの手段を組み合わせたもので、一般的に4つのPで始まる言葉である、製品（Product）、価格（Price）、流通（Place）、プロモーション（Promotion）から構成される。これらは単独で成立するだけでなく、相互に整合性を持って組み合わさることによって効果が発揮される。マーケティングを理解するために重要な概念であるマーケティング・ミックスであるが、ブームス（Booms, B. H.）とビトナー（Bitner, M. J.）はサービスに適応させるために物的環境（Physical evidence）、プロセス（Process）、人（People）の3つを加えた7Pを提示している。なお、7Pはサービスを扱う本章において有効な検討事項であり、マーケティング・ミックスは他章で示されている通り、通常は4Pとして扱われる。

[1] 製品

製品（Product）は、顧客のニーズを充足させるためのものである。有形財と同様にサービスもニーズを十分に満たすことができるかどうかが重要である。したがって、サービスは顧客にとっての問題解決方法となる必要がある。そして、コンセプトを明確化し、競合他社との差別化を行っていく。また、事前評価が困難であるサービスの性質を踏まえれば、ブランディングを用いることも有効である。ブランドは顧客に対して競合他社との違いを識別させるための特徴として機能する。また、コンセプトの設定や差別化とも連動する。ブランドの効果として期待されるのが、リスクや探索コストの軽減、品質のシグナルである。これらは、事前評価が困難なサービスの特性上、顧客にとってのメリットとなり得る。このようなことについて考慮し、適切に組み合わせていくことが、サービスの提供において重要となる。

[2] 価格

価格（Price）は、顧客が支払うサービスの対価である。また、金銭以外に支払うコストも含まれる。したがって、サービスから得られるベネフィットのために支払う価値の総計であるというように理解できる。

価格設定の方法として考えられるのが、コスト・ベースの設定方法である。有形財の生産と違い、製造コストを正確に把握し、販売価格を決めることが困難な場合もあるが、需要の創出、あるいは把握を通じて、安定的なサービスの生産が可能となるような産業の場合は、コストをベースとしたマークアップが可能となる。次に、顧客の知覚する価値から設定する方法である。顧客の価値の受け止め方を見定め、サービスの質や価格などを考慮し設定する方法である。競争をベースとした価格戦略も考慮しなくてはならない。他社と比較して顧客価値に優位性があるかを検討した場合、明確な差別化要素を持たないサービス産業も存在する。この場合、低価格化させることが有効に働く場合もある。サービスにおいても市場の状況などを把握しながら価格を設定していくことが肝要となる。

[3] 流通

流通（Place）で検討すべきことは、サービスを顧客に届けるための経路である。この経路とは、サービスを生産し、提供する場のことである。顧客の立場からすれば、サービスと出会う場ということになる。サービスが顧客との共同生産によって創出されるという側面を考えれば、この場をコントロールすることが重要な課題となる。顧客はサービスを受けるために提供される場に出向く必要があるが、文字通りの提供場所をどのような地点にするかが集客に影響を及ぼす。この時、検討しなければならないことは立地であるが、顧客の支払うコスト、例えば移動時間や購買行動にかかるコストなどを踏まえた場合、最適な立地というものは異なってくる。また、サービスは基本的に人を介して提供されるため、供給側である人材と、提供を受ける顧客との間にある需給のバランスも検討されなければならない。さらに近年、重要な意味を持ってくるのが、情報技術の影響である。サービスは基本的に人を介して提供されるが、無形の情報と捉えた場合、インターネット上で顧客に届けられることを考慮しなくてはならない。例えば、エンターテインメントや、金融、保険、教育などである。サービスはその性質上、技術の進展に伴って流通の経路が多様化していくといえる。

[4] プロモーション

サービスは無形という性質上、目に見えてわかりやすい形でその価値を伝えることが困難である。したがって、有形財のプロモーション（Promotion）と同様に考えるべきではない。しかし、プロモーションは、顧客にサービスの価値を伝え、購入してもらうためには必要な活動であるといえる。サービスは無形であるため、提供物を画像などでそのまま伝えることが出来ない。また、顧客との共同生産で価値が生まれると考えた場合、顧客が受け取るサービスの価値が顧客ごとに異なってくる可能性があるため、その意味でも伝えることが困難である。そのため、顧客はプロモーションのメッセージをそのまま受け取り、期待通りの価値を受け取ることができるかわからないまま購入することもあるだろう。サービスのプロモーションは事前評価が困難であるというサービスの性質を十分に理解しながら展開されなければならない。したがって、クチコミや第三者の評価などを活用することや、自社のサービスを好意的に評価できるようなイメージを創出していくことが必要となる。

[5] 物的環境

物的環境（Physical evidence）とは、サービスが提供される環境であり、サービスの生産にかかわる物理的な要素のことである。これは顧客に対してサービス内容を伝達したり、実行するためのものである。したがって、この物的環境はサービスにかかわる顧客の経験と行動に影響を与える要素として重要な位置づけとなる。具体的にはサービスを提供する場である施設やその外観、内装、設備、温度、雑音、サービス提供者の服装や印象、情報提供のためのパンフレットなどが該当する。物的環境の情報の質や量が顧客にとって事前評価が困難であるサービスの価値を推定するための手がかりとなる。企業の立場からすれば、アイデンティティやイメージを発信する装置にもなり得る。また、物的環境はサービスの質を標準化させることも可能である。例えば、銀行の ATM は人からの提供物を機械に置き換えることによって質の標準化を可能にさせている。

[6] プロセス

プロセス（Process）とは、端的に表現すればサービスの提供過程のことである。サービスは顧客との相互作用によって生産されるため、プロセスは顧客が参加する過程でもある。したがって、提供過程は顧客の満足を実現させるために重要な要素である。なぜなら、同じようなカテゴリーに属するような提供物であってもプロセスが異なれば、その評価が一変するからである。そのため、品質を一定に保つためにマニュアルなどを作成していくことも必要になる。一方で、サービスの生産は顧客の参加が要となるため、顧客が積極的にかかわれるように取り組んだり、体験をカスタマイズしていくことも検討しなければならない。

[7] 人

人（People）はサービスの生産において極めて重要な要素である。なぜなら、サービス提供者、顧客、その周囲に存在する他の従業員や顧客といったサービスの生産にかかわる要素の基本が人だからである。サービスの性質から考えても人は重要な意味を持っている。まず、無形であるため、品質を知る手がかりがサービス提供者や周囲の環境だからである。また、不可分性や相互作用という観点からも、サービスにかかわる関係者次第で顧客の満足度が変わってくるだろう。サービス・マーケティングにおける人の課題は従業員の雇用や育成である。また、顧客同士の接点や相互作用にも注意を払う必要がある。

B サービス業における3つのマーケティング

マーケティングとは、顧客にとって価値あるものを創出し満足してもらうことで、企業が利益を上げる手法である。そして、製品の質、適正な価格、流通経路やプロモーションの成否が利益や顧客満足に作用する。サービスのマーケティングの場合、これらの要素に加え、人や物的環境、プロセスを重要視する。したがって、企業と顧客間の関係性だけではなく、顧客と従業員の関係性にも着目する必要がある。そして、顧客との接点である従業員と企業の関係性も注視することが求められる。すなわち、企業、顧客、従業員の三者を包括的に捉えることが必要となる。そのためにはこの三者間にもマーケティングを活用することが必要となる（図3-2）。

エクスターナル・マーケティングとは、従来のマーケティングのことであり、製品、価格、流通、プロモーションといった活動のことである。イ

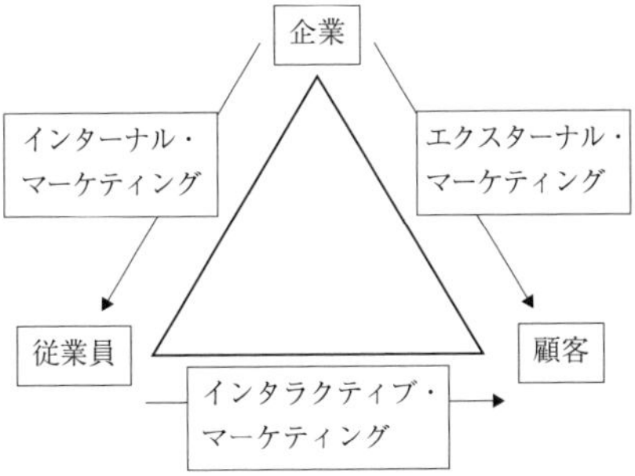

出典）Kotler, Philip and Keller, Kevin Lane.. Marketing Management, *12th ed.*. Pearson Education, 2006.　コトラー，フィリップ＆ケラー，ケビン・レーン著／恩藏直人監修／月谷真紀訳『コトラー＆ケラーのマーケティング･マネジメント（第12版）』丸善出版，2014, p.510.

図3-2　サービス業における3つのマーケティング・タイプ

ンターナル・マーケティングとは、従業員の能力やモチベーションを向上させるための活動である。顧客の満足度は従業員の質にかかっている。接客などの技術的な問題だけではなく、従業員が自社のサービスの意義や提供方法などを十分に理解していなければ、顧客は購入に至らない。したがって、内部へのアプローチが重要であり、内部に市場、顧客が存在するというように考えて人材をマネジメントしていくことが必要となる。インタラクティブ・マーケティングとは、企業と顧客が、継続的に、あるいはその他の規則的な方法で相互作用する状況で、その企業が顧客に好意的な印象を与え、購入を継続させるように、サービス・プロセスにおける顧客との接点を計画すること[13]である。サービスの品質は相互作用によって規定されるため、従業員と顧客の関係性に着目することが必要となる。

以上のように、サービスには特有の性質があるため、通常のマーケティングに加えて、違った視点、方向性でのアプローチが必要になる。顧客の満足を高めることがマーケティングの成果として求められるが、これを実現させるためには従業員の満足を高める必要がある。そして、相互作用の質を高めることが重要となる。

4 サービス・ドミナント・ロジック

A サービス・ドミナント・ロジックとは

一般的なサービス・マーケティングにおける、モノかサービスかの二元論で顧客への提供物を捉えることが出来ない場合も考えられる。そこで検討されるのがサービス・ドミナント・ロジック（S-D ロジック）である。S-D ロジックでは、提供物をモノではなくコトとして扱う。

S-D ロジックとは、バーゴとラッシュによって提唱された概念であり、経済主体の知識やスキルが競争優位のためのコア・コンピタンス[14)]として捉えられている。この知識やスキルが他者や組織に働きかけて価値を生み出すものとして重要な要素となっている。さらにサービスが交換されるプロセスや、顧客との関係性、顧客との協働において価値が創り出されるという視点に立つ。

バーゴとラッシュは伝統的なグッズ中心のマーケティングと新しいサービス中心のマーケティングを対比しながら価値創出の概念の変化を論じている。グッズ中心のマーケティングでは、価値を創出するのは生産者である。一方、サービス中心のマーケティングでは、消費者の使用によって価値が作り出される[15)]として捉えている。これらの議論が S-D ロジックの基本となる。S-D ロジックは、現代の消費者が企業の提案をそのまま受け取るだけの存在ではないことに着目し、消費者の使用を通じた価値の創出が重要であることを示し、さらに価値の共同生産者としても振る舞うことを論じている。

B グッズ・ドミナント・ロジック

S-D ロジックを理解するために、その対比する概念ともいえるグッズ・ドミナント・ロジック（G-D ロジック）についても簡潔に整理しておく。G-D ロジックとは、企業が提供する製品中心の考え方で、価値が製品の中に埋め込まれたものとして交換するという概念である。これは、グッズの生産と交換をビジネスおよび経済学の主要な構成要素と捉えている。つまり、G-D ロジックは、アウトプットの単位（一般には有形財）を製造し、流通させるという観点から、企業の目的と経済交換の機能を形作る[16]。G-D ロジックが焦点を当てる対象はグッズ、企業、交換価値である。

C　S-D ロジックの公理

バーゴとラッシュが提唱する S-D ロジックは、モノとサービスの位置付けを再構築するための新しい考え方となる。S-D ロジックとは、モノとサービスの二元論ではなく、モノとサービスを連結させた視点に立つものである。

バーゴとラッシュは S-D ロジックというサービス・ベースのモデルを捉えるために、4つの公理[17]を示している。

第1の公理は、サービスが交換の基盤だということである。つまり、サービスとサービスが交換されるということである。これは、グッズがサービス提供のための装置であること、すべての企業はサービス・ビジネスであること、すべての経済がサービス経済であることを暗示している。

第2の公理は、顧客が常に価値の共創者であるということである。G-D ロジックでは企業が価値の創造者とみなすが、S-D ロジックではグッズを通じた顧客との相互作用によって価値が創出される。

第3の公理は、すべての経済的および社会的アクターが資源統合者だということである。交換に関与するアクターが直接的に入手可能な資源によって行われるだけでなく、他の資源統合アクターのネットワーク内で資源を提供しているアクターからの間接的に入手可能な資源によっても行われる。

第4の公理は、価値は常に受益者によって独自にかつ現象学的に判断されることである。これは、価値が経験的[18]なものだということである。バーゴとラッシュによれば、すべての経済が経験経済であり、経験的でない消費状況はないのではないかと指摘している。S-D ロジックでは、価値は独自に経験され判断される。

D　G-D ロジックと S-D ロジックの対比

G-D ロジックでは、人々は商品入手のために交換を行う。顧客は商品の受容者であり、価値は生産者によって決定される。したがって、価値は商品の中に埋め込まれているものである。S-D ロジックでは、人々は知識やスキル、あるいはサービスの便益を得るために交換を行う。顧客はサービスの共同生産者であり、価値は使用価値に基づいて顧客により理解され、決定される[19]。両者にはこれらの違いが存在する。

コラム 感情労働

サービス業の従事者は今の自分の感情がどのようなものであったとしても、顧客に対して笑顔を向けることが求められる瞬間があるだろう。サービス業の従事者は状況や顧客の求めに応じて、感情をコントロールし、表現することが業務に組み込まれているといえる。ホックシールド（Hochschild, A. R.）はこのような肉体労働や頭脳労働とは違う労働を感情労働というように定義した。感情労働を行う人は自分の感情を誘発したり抑圧したりしながら、相手の中に適切な精神状態を作り出すために、自分の外見を維持しなければならない[20]としている。ホックシールドは、多くの人が他者や自分自身の感情をある程度操作する必要のある仕事についている[21]としている。人々は職務の中で笑顔を見せたり、気遣いを見せたり、ムードメーカーになったり、悲しみに寄り添ったり、不安を抱かせたりする。サービス産業が拡大している現代社会において、働くということは何らかの点で感情労働に従事しているということにつながっている。人は職務の中で相手の感情に対して適切な感情で対応するということを日常的に実践しているのである。しかし、このような日常の業務風景にもリスクが存在する。ホックシールドは感情労働に伴う3つのリスク[22]について言及している。第1は、労働者が一心不乱に仕事に献身し、燃え尽きてしまうケースである。第2は、労働者が自分と職務を切り離し、自分は演技をしているだけと自身を非難するケースである。第3は、演じる能力を肯定してはいるが、自分たちがただ夢を売っているだけであると、皮肉な考えを持ってしまうケースである。

人は日常的に何者かを演じているのかもしれないが、この当たり前の日常が歪みを生むこともある。感情労働の概念は、自己の職務に対する向き合い方や、職務環境、労働者の管理がサービス業において重要な課題であるということを再認識させてくれる。

注）

1）中原龍輝（2020）『サービス経営とサービスマーケティング』創成社，p. 43.

2）近藤隆雄（2010）『サービス・マーケティング――サービス商品の開発と顧客価値の創造（第2版）』生産性出版，pp. 50–52 参照.

3）神原理編（2019）『サービス・マーケティング概論』ミネルヴァ書房，pp. 2–4 参照.

4）Kotler, Philip & Keller, Kevin Lane（2006）"Marketing Management", 12th ed., Pearson Education. コトラー，フィリップ&ケラー，ケビン・レーン著／恩藏直人監修／月谷真紀訳（2014）『コトラー&ケラーのマーケティング・マネジメント（第12版）』丸善出版，p. 498.

5）Lovelock, Christopher and Wirts, Jochen（2007）"Services Marketing : PEOPLE, TECHNOLOGY, STRATEGY", 6th ed., Pearson Education ラブロック，クリストファー&ウィルツ，ヨッヘン著／白井義男監修／武田玲子訳（2008）『ラブロック&ウィルツのサービス・マーケティング』ピアソン・エデュケーション，p. 15.

6）Grönroos, Christian（2007）"Service Management and Marketing : Customer Management in Service Competition", 3rd ed., JohnWiley & Sons Limited グルンルース，クリスチャン著／近藤宏一監訳／蒲生智哉訳（2013）『北欧型サービス志向のマネジメント――競争を生き抜くマーケティングの新潮流』ミネルヴァ書房，p. 44.

7）バーゴとラッシュはエージェンシーを保持するエンティティとしている。エージェンシーとは、目的を持って行動するための能力と説明している。つまり、サービスの交換にかかわる様々な主体である。

8）Vargo, S. L., & Lusch, R. F.（2014）"Service-dominant logic : premises, perspectives, possibilities", Cambridge University Press ラッシュ，R. F. & バーゴ，S. L. 著／井上崇通監訳／庄司真人・田口尚史訳（2016）『サービス・ドミナント・ロジックの発想と応用』同文舘出版，p. 65 参照.

9）第一次産業は農業、林業、漁業など。第二次産業は工業、鉱業、建設業など。第三次産業はこれらに当てはまらないものを指すが、経済産業省によれば、非製造業、広義のサービス業を含むものとして扱われている。

10）Lovelock, Christopher H. & Wright, Louren K.（1999）"Principles of Service Marketing and Management", Prentice Hall ラブロック，クリストファー&ライト，ローレン著／小宮路雅博監訳／高畑泰・藤井大拙訳（2002）『サービス・マーケティング原理』白桃書房，pp. 34–45.

11）同時性（simultaneity）という言葉が使用されることもある。生産と消費が同時に起こるという意味。

12）異質性という言葉が使用されることもある。

13）前掲書 6），p. 222 参照.

14）Vargo, S. L. and Lusch, R. F.（2004）"Evolving to a new dominant logic for marketing", *Journal of Marketing, 68,*（January），p. 5 参照.

15）同上書 14），p. 7 参照.

16）前掲書 8），p. 5.

17）前掲書 8), pp. 17-19 参照.

18）バーゴとラッシュは現象学的という言葉を用いている。

19）前掲書 14), p. 7 参照.

20）Hochschild, Arlie R.（1983）“The Managed Heart : Commercialization of Human Feeling”, University of California Press　ホックシールド, A. R. 著 / 石川准・室伏亜希訳（2000）『管理される心――感情が商品になるとき』世界思想社, p. 7.

21）同上書 20), p. 12.

22）同上書 20), p. 214 参照.

第4章 価格と消費者心理

本章のポイント

1. 価格はマーケティング・ミックスにおける4Pの中で最も柔軟性の高い変数であり、製品特性やチャネル契約と異なり、市場の競争性や消費者心理に合わせて設定・変更する必要がある。
2. 価格感度測定法（PSM）は、消費者がどれくらいの価格帯であれば商品を受容するかを評価する手法である。その測定手法は、消費者がある商品の価格に対してどのような印象を持つかを測定するために、価格に対する4つの指標を導き出すことから始まる。
3. プロスペクト理論は、不確実な状況下において、ある事象が生じる確率やそこから得られる損得がわかっている時に、意思決定を行う人間の行動プロセスを心理学的立場から説明した理論である。

1 価格設定の意義

価格とは「製品やサービスの対価として請求される金額、または消費者が製品やサービスを所有したり、使ったりすることによって得られるベネフィットに対する交換価値の総称」[1)]と一般的に考えられている。つまり、消費者は商品を消費あるいは所有・使用することで利便性や効用を得ようとする。それは当該商品が、購入者の期待する価値を持つからであり、価格とは、その商品の購入者に対する価値を貨幣の金額で示したものである。

いくらで販売するかという観点に目を向けると、歴史の大半を通じて、買い手と売り手の交渉によって価格は決められていた。現代でも産業財は商談により個別に決まるケースも多々ある。しかし、消費財は一般的に値札に付けられた金額で全ての買い手に示される。すなわち、販売期間に伴うセール品や、小売店同士の競争により、価格の変動はあるが、消費財はすべての買い手に平等であるといえる。すべての買い手に向けて1つの価格を設定することは、19世紀末に大規模小売業の発達とともに生まれ、どちらかといえば近代的な考え方である。「F. W. ウールワース、ティファニー・アンド・カンパニー、ジョン・ワナメーカーらは、厳密な単一価格政策」[2)]という内容の広告を消費者に訴求した。それまでは、販売員と買い手の間の交渉によって、価格は決められていたが、販売している品目数が多く、管理している従業員数が他企業よりも多かったため、価格を均一にしたのである。そのため、消費者に安心感や平等性を訴求することが可能となり、結果的に信頼を得た小売店となった。

一方、経済学の視点では、需要と供給の関係に基づく市場メカニズムによって価格が決定されると考えられている。経済学における価格設定では、需要曲線と供給曲線を作成して検討される。需要曲線において、販売量は価格を下げれば増加し、価格を上げれば減少する。しかし、価格を下げすぎると費用が売上を上回り、総収入は減少する。価格を上げすぎても、顧客が減少して収入増加は期待できないことになる。**図 4-1** における右下がりの①は需要曲線を示している。例えば、顧客はある商品が10,000円の場合は、10個しか当該商品を買わなかったとしても、それが8,000円になれ

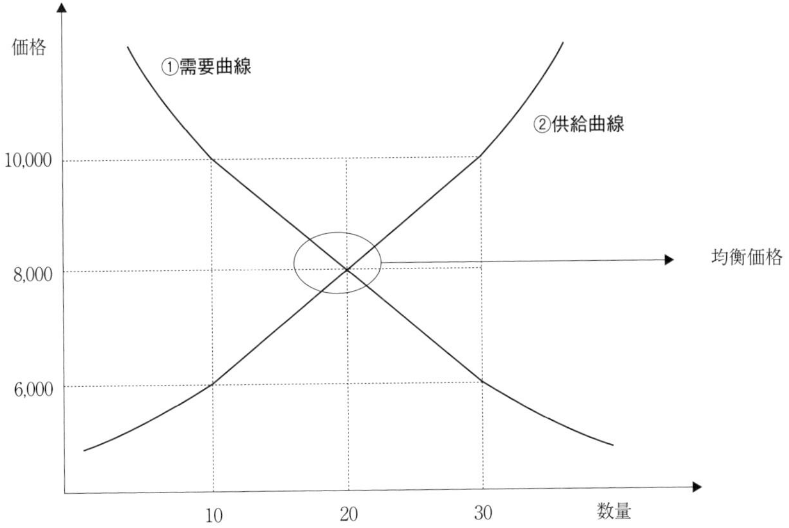

図 4-1　需要曲線と供給曲線

ば 20 個、さらに 6,000 円に下がれば 30 個購入すると考える。つまり、価格が下がれば下がるほど、顧客は商品を求めることになり、需要曲線は顧客の視点に立って考えられている。

これに対して、②の供給曲線は生産者の視点で考えなくてはならない。図 4-1 の如く、②供給曲線は右上がりとなる。例えば、ある生産者が利益を効率的に得るために、商品を 1 日 10,000 円で 30 個売っていたとする。しかし、顧客から数を多く購入するから価格をその分下げてくれと要望されても、利益は減少するので、なるべく高く売りたいはずである。仮に 1 日での生産量に限界がある場合、顧客の要望通りに増やすのであれば、さらに従業員数や原料、設備や作業ペースを増やす必要がある。設備投資などをした場合は資金を取り戻すために、価格を上げなくてはならない。また、生産量を減らすと、設備や従業員数の拡充は必要ないが、従業員に対する給与は従来通りに発生する。供給量を減少させたからといって、商品価格を簡単に低下させることは出来ないのである。したがって、図 4-1 の②の如く 8,000 円では 20 個、6,000 円では 10 個となるのである。

価格が高い場合も安い場合も、結果としてどの価格も均衡価格へと向かう。図4-1においては需要曲線と供給曲線が交わる8,000円の地点が均衡価格となる。均衡価格が成立したとき、市場では需要と供給が均衡し、必要なものが必要なだけ生産されている状況下となる。そして、原料や労働などの経済資源が無駄なく効率的に使われた資源の最適配分が実現されるというのが経済学視点での価格設定である。

一方、マーケティングにおいては需給関係以外の様々な要因が影響を与えると考えられている。価格はマーケティング・ミックスの中で企業の市場シェアや収益を決定づける重要な要素の1つである。なぜなら、4Pにおいて収入を生むのは価格だけであり、他のProduct、Place、Promotionは支出に結びついているからである。また、価格は4Pの中で最も柔軟性の高いマーケティング要素であり、製品特性やチャネル契約と異なり、市場の競争性や消費者心理に合わせて変更が可能である。経済学における価格設定の重要性を否定するものではなく、マーケティングではより現実的な考慮が必要である。以下は、経済学の視点と同様に図を用いてマーケティング視点における価格設定で考慮すべき一例を示す。

図4-2に示すように、ある商店で仕入れ価格60円の商品が定価100円で販売され、1か月で販売量が100個であったと想定すると、利益は単純計算すると斜線の部分（定価：100円×100個―仕入れ価格：60円×100個）になる。仮に、同商品を25%値下げして75円で販売した場合、定価の100円で販売した時と同じ利益を得るためには、267個の商品を販売しなくてはならない。逆に、25%値上げをして125円で販売した時、定価で販売した時と同じ利益を得るには62個の販売量で済むことになる。これらの状況下で、定価の時よりも2.5倍以上の量を販売することを選択するのか、価格を上げて約60%の販売量にするのかは商店側の判断になる。値下げしたとはいえ、従来よりも約2.5倍以上に販売量を増やすのは非常に厳しいと思う商店も多いと想定される。

さらに、値下げした場合、消費者に対し通常価格よりも安価であることを告知するために、商店側はチラシ広告やインターネット上でのプロモーション・コストがかかる事になる。これに対し、値上げをした商店などはわざわざその事実を消費者に伝える必要はない。また、円安・円高、原価費用の高騰などの経済状況が変化するタイミングであれば、「値上げも止

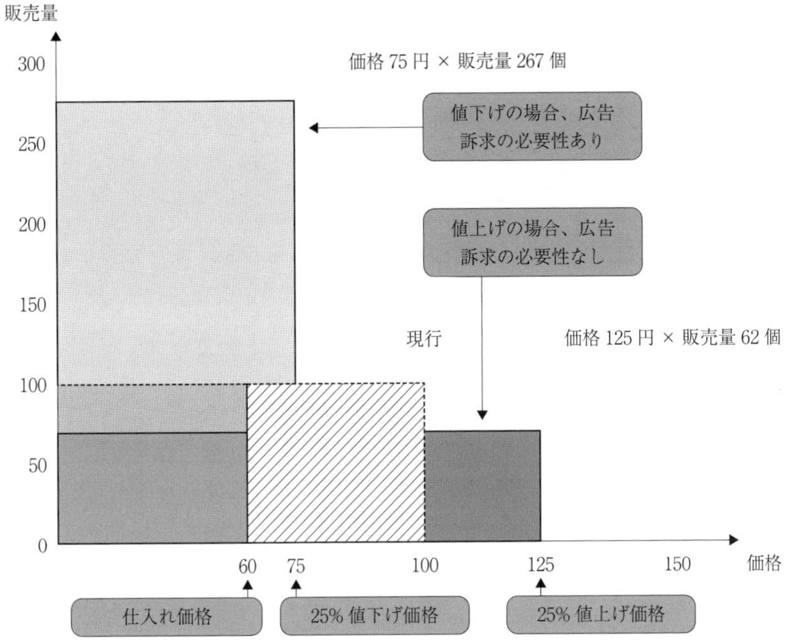

出典）菅野誠二『値上げのためのマーケティング戦略—まだ価格競争で勝負するのか？』クロスメディア・パブリッシング，2013, p.16 を参考に加筆.

図 4-2　価格と広告の関係

むを得ず」という世論状況が後押しする可能性もある。とりわけ、コモディティ商品などの日常品はその傾向にある。つまり、値上げをした場合、定価の時よりも販売量の目標値は少なくすみ、なおかつ、プロモーション・コストはかからないという事になる。したがって、値上げをするか値下げをするかは、企業側の価格戦略ではあるが経済学の視点とは異なり、市場の動向は勿論の事、消費者心理や社会・経済状況など、様々な観点での考察が必要となる。次節では、消費者心理に基づく価格の設定方法を考察する。

2 消費者心理と価格設定

A 参照価格

現実的な消費者行動において、消費者は「価格受容者」であり、企業から提示された価格を額面通り受け入れる場合がほとんどである。しかし、消費者はそれぞれの商品の価格情報を積極的に分析しているケースが多い。消費者は過去の購入体験や企業からの公式なコミュニケーション（広告、DM、セールス電話、パンフレットなど）、口コミなどによる非公式なコミュニケーション（友人、家族、知人、同僚など）と、購買時点あるいはオンラインの情報から得た知識を比較して価格を解釈しているのである。SNSが発達してきた現代においては、消費者は価格の幅に関して、かなりの知識を持っていると考えられる。

一般に消費者は、ある商品の価格が妥当かどうかを判断する材料として、「参照価格」を用いているとされる。参照価格とは、過去の購買体験、類似商品の価格帯など、様々な状況に照らして消費者が抱く価格のイメージのことである。消費者が購買にあたって当該商品の価格が高いか安いかを判断する基準ともいえる。図4-3に示すように参照価格には、消費者の記憶にある価格情報としての「内的参照価格」と店舗などでプライスカードによって示される「外的参照価格」がある。すなわち、前者は消費者が過去の購買体験を通じて心の中に蓄積された価格であり、後者は価格帯や購買状況など情報刺激として提供される価格のことである。

内的参照価格には、消費者がその商品にかかるコストを考慮し、適正であると考える「妥当価格」、通常通りの価格であると思う「一般価格」、その価格以上では高すぎると考える「上限価格」、その価格以下では受け入れられないと考える「下限価格」、同一商品カテゴリーにおいて、競合企業とのブランドなどを比較する「競合他社の価格」、当該商品の価格が下がるのではないかと予想する「期待価格」および「通常の値引き価格」などがある。消費者はある商品の購入を検討する時に、これらの内的参照価格を外的参照価格に照らして比較することが多い。また、参照価格は製品ラインにおいて高級価格帯に位置付けられていたり、高級専門店の売り場に置か

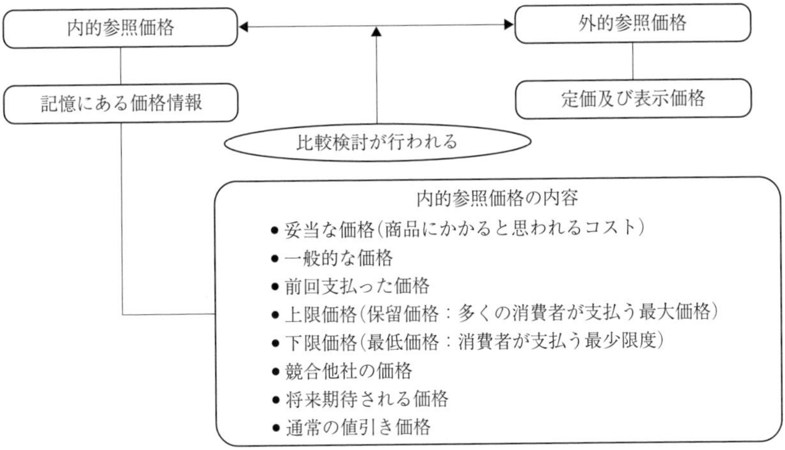

出典）筆者作成.

図4-3　参照価格の概念図

れている場合には消費者が感じる値ごろ感は異なる場合がある。例えば、同じブランドのジュースが自動販売機とホテルのラウンジで価格が異なっていても消費者が受け入れるのは、高級店で販売されている他のドリンク類の価格が外的参照価格として影響しているためである。

このように、参照価格は現在の価格や過去の体験による価格、あるいは購買環境を評価することによって形成される。近年では、インターネットによる各商品の価格比較や口コミが発達してきたとはいえ、消費者個人は各商品価格の妥当性を判断できるほどの知識を持ち合わせていない。そのため、価格が高いか安いかを示す何らかのサインに頼ろうとする。その有効なサインの多くは、セール表示、目玉商品などという形で販売者側が提供している。消費者の多くは内的参照価格と販売者側が提供する外的参照価格を比較検討して購買するか否かを決定する。したがって、販売者側は外的参照価格を設定する際には、消費者の心理的側面を考慮する必要がある。

例えば、わずかに価格表示を変えるだけでも消費者の商品に対するイメージを変えることが可能である。海外での調査では、実際の価格差は１ドルしかなくても、心理面に及ぼす影響は大きいことが明らかになっている。

299ドルと300ドルの視力回復のためのレーシック手術の場合、価格情報しか与えられなければ、どちらを選ぶであろうか。結果は、300ドルを選ぶ人の方がずっと多かったのである。被験者は299ドルという端数価格をかなり安いと知覚し、同時に手術の質やリスクについて大きな不安を持ったのである。これとは逆に安さを強調したい日本の食品スーパーなどでは、「198円」など、意図的に8や9で終わる端数価格を設定し、売上の促進を図っている[3)]。このように販売者は価格の経済的側面とともに、消費者の心理的側面も考慮しサインとしての外的参照価格を提示しなければならない。これにより、販売者は価格設定に際し、消費者の参照価格に影響を及ぼしたり、それを戦略として活用することができる。以下では消費者心理に影響を及ぼす価格の決定方法を提示する。

B　端数価格

消費者に割安感を抱かせることを意図して設定される。例えば、1,000円のところを980円、100円のところを98円などとする方法である。実際には、20円、2円しか違わなくとも、それ以上の割安感を消費者は感じるとされている。

端数価格の英語表現は“odd price”である。“odd”は、「5」「7」「9」などの「奇数」(odd numbers)を意味している。ジャストの「0」でなく、「中途半端な数」の意味である。欧米では、通常の売価が、99.99ドルのように、「9」で終わることが多い。しかし、日本や中国などのアジア漢字文化圏では、多くの商品の売価は「8」を用いることが多い。「八」は末広がりで、縁起がいいから「8」を用いるとされている[4)]。スーパーマーケットなどの量販店では、とりわけ採用される手法である。

C　慣習価格

長期間にわたり一定の価格が維持されているために、消費者にとってはその価格で購入することが当然のように思われることから、これに従った価格を設定する方法である。一旦、特定の商品カテゴリーにおいて慣習価格が成立すると、需要は価格に対して非弾力的になる。すなわち、その価格より安くしても販売はあまり増加せず、逆に、高くすると需要が激減する傾向になる。

例えば、自動販売機の清涼飲料水は1本120円から150円程度の価格が一般的で、一度この価格が慣習化すると、それは非常に固定的なものとなる。そして多少価格を下げたとしても需要はあまり伸びず、逆に値上げをすると消費者は敏感に反応し、その需要は大幅に減少する。そのため、企業はネーミングやパッケージ・デザインなどの非価格要素で販売を伸ばそうとする。また、原材料の高騰などにより、生産コストが上昇した場合においても、数量や容量の削減、品質の変更によって調整が行われて価格が維持される傾向にある。これは当該商品に対する購買習慣の中で心理的な値ごろ感（内的参照価格）が長期間固定化された結果と考えられる。

D 名声価格

高級イメージの強いブランドが付与されたバッグ、アクセサリー、洋服あるいは化粧品や健康食品などの一般消費者が品質を判断しにくい商品は、価格の高さが品質の良さを連想させる場合がある。また、購入者が所有することで優越感や満足感を得る商品も存在する。つまり、名声価格とは購入者が高いということ自体に価値を見出し、高いからこそ売れる価格のことで、名声価格も消費者心理を考慮した価格設定である。

名声価格が適切に実行されれば、利益率の向上とブランドに対する認識の向上というメリットがある。さらに競合企業は、名声価格を設定した企業の商品と同等以上の品質と価格にしなければ競争が困難なため、業界への参入障壁を高める可能性もある。しかしながら、高価格による希少価値などを消費者に対してアピールし、心理的な価値を見出しているために、マスマーケットでの販売を困難にするというデメリットもある。いずれにしても、名声価格を設定した企業は、品質もそれに応じた高級なものにすべきであり、見せかけの名声価格によって、消費者の利益を損なうことがあってはならない。

E 段階価格

段階価格とは、類似する商品に、高級・中級・普通といった価格にグレードを設けて消費者に提供する価格設定の手法である。消費者は、その価格差を見比べつつ、予算の検討をして最終的に商品を選択する。同一商品カテゴリーや同一ブランド内で複数のグレードを設定することになる。例えば、洋服や自動車などは品質・素材および装備の違いによって価格差を設けている。また、レストランにおけるランチセットはランチというカテゴリーの中でメニューの違いによって価格を変えているし、寿司店では刺身の盛り合わせなど、松・竹・梅と価格を3段階に分けている。

価格設定が1つだけでは、消費者はそれが良いのか悪いのか判断しにくく、また種類が多すぎてもどれを選んで良いのか迷ってしまう。そのため、段階価格では3つのグレードを用意するのが通常とされる。松・竹・梅という並びを例に取れば、「松は価値がありそうだが高すぎる」「梅は安いものを頼んで後悔しそうだ」と消費者側は判断する傾向があるので、「質と価格のバランスが取れている」とみなして竹を選択する可能性が高くなる。2段階の価格設定であれば安い方を消費者は選ぶ傾向にあるが、松竹梅のように3段階に価格が設定されていると真ん中を選ぶ傾向にある。この傾向を価格設定する側があらかじめ理解していれば、真ん中の商品に一番店側が利益率の高いものを用意しておくことが可能となる。

3 価格感度測定法

価格感度測定法（PSM : Price Sensitivity Meter）は、1970年代にオランダの経済学者ヴェステンドルプ（Westendorp, P.）が提唱したもので、消費者がどれくらいの価格帯であれば商品を受容するかを評価する手法で、略してPSM分析ともいわれる。その測定手法は、消費者がある商品の価格に対してどのような印象を持つかを測定するために、価格に対する4つの指標を導き出すことから始まる。4つの指標とは上限価格、妥当価格、理想価格、下限価格であり、商品を市場に出すための価格戦略を立てる上で重要な指標となる。

例えば、新製品のシャンプーが200円程度で販売されていたら、安すぎて頭皮を痛めたり、髪に栄養が届かないのではないかと思われ、購入意欲が湧く消費者は少ないと思われる。これは「価格が商品の品質を表す」と消費者に捉えられている側面を持つからである。逆に、5,000 円で販売されていると、「確かに品質は良く、髪の健康状態も良くなるのであろうが、高すぎる」と判断され、多くの消費者に敬遠される可能性がある。価格設定の問題では、上述の如く価格を下げれば販売量が増えるという単純な関係を想定するのではなく、商品のイメージやコンセプトとの関連も考慮することが要求される。そのため、当該商品に対して消費者が最適と思う価格帯を探るのが PSM 分析の役割である。

PSM 分析は、以下のような質問を元にアンケート調査を行い、横軸に価格、縦軸に回答者の累積割合をプロットする（図 4-4 参照）。

Q1	どれくらいの価格から「安すぎる」と感じはじめるか？
Q2	どれくらいの価格から「高くはない」と感じはじめるか？
Q3	どれくらいの価格から「高すぎる」と感じはじめるか？
Q4	どれくらいの価格から「安くはない」と感じはじめるか？

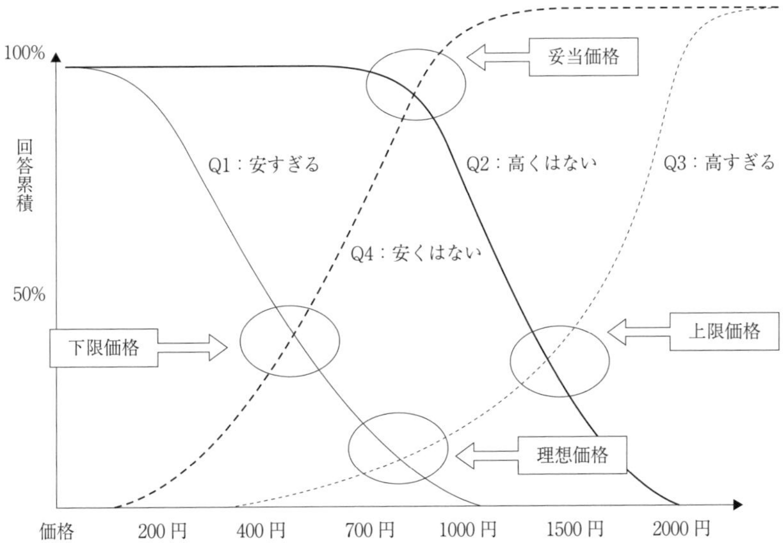

出典）吉川尚宏『実践プロフェッショナル 価格戦略入門―ケースで学ぶ利益最大化の理論と方法』ダイヤモンド社，2009, p.13 を参考に筆者作成.

図 4-4　価格感度測定法（PSM 分析）のイメージ

図4-4に示すように、「安すぎる」という回答の累積値と「安くはない」という回答の累積値の交点が「下限価格」になる。そして、「高すぎる」という回答の累積値と「高くはない」という回答の累積値の交点が「上限価格」になる。また、「高くはない」という回答の累積値と「安くはない」という回答の累積値の交点が「妥当価格」であり、「高すぎる」という回答と「安すぎる」という回答の累積値が「理想価格」となる。「理想価格」は、「高すぎる」と「安すぎる」の交点で求められることになるが、購買の可能性のある人の数が最も多い価格が理想価格となる。つまり、品質は確かに良いのだろうが高すぎて買えないと感じる人の数と、安すぎて安全性に疑問を感じる人の数、双方の合計が最も少ない価格が理想価格になると考えられている。以下は、4つの指標[5)]となる価格の特徴を端的に説明する。

A 上限価格

この価格は「これ以上高く値付けすると、誰も買ってくれなくなる」というポイントであり、最高価格と呼ばれる場合もある。例えば、トイレタリー商品群における高級ブランドやプロ仕様の商品の場合、この価格を参考にすると最適の結果が得られるといわれている。また、既存商品のカテゴリー内であっても希少性のあるブランド、従来と異なった付加価値のある商品の場合もプレミアム価格と訴求する事で効率的な価格設定となる。また、これらのブランドはスーパーマーケットなどではなく専門店に陳列される場合が多い。

B 妥当価格

この価格は、「このカテゴリーの商品なら、これくらいの値段」と多くの消費者が納得できる心理的な価格基準である。例えば、ボトル1,000円のワインなら誰しも安いと思うが、缶ビールが1,000円なら誰が見ても高いと思うであろう。一般的な消費者が高いと思い始める価格と安いと思い始める価格は、生活の中であるいは購買行動において比較する商品との競争の中で想定される。つまり、「高くはない」と「安くはない」との交点は競争上の妥協点となる価格といえる。そのため、妥当価格は市場占有率の最も高いブランドの価格に限りなく近くなる。

C 理想価格

高すぎて買えないと思い始める価格と、安すぎて品質などに問題があるのではないかと思い始める価格は両者とも購買に否定的である心理的価格を示している。つまり、理想価格は「高すぎる」と思う人と「安すぎる」と思う人の交点であるため、購買に否定的な意見を持つ人が一番少ない価格であるということを示している。換言すれば、消費者の最も多くの人が買う可能性があるポイントが理想価格といえる。大半の場合、理想価格は妥当価格より若干安いところに落ち着くとされる。この価格に設定すれば、販売量と利益額が最も良い形でバランスが取れるのが特徴である。

D 下限価格

これ以上安くすると、消費者が「品質が悪いのではないか」と疑い始める価格ポイントが下限価格であり、最低品質保証価格と呼ばれる場合もある。普及価格の商品や量販店などの特売品、あるいはスーパーが企画し安さを前面に出したPB商品などはこの価格が参考になる。しかしながら、この価格だと販売量は増えても利益は大きくならない。

4 プロスペクト理論

プロスペクト（prospect）とは、「期待」「見込」といった意味を持つ。この意味が示す通りプロスペクト理論（Prospect Theory）は、不確実な状況下において、ある事象が生じる確率やそこから得られる損得がわかっている時に、意思決定を行う人間の行動プロセスを心理学的立場から説明した理論である。1979年に心理学者であるカーネマン（Kahneman, D.）とトベルスキー（Tversky, A.）によって本理論は提唱された。

伝統的な経済学では、人は全ての可能性のある結果の効用に重み付けをして、予想される効用値を合理的・理性的に計算して意思決定をすると仮定してきた。人は常に合理的な意思決定をすることが前提であったため、実際の人間の行動パターンを十分に説明しきれず、理論と現実の間に乖離が生じていた。これに対してプロスペクト理論は、行動意思決定プロセスにおいて、人は何かを得ようとするときにはリスクを回避（risk aversion）しがちになり、何かを失うときにはリスクを求めがちになるリスク・テイキング（risk taking）とし、人がいかに損失と利得を評価するかをモデル化し、必ずしも人は合理的な意思決定を行わないということを示した。つまり、プロスペクト理論は、意思決定の不合理さを詳細に考察して構築された、より現実に即した理論といえる。

プロスペクト理論の簡単な例として、以下の2つの選択肢がある場合にどちらを人が選択するかを考えてみる。

A：確実に10万円もらえる。
B：コインを投げて表が出たら30万円もらえる。しかし、裏がでたらお金は全くもらえない。

この場合、大半の人は確実に10万円をもらえるAを選ぶであろう。「もらえるものは、手堅くもらっておく」と考えるのは、一般的な人の心理といえる。しかし、合理的に考えればBを選択する方が高い利得を得られることになる。なぜなら、期待値はBを選択した時の方が高いからである。期待値とは「得た金額の平均」を示す値で、くじやギャンブルなどにおいては賞金額の平均値となり、「報酬×確率」の式で求められる。例えば、Aの期待値は10万円×1＝10万円であり、Bの期待値は30万円×0.5＋0円×0.5＝15万円となり、Bの方が5万円高い利得を得られる可能性がある。ところが、この状況では、大多数の人が何ももらえない確率がある方を避けて、確実に10万円もらえる方を選択する。これがリスク回避行動である。

次に、以下の2つの選択肢がある場合、どちらを選択するかを考えてみる。

C：確実に10万円没収される。
D：コインを投げて表が出たら30万円没収される。しかし、裏が出たら1円も没収されることはない。

この場合は、大半の人がDを選ぶであろう。これも確率的にいえば、Dの方が損失の期待値が高くなるので、本来ならばCを選ぶ方が合理的といえる。損失の期待値を見ると、Cが10万円でDは30万円を50%の確率で没収されるため、15万円となる。したがって、Dを選択すると損失が大きくなってしまう可能性がある。しかしながら、人は確実に失う方を選ぶのではなく、何も失わない確率がある＝リスクがある方を大半の人は選ぶのである。これは、リスク・テイキング行動であるといえる。

これらの例からも明らかなように、利得を含む選択の場合はリスク回避が働き、損失を含む選択の場合はリスク・テイキングが働くのである。この2つの行動は、基本的に同じ構造をしているが、前者が利得であり、後者が損失を扱っている点だけが異なることになる[6)]。このように人は利得と損失の計算であっても、大半の人は確率的な判断をせず、自らの気持ちが満足するような答えを合理的な根拠もなしに選択する傾向があるといえる。

また、注意すべきはプロスペクト理論によると、消費者の損失についての反応は利得よりも激しいということである。つまり、同じ金額であれば人の感情は得た時の喜びよりも、損をした時の不快感の方が大きくなることをプロスペクト理論は提示している。多くの人は確実な利益を望み、リスクを回避し、また損を嫌うあまりリスクをとりがちになるのである。図4-5の価値関数の図を参照されたい。価値関数とは、人々の認知における「価値の感じ方の歪み」を表現する関数である。価値関数の横軸は利得と損失の大きさを表し、右に行けば行くほど得た金額が大きくなり、左に行けば行くほど損失の金額が大きくなる。価値関数の縦軸は利得を得た、あるいは損失を受けたことによる感情の大きさを表している。つまり、上へ行けば行くほど人の嬉しさや満足感は大きくなり、下へ行けば行くほど悔しさや不快感が大きくなることになる。

図4-5に示されるように、利得10と損失10で同じ大きさであるのにもかかわらず、価値の感じ方はA＞Bとなり、得をした喜びよりも、損をした悔しさの方が大きい。つまり、1万円の得と1万円の損は、人々にとって同じ大きさではなく、1万円の損のほうが、1万円得することよりも、より大きく気持ちを揺さぶられる心理傾向になる。また、損失のみに目を向けると、損失が5から10になった時の悔しさや不快感と、20から25になった時の場合を比較すると、C＞Dとなり、損失水準が低い時の方が悔しさや不快感は大きくなることが示されている。つまり、損失額が5,000円

から 10,000 円になった時と、20,000 円から 25,000 円になった時を比較すると、同じ 5,000 円が損失額に加わったのにもかかわらず、5,000 円から 10,000 円になった時の方がより悔しさを感じるのである。

ところで、図 4-5 における価値関数は、直線ではなく S 字カーブになっている。利得においては X の地点から、損失においては Y の地点からカーブが緩やかになっている。この現象は「感応《かんのう》度《ど》逓減《ていげん》」といわれ、「金額が大きくなればなるほど、利得や損失に対する感覚が鈍くなる」という人の心理現象である。例えば、ある人が 10 万円もらえると思っていた賞与が 15 万円になった場合と、50 万円と思っていた賞与が 55 万円になる場合を比較すると、同じ 5 万円の増額であっても前者の方がより利得感がある。逆に、15 万円が 10 万円に減額された場合も、55 万円が 50 万円になるよりも、より悔しさを感じるのである。尚、利得における X までの曲線と損失における Y までの曲線を比べると、Y までに比べ X までの方が緩やかなのは、上述の得をした喜びよりも損をした悔しさの方が大きいことを物語

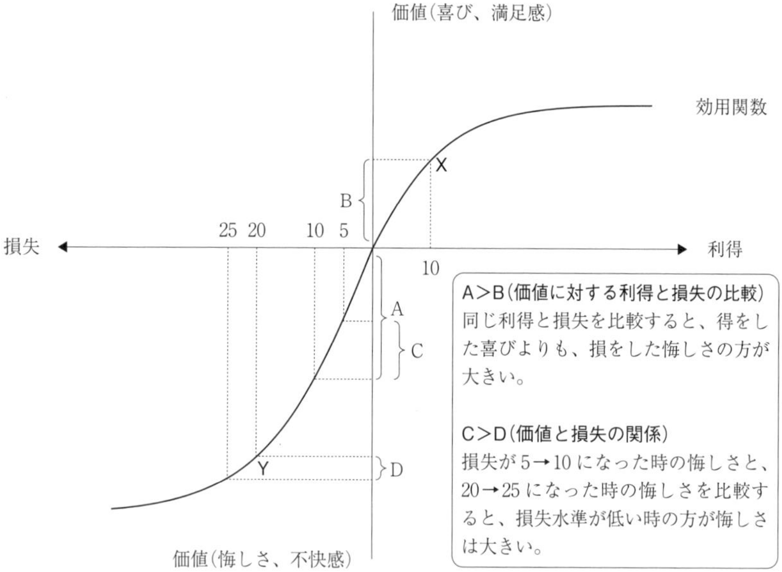

出典）田中洋『消費者行動論』ベーシック＋，中央経済社，2015, p.66 を参考に筆者作成.

図 4-5 プロスペクト理論による仮説的価値関数

っている。

このようにプロスペクト理論を考察すると、マーケティング戦略における様々な価格設定に活用が可能である。例えば、ある店舗では3,000円で売られている商品が、車で15分ほど離れた隣町の店舗では2,500円で売っていたら、多くの人は移動してその店に買いに行くと思われる。しかし、ある店舗では10万円で売られている商品が隣町で若干安く売られていたとしても、わざわざ距離の離れたその店に赴くとは思えない。人は高額商品においては、低額な商品と比べて金額の違いに無頓着なのは、プロスペクト理論から明らかである。したがって、立地において不利な店舗であっても高額商品においては、割引などがあまり販売促進に役立たないということが分かる。一方、比較的安価な商品であれば競合店に対する低価格の戦略は消費者に対する有効な訴求内容となる。

次に、図4-6を参照されたい。これは、テーマパークの入園料金が値上げされた場合を例にしたものである。それまで、あるテーマパークの入園料金が大人6,000円、子供4,000円であったのが、それぞれ10%値上げされ、大人6,600円、子供4,400円になったとする。仮に4人家族（大人2名、子供2名）でテーマパークに値上げ後に赴くと、入園料の総計は20,000円か

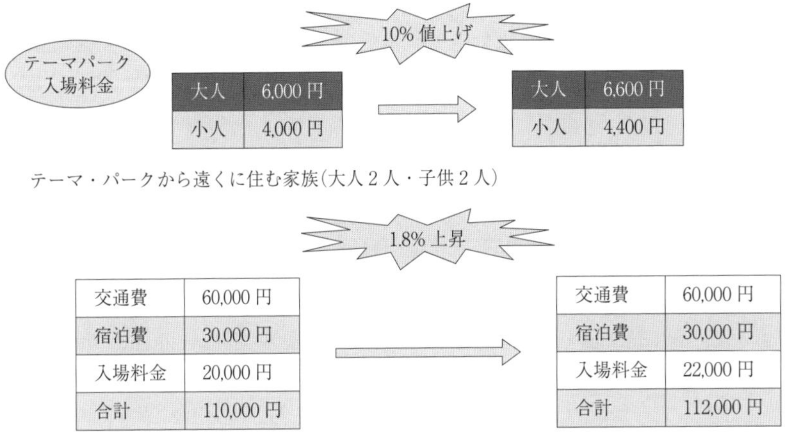

出典）吉本佳生『無料ビジネスの時代―消費不況に立ち向かう価格戦略』ちくま新書，2011, p.85.

図4-6　テーマパークを例にした価格の値上げ

ら 22,000 円に上昇したことになる。その 4 人家族が遠方から来ていて、新幹線や飛行機を使って前日からやってきて、そのテーマパークの近くのホテルに泊まり、翌日丸 1 日遊んで帰ったとする。その仮定で、交通費に 60,000 円、宿泊費に 30,000 円支払いをした場合、テーマパークの入園料を含むと合計 110,000 円支払ったことになる。入場料金 10% の値上げ後は、家族 4 人で 20,000 円だった部分が 22,000 円になる。交通費や宿泊費が値上げされなければ、総額は 112,000 円になるだけで、比率は 1.8% の上昇で済むことになる。もしも、この家族が夏休みなどに、テーマパークに出かけることを恒例にしていたとしても、わずか 2,000 円の上昇では、支払いに対する痛みを感じず、取り止めになることはないと想定できる[7]。

この例からも、プロスペクト理論における価格に対する人の心理現象が立証される。逆に、テーマパークの近隣に住む人は 10% の価格の上昇をそのまま受け入れることになるので、かなりの痛手である。そのため、年間パスポートなどでの対応が必要になる。近年、旅行代理店などは、パッケージツアーと銘打って旅行者にサービスを提供している。パッケージツアーとは飛行機や宿泊施設、ツアー中の移動手段、訪れる観光スポットなどをパッケージ化して提供するツアーのことである。パッケージツアーはとりわけ海外旅行で多く採用されるツアーの形態である。旅行者にとって不慣れな場所を訪れるので、添乗員が同行するこのツアーの人気は高い。しかし、団体割引などがあるにしても、海外へ赴くことは総額では高額になる。このような状況下であっても、プロスペクト理論が効果的に活用されれば、旅行者の支出に関する痛みを軽減させることが期待できる。

注)

1) Kotler, Philip & Armstrong, Gary (2001) “Principles of Marketing”, 9th ed. コトラー, フィリップ&アームストロング, ゲイリー著 / 和田充夫監訳 (2003)『マーケティング原理 (第 9 版) ——基礎理論から実践戦略まで』ダイヤモンド社, p. 438.

2) Kotler, Philip & Keller, Kevin Lane (2008) “Marketing Management”, 12th ed. コトラー, フィリップ&ケラー, ケビン・レーン著 / 恩藏直人監修 / 月谷真紀訳 (2008)『コトラー&ケラーのマーケティング・マネジメント』ピアソン・エデュケーション, p. 536.

3) Kotler, Philip & Armstrong, Gary & Naoto Onzo (2012) “Principles of Marketing”, 14th ed. コトラー, フィリップ&アームストロング, ゲイリー&恩藏直人 (2014)『コトラー、アーム

ストロング、恩藏のマーケティング原理』丸善出版，p. 272.

4) 小川孔輔（2009）『マネジメント・テキスト　マーケティング入門』日本経済新聞出版，p. 405.

5) 4つの指標に関しては、吉川尚宏（2009）『実践プロフェッショナル　価格戦略入門――ケースで学ぶ利益最大化の理論と方法』ダイヤモンド社，p. 14を参照した。

6) 田中洋（2015）『消費者行動論』ベーシック＋，中央経済社，pp. 64-66.

7) 吉本佳生（2011）『無料ビジネスの時代――消費不況に立ち向かう価格戦略』ちくま新書，pp. 83-85.

コラム　価格表示と割安感

ショッピングに出掛け、デパートやショッピングモールを歩き、店舗に設置されているショーウィンドウを覗くと、高級ブランドの商品が並んでいる。そのプライスカードに表示されている価格は非常に高額である場合が多い。人によっては、その価格表示を見ただけで店舗に入るのを躊躇してしまうだろう。それなら、安い商品を前面に出して人を引き寄せた方が良いと思われるかもしれない。しかし、高級ブランドを扱う店舗は高額なものを前面に出した方が良いとされる。その理由は、最初に高額な価格表示を見て店舗に入った顧客は、店内の価格帯がショーウィンドウのものより安いと、実際の価格よりもさらに割安に感じるのである。これは最初に見た商品を基準として店舗内の商品を比較して見ているためである。この心理作用を「フレーミング効果」という。フレーミング効果は英語で「framing effect」と表され、枠組みを意味する「frame」が語源である。つまり、目の前の事象を表現する枠組み（フレーム）を変えることで、与える印象も変わるということである。

また、最近は靴店などで、「1足購入したら2足目は半額」という商品まわりのPOP広告を見かけることがある。仮に、1万円の靴を2足購入する場合、「25%off」でも「1足購入したら2足目は半額」であっても、購入者が支払う額は1万5,000円になる。しかし、後者の「2足目は半額」という表現が、購入者の購買意欲を喚起するのであろう。店舗によっては、1足目対象商品と2足目対象商品を分けている場合がある。この場合、売れ筋商品は定価で購入を促し、店舗が早く捌きたい商品を半額で提供するということも可能になる。「25%off」から「2足目は半額」にフレームを変えた価格戦略といえる。

ところで、フレーミング効果とは異なる話になるが、「割引表示」の方法も商品の価格帯によって検討する必要がある。例えば、ある商品が小売業において割引が実施されたとする。定価1,000円の商品の割引表示を「3割引」「30%off」「300円引き」とした場合、どれも700円で購入できることになる。定価10万円の商品が同様に割引表示を「3割引」「30%off」「3万円引き」とした場合も7万円で購入出来ることになる。購入者はどの割引表示が安いと感じるであろうか。定価が1,000円の商品では、「3割引」と「30%off」がほぼ変わらず、「300円引き」に割安のイメージを抱く人は少ない。しかし、定価10万円の商品の場合は、「3万円引き」を安く感じる人が圧倒的に多い。商品が高額であればあるほどこの傾向は強いといわれている。割引表示は、店舗内に入ってから見ることが多いため、購入者は購入するか否かを即決しなくてはならない状況下にある。したがって、企業は価格帯によって、いかなる割引表示が購入者の購買意欲を喚起するか充分な検討が必要である。

第5章 流通概念とその理論的発展

本章のポイント

1. 生産と消費には様々な懸隔《けんかく》が存在する。その懸隔を有機的に結合させ生産から消費へ向けて商品が流れる一連の活動を流通という。流通が存在することで生活は便利になり、かつ豊かになる。流通を理解することは一国の経済状況を知る上で、重要な手がかりとなる。
2. 小売業態論は、小売業と技術革新論とのかかわりの中で業態革新として捉え、その共通性を見出そうとした流通理論である。小売の輪理論をベースに、現在も多くの研究がなされている。
3. 新たな小売業態が開発される背景には、いったい何かあるのだろうか。具体的に、百貨店、スーパーマーケット、カテゴリーキラーそしてコンビニエンス・ストアを例に挙げて考え、理解してみよう。

1 流通の意義と役割

一般に生産者によって作られた商品が消費者の手元に届くまでには、以下の３つの懸隔《けんかく》が存在する。

①生産時点と消費時点がずれているという時間の懸隔

②生産地と消費地が離れているという場所の懸隔

③生産する人と消費する人が違うという人の懸隔

このように、生産と消費の間の時間や場所、人の３つの懸隔を有機的に結合させ、生産から消費へ向けて商品が流れる一連の活動を流通という（図5-1）。例えば、北海道で生産されたじゃがいもは、東京でも消費される。この場合、生産された時点と消費される時点は同時ではなくタイムラグが当然、生じる。同様に、北海道という場所で生産されているものが、東京という全く別の遠く離れた場所で消費される。加えて、生産する人は北海道にいて、消費する人は東京にいるということからそこにも、懸隔が生じる。自給自足社会、すなわち、自分で作ったものを自分で消費をするという前提の社会でなければ、生産する時点と消費する時点や生産地と消費地、生産する人と消費する人の間には必ず、懸隔が生じることになる。現在、食品・非食品に限らず、様々な商品が存在し、その中から自分の欲望を満たす商品を選択できるような生活社会が実現しているのも、実はそこに流通の存在があるからである。

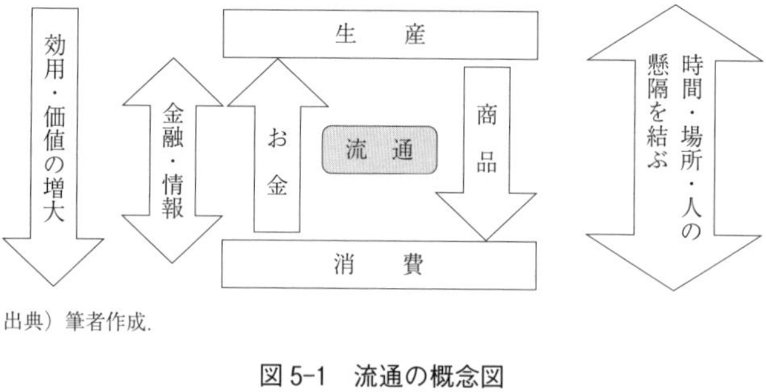

出典）筆者作成.

図 5-1　流通の概念図

一方、具体的な流通の役割としては、物的流通（物流）と商的流通（商流）の2つに大きく分類できる。時間、場所の懸隔を取り結ぶのが、商品の運送、保管といった物的流通であり、生産者と消費者との人的な隔たりを結ぶのが商的流通である。

また、これら一連の活動に携わるのが、流通業者である。流通業者とは、一般に卸売業者と小売業者のことをいう。しかし現在においては、オンラインショップの台頭により、運送業者やネット販売に関与する情報事業者なども流通業者と呼ぶようになっている。

2 流通の概念と理論

経済の発展や国際化、グローバル化そして情報化が進展するにつれて、生産と消費の間の懸隔が拡大する傾向にあるが、その懸隔を有機的に結合させ、財の効用を高めるのが流通の役割である。一般に流通とは、生産者を起点とし消費者を最終点とする一方的な社会的・経済的な製品の移転、すなわち、財の社会的移動を意味する。一方で、それを組織化し、相互的に関連する独立した複数の要素の集合体を形成するものがシステムである。したがって、流通システムとは、流通機構、流通チャネルなどを構成する各要素をシステムとして捉えようとする概念であり、このような財の移動に様々な形態で関与しているメーカー、卸売業、小売業などの個別主体とそれらの関連を指し示している。これらは生産構造の側面や消費構造の側面に加えて、イノベーションの側面などといった外部環境要因との相互作用の中で、常に変化の圧力にさらされている。

このような視点に立つ流通理論研究はこれまでにも数多く輩出されてきているが、そのなかでも本章では小売に焦点を絞り、論を進める。

具体的には、小売形態発展を説明する理論仮説のなかで最も説得力があるとされる小売の輪理論を筆頭に、真空地帯理論、小売ライフ・サイクル理論、そして小売アコーディオン理論について、順次、概観する[1]。

A　小売の輪理論

小売形態間競争の動態を最も正確に説明している理論に、マクネアー(McNair, M. P.)[2]の小売の輪理論がある。この理論の内容を簡潔に説明すると、新しい小売形態は相対的に低い社会的地位、低い粗利益率、低い販売価格を特徴として出現するが、成功の過程で次第に社会的地位が上昇し、費用のかかる小売形態へと変貌する。その結果として、粗利益率と販売価格が上昇する。それゆえに、次に登場する革新者は低い粗利益率と低い販売価格の形態を導入することで、成功を収めることができる。すなわち、「輪」が一回りする度に新しい革新者が登場してくるというのが、小売の輪理論である（図 5-2）。

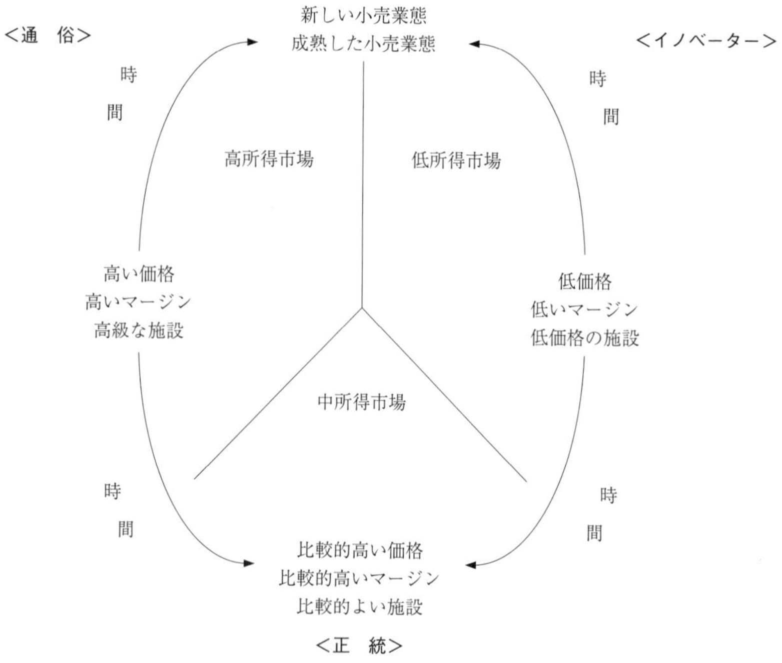

注）〈　〉は梅沢による追加。
原資料）Loury, J. Retail Management, South-Western Publishing Co., 1983.
出典）梅沢昌太郎編『流通サービス産業の経営論』白桃書房, 1991, p.66.

図 5-2　小売の輪理論の基本的な考え方

つまり、この理論の焦点は、低い社会的な地位にある価格訴求型小売業者が次第に非価格訴求型へと戦略転換するところにある。この現象はトレーディングアップと呼ばれるもので、その要因として、マクネアーは顧客の所得水準の向上、成功者の心理、競争差別化などが考えられるとしている。

しかしながら、マクネアーの小売の輪理論は、実際のところ、理論通りに小売形態の変化が繰り返すと主張することに矛盾が生じているとされ、今まで諸外国をはじめ日本においても批判、修正が試みられてきた。例えば、実態経済において自動販売機、ショッピングセンター、コンビニエンス・ストアなどはどれも高価格形態を持って市場に新規参入しており、この理論では説明し難い[3)]。

マクネアーの理論に沿った一例として、カテゴリーキラー（現：新専門店）と呼ばれている小売業態が挙げられる。例えば、トイザらスは、元々は玩具に特化し、価格戦略を背景に、市場に参入し、当初は相対的に低い社会的地位や低い粗利益のビジネスモデルであったが、その成功の過程で次第に、知名度が上昇し、取扱商品のカテゴリーを拡大し、消費者の支持を得た。しかし、それに伴う雇用の拡大や都心部などへの店舗開発が進んだ。その結果、費用がかさみ、新たなライバル店舗の追従やオンラインショップなどの価格訴求型店舗の台頭により、売上げの低迷を余儀なくされている。

B　真空地帯理論

マクネアーの小売の輪理論の弱点を修正しようとした学者の１人にニールセン（Nielsen, O.）[4)]がいる。彼は、消費者の評価を取り入れた真空地帯理論を提示し、価格と小売サービス水準との関係について、品揃えする商品の数や接客サービスなどの小売サービスが増大すると、消費者に負わせるコストも増大するとしている。

すなわち、これは、図5-3のように、価格・サービス水準の高いものを要求する消費者層を対象とする小売業者Cは、その水準を*C'*まで引き下げることにより、選好分布曲線上の高価格・サービスを要求する消費者層はもちろん、それよりも若干、低い水準を要求する消費者層をも獲得することができる。その一方で、価格・サービス水準の低いものを要求する消費者層を対象とする小売業者Aは、その水準を *A'* まで引き下げることにより、選好分布曲線上の低価格・サービスを要求する消費者層はもちろん、それよりも若干、高い水準を要求する消費者層をも獲得することができるというものである。

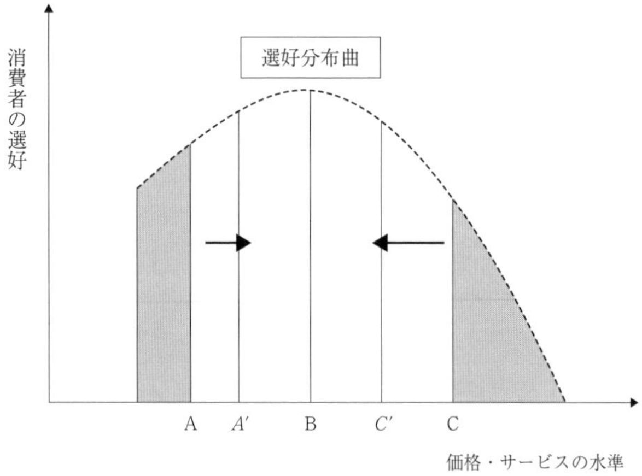

出典）矢作敏行『現代流通――理論とケースで学ぶ』有斐閣アルマ，1996, p.192.

図 5-3　真空地帯理論

このように価格・サービス水準をめぐって小売業者の相互間で競合する領域は増大するが、次第に、価格・サービス水準はBの方向に向かって移動するため、各々の小売業者は、高水準と低水準の両端における価格・サービス水準を要求する消費者層を放棄することになる。その結果、最終的には、この消費者層の要求に応えられる小売業者が存在しなくなり、そこに真空といわれる状態が生じ、その空白となった市場地帯に次の革新的小売業者が出現することになる[5)]。つまり、真空地帯理論は、革新的小売業者が低サービス・低価格、高サービス・高価格の両極端に出現すると主張するものである。

C　小売ライフ・サイクル理論

小売業態の導入期から衰退期に至るまでの過程を、製品ライフ・サイクル理論（Product Life Cycle）を援用し、市場戦略の観点から小売ライフ・サイクル理論（Retail Life Cycle Hypothesis）を考案したのが、ダビットソン（Davidson, W. R.）[6] である。

彼は、製品ライフ・サイクル理論と同様に、小売業態は導入期から衰退期に至るまでの一連の発展過程を捉え、加えて小売業態の場合、年数が段階を踏むにつれて短縮していくことを指摘している（図 5-4）。

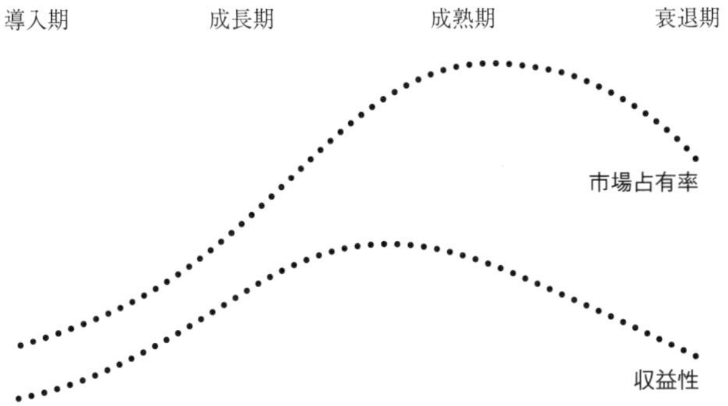

源出典）Davidson, W.R. & Bates, A.D. & Bass, S. J. “The Retail Life Cycle,” Harvard Business Review, Nov.-Dec., 1976, p.91.
出典）懸田豊・住谷宏編『現代の小売流通（第 2 版）』中央経済社, 2016, p.90 をもとに筆者作成.

図 5-4　小売ライフ・サイクルの概念図

具体的には、百貨店が約 80 年（1860～1940 年）と長期的であったものの、その後の小売形態が多様化するに従って、スーパーマーケット 35 年（1930～1965 年）、ディスカウント・ストア 20 年（1950～1970 年）、専門店 15 年（1965～1980 年）と短縮化する傾向にあるとしている。さらに、彼は加速する小売段階に対応すべき経営行動をも示している。表 5-1 のように、小売ライフ・サイクル理論の段階別における特徴と各段階に要求される小売業の行動についての概念整理をしている。

まず導入期では、新規の小売業態が価格、立地、品揃えなどマーケティング戦略において、既存小売業態とは異なった革新性をもって登場してくる。競争相手のいない段階で、売上高は増加傾向にあるものの、初期投資分のコストや販売促進コストなどがかさみ、利益水準はまだ低い。

次の成長期に入ると、新規小売業態の売上高が急速に伸び、既存小売業態から顧客を奪っていく。そのために、この業態の成長を見込み新規参入者が増加してくる。この時期が最も利益率が上昇する。

そして成熟期に入ると、新規小売業態はもはや「新規」「革新」ではなくなり、売上高の伸びは下降するようになる。個々の小売業者は一層、規模が拡大し、激しい競争や過剰な供給能力など環境変化に対応すべく高度な専門知識が必要となるため、操作費用が上昇し、利益水準が低下する。また、この段階では、新たな革新的小売業態が出現してくる。

さらに、衰退期にまでなると、小売業態としての競争力は大幅に低下し、もはや顧客を引き付けておくことができず、売上高も利益水準も大幅に低下していく。

表5-1 小売ライフ・サイクル理論の段階的特徴と小売業者の行動

関心領域		ライフ・サイクルの段階			
		導入期	成長期	成熟期	衰退期
市場特性	競　争	ほとんどない	中間	多くの直接的競争 多少の間接的競争	多少の直接的競争 多少の間接的競争
	売上高伸び率	高く増加	高い	やや高い	低い
	利益水準	低い	高い	やや高い	低い
	革新の持続期間	3～5年	5～6年	不正確	非常に高い
小売業者の行動	投資・成長・危険決定	初期投資・高いリスク	成長維持の為の高投資	制限された成長	資本支出の最少化
	管理の中心的関心	調整の実現による概念の確立	市場への位置付け	成熟期の維持と店舗概念修正	脱出戦略
	管理統制技法の使用	最少	中間	拡張	中間
	成功的な管理スタイル	起業家的	集権的	専門的	管理的

出典）Davidson, W. R. & Bates, A. D. & Bass, S. J. “The Retail Life Cycle,” Harvard Business Review, Nov.-Dec., 1976, p. 92 をもとに筆者作成.

このように、小売ライフ・サイクル理論は小売業態の発展に伴って、小売業自身がどのような対応をすべきなのか、ということに関しての意思決定の指針を論じている。そして、段階を踏むごとに、従来以上の経営の柔軟性が求められてくることをも指摘している。しかしながら、この小売ライフ・サイクル理論への批判もある。それは、小売形態の革新の時間的・空間的生成、発展のメカニズムを体系的に捉えられていないという点である。

なお、この理論が示すように、段階を踏んで年数が短縮していく背景には、先行する業態が築き上げたシステムを後発の業態が踏襲しながらも、時代の変化や社会・経済からの要請を受けて、革新性のある新しい業態へと進化させていることが挙げられる。百貨店の築き上げた信頼を、スーパーマーケットが継承しつつも、社会・経済不況を受けてディスカウンターとして一世を風靡している。続くディスカウント・ストアは、スーパーマーケットの概念を継承し、非食品分野をその活躍の場としている。そして専門店は、単なる価格訴求に始終するのではなく、専門性に富んだ取扱いが経済不況からの脱出と共に、多くの消費者から求められるようになり、その勢力を高め誕生しているが、そこにはそれまでのスーパーマーケットやディスカウント・ストアとは対照的に、価格訴求型ではないものの、チェーン・ストアなどのシステムは継承されている。

D 小売アコーディオン理論

小売形態の変化が商品ラインの総合化→専門化→総合化のように繰り返しであると指摘したものとして、ホランダー（Hollander, S. C.）[7]の小売アコーディオン理論がある。この理論は、アメリカにおいて、食料品から衣料品まで幅広く品揃えをするゼネラル・ストアがまず出現し、その後、人口の増加と共に消費構造の変化に応じて食料品、衣料品などのような分野に特化した専門店が出現、そして、再び専門化した小売業が総合化に回帰しはじめるというものである（図 5-5）。すなわち、この呼び名は、品揃えに焦点を置いて、あたかもアコーディオンのように増えたり、減ったりする過程を繰り返しながら変化していくところに由来する。

確かに、ホランダーの提唱した小売アコーディオン理論は、小売形態を歴史的視点から捉えてみてもその正当性はあるが、そのような変化をもたらす要因の解明にまでは至ってはいない。

以上のように、小売形態の変化に関する代表的な理論を見てきたが、いずれも妥当性はあるものの、何らかの修正が必要とされている。そうした意味では、完全性をもってすべてを説明できるものにはいずれも至っていない。

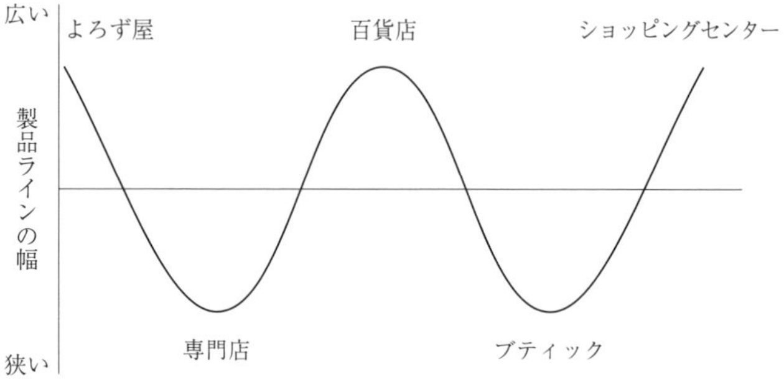

出典）Stern, L.W. & El-Ansary, A.I. Marketing Channels, Prentice-Hall Inc., 1977, p.244 をもとに筆者作成.

図 5-5　小売アコーディオン理論の概念図

ただ、マクネアーやニールセン、ダビッドソンやホランダーの提唱した理論は多くの流通業界関係者に理解、浸透している。それゆえに、業態開発が盛んに行われたり、マーケティング調査やマーケティング戦略を実施しながらも、業績不振に陥らないための様々な施策が行われてきた。例えば、家電量販店の雄であるヤマダ電機は、バブル期での業績不振に陥った際に、総合家電販売店からやや PC とその周辺機器に特化したテックランドヤマダへと転身した。2000（平成 12）年前後から PC ブームが到来し、その品揃えと専門性の高さから集客力を得た。それを皮切りに、マーケティングを施行し、ターゲットに沿った品揃えを行い、結果として、現在、総合商社化している。家電にかかわるもの、例えば、ドライヤーからシャンプーやコンディショナーにはじまり、PB の化粧品や住宅、家具にまでカテゴリーは拡大している。また、セブン＆アイ・ホールディングスやイオンなどの大手チェーン小売業においては、グループを挙げて消費者ニーズへの対応や顧客囲い込みを目論んだ業態開発が行われており、これらの理論を踏まえた上での適応がなされているといっても過言ではない。そうした意味においては、上記に挙げた理論の理解は、流通やマーケティングを学ぶ者にとってきわめて重要となってくるといえよう。

3　イノベーションとわが国の小売業態発展

流通は、元来、メーカーのマーケティング・ミックスの 4P 理論（Product、Price、Promotion、Place）の１つである Place（流通）の誕生に端を発する。つまり、その生成はメーカーの経営哲学にあり、加えて、それは、メーカーが自ら自社に優位な戦略の一部としてマーケティング活動を遂行するために、卸売業や小売業を選別し、縦割りの自社系列の流通経路を創造したことにその存在価値を有してきた。

しかしながら、近年、従来のメーカーのマーケティング活動の重要な１要素を担ってきた流通は大きく変革している。すなわち、メーカー主導型流通は、流通業の成長と共に、その力関係に一部変化が生じてきているからである。サプライチェーン・マネジメントや製販同盟などといった言葉を見聞きするが、このことは流通の重要性の高まりとメーカーに引けをとらない流通業、特に小売業の対等な立場になりつつあることを意味している。しかしその背景には、小売段階におけるイノベーションが大きくかかわっている。

では、その小売業のイノベーションとは一体どのようなものであったのだろうか。ここでは、業態について具体的に取り上げる。マーケティングの母国と呼ばれるアメリカ同様に、業態開発の背景には、社会や経済からのニーズや要請が挙げられる。わが国における業態は、その多くが欧米からの輸入であるといえる。しかしながら、どの業態も欧米の手法を取り入れつつも、独自の視点を盛り込んだ手法へと変換され発展している。以下、わが国における代表的な業態を見てみることとしたい。

A　百貨店

まず、最初の業態として百貨店が挙げられる。ターゲット層は、高所得層および中間上位層としている。しかし、1923（大正 12）年の関東大震災の発生時に、無償で商品配布をしたことを契機に、多くの層からの支持を得て大衆化した。また商品特性としては、買回品が中心の品揃えとなっている。

百貨店は第2次世界大戦前に、わが国に導入されたものである。それまでわが国では一般とされていた「業種店」から「業態店」へと転換した最初の小売業態であり、業態イノベーションともいえる。高品質な商品を豊富に陳列し、それまでの不安定な価格形成を一変させ、なおかつ、消費者に商品情報を提供するフルサービス方式を展開してきた。また、実際に取り扱っている当初の商品部門は、靴や鞄、アクセサリー、バッグなどといった少数のカテゴリーに絞り込んだ陳列であったが、次第に商品部門（デパートメント）を拡大し、いくつかの部門を1つのコンセプトで統合している。なお、欧米の百貨店は一貫して非食品分野に特化しているのに対して、わが国の百貨店は非食品だけでなく食品分野もカバーしているところにその違いがある。それゆえに、欧米の百貨店はターゲット・マーケティングを基本とする専門的小売業態に対して、わが国の百貨店はワンストップ・ショッピングを可能とした総合的小売業態である。

一方、その運営上の基本コンセプトは、定価販売、現金販売、返品・返金の自由などが挙げられる。定価販売については、元々、イギリスで起きた産業革命が大きく関係しているとされる。産業革命が起こる以前は、物価が安定せず、そのため、製品の価格設定が一律でなく、またそうした社会情勢に付け込み、悪徳な業者による価格の上乗せが横行されていた。しかし産業革命以降、状況は大きく変化する。例えば、百貨店の主力商品とされる衣料品については、その恩恵を受けてミシンが各工場に整備されるようになり、一定水準の品質と量産化が実現されるようになった。その結果、価格の安定が実現した。これを受けて、百貨店では、いち早く定価販売を導入し、不安定な価格設定が展開されるなかで、常に同じ価格を消費者に提供することで、消費者からの信頼を得ることに成功している。こうした信頼関係の形成が、当時の重要なイノベーションの1つであったといえる。

また、現金販売については、当時はモータリゼーションの到来前であったこともあり、店舗での販売は近隣の比較的近くに居住する消費者がその販売対象であり、また同じ町内である場合が多く、顔なじみである関係が多い。それゆえに、つけ払いといわれる支払いが多かったとされる。しかし、つけ払いは、店舗経営の観点からすれば代金未回収を意味する。百貨店のような大型店にとって、それは深刻な問題であった。そこで百貨店は、現金販売の徹底を図ることで、資金繰りを良くし、新たな商品の買い付けをしやすくしている。現金による回収率を高めたことで、常に時代を先取りする商品を入手し陳列しながらも、経営の健全化を図っていったのである。

加えて、返品・返金の自由は、百貨店の商品はどれも専門知識の豊かな社員が買い付けを行い、店頭導入している。それだけに品質には自信があり、消費者が気に入らなければ、返品や返金に応じるといった姿勢がそこにはある。しかしここで重要なのは、返品や返金の自由を謳うことで、消費者に安心して購入してもらいたいという意図があることだ。購入して後悔し、百貨店への信頼を失うことのないよう、目が利く社員が責任をもって仕入れた商品を販売することになるが、それが押し付け販売にならないよう配慮され、考案されている。

これら3点はいずれも、百貨店のイノベーションであり、それがあってこそ百貨店の信頼性につながっているといえる。

ところで、わが国の百貨店のルーツを遡ると、その起源は江戸時代の呉服店にある。またその歴史は、1904（明治37）年に三越呉服店[8)]が行った「デパートメント・ストア」宣言以降とされている。

1920年代以降になると、鉄道会社系資本による百貨店が新規参入するようになり、駅ターミナルを拠点とした小売活動が活発化した。立地産業といわれるようになった所以はそこにある。

B スーパーマーケット

百貨店の次に、小売業の花形として台頭したのがスーパーマーケット（以下、SM）である。ターゲット層は、主に家事に従事している主婦または節約思考の消費者である。また商品特性としては、最寄品が中心の品揃えとなっている。

SMは、合理性の追求と、大量仕入れ・大量販売による経費節減と低価格販売を実現させて登場した小売業態である。

当初のSMは最寄品中心の品揃えをとっていたため、店舗規模もそれほど大きくなく、百貨店のような豪華なつくりでもなかった。しかし1960年代以降、消費者からの支持の下で急成長したため、1970年代初頭には百貨店と同様に大規模小売業として位置付けられるようになった。アメリカのSMとは異なる点として、日本のSMは生鮮食品という日本の消費者の購買行動を反映させた品揃えに注力しながら店舗運営をしていることが挙げられる。

しかし、その一方で、日本のSMは元々、衣料品の専門店であった大規模小売業が新たな経営手法としてSMを導入したという背景もあり、衣料品分野における品揃えもアメリカのそれと比べて格段に充実、発展しているのも特質すべき点である。しかもそのなかには、次第に合理的経営に転換したものもあり、薄利多売を兼ね備えたディスカウント・ストアのイメージをも含めた量販店へと発展していったものもある。

SMのイノベーションとは、まさにこの合理的経営にあり、その背景にはすでに確立されていたチェーン・オペレーションの導入と、POSレジとバーコードの連動による効率的経営の実現が挙げられる。このチェーン・オペレーションは、1つの企業が多数の店舗を取りまとめ、本部を拠点に一括仕入れや広告活動などを通じて集約化を図り、規模の経済性を達成ならしめた。それまでの革新性をもつ百貨店が商品単価の高い買回品を中心に都心部に大規模店舗を設置することで幅広い顧客を吸引し、1店舗の販売額で規模の経済性を発揮してきたのとは対照的に、SMは最寄品で商品単価が例え低くとも、効率的経営の下で多店舗展開を行うことで規模の経済性を追求することを選択していったのである。

つまり、チェーン・オペレーションというイノベーションによって、店舗販売における限られた商圏の制約を克服しながら、次第に企業規模を拡大し、それに基づき効率性を高めることで、他の小売業態よりも低価格な販売を実現させたのである。

さらに、SMのもう1つのイノベーションとして、セルフ・サービスが挙げられる。セルフ・サービスはこれまでの百貨店がフル・サービス（対面販売）を基本とする方式に対し、販売員が顧客に商品を対面販売するのではなく、顧客が自由に商品を選択し、集中化された支払い場所（レジ）でまとめて決済をする方式である。これは最寄品中心という商品構成の特性からすれば、販売員へのコスト的・時間的制約から判断してももっともなことである。このセルフ・サービスの導入は、販売員の人件費や店舗におけるショーケースなどの費用が節約され、しかもそれと相まって、多数の顧客に自由な商品の選択、販売ができるため、従来よりも効率的な販売方法となり、革新性をもったものとされている。

なお、日本のSMは米国のSMとはその生い立ちが大きく異なる。周知のとおり、米国のSMは、1929年の米国発世界恐慌を受けての不景気の最中での誕生であり、それとは対照的に、日本のSMは東京オリンピックなどによる好景気に沸いたなかでの誕生となる。したがって、米国のSMは、価格革命的なイノベーションを伴っての誕生であり、別名、食品のディスカウンターと呼ばれている。一方、日本のSMは、モータリゼーションが到来する以前までは、コスト意識が乏しく、特に、店舗費用に対する意識はあまり高くない。それゆえに、当時のダイエーやイトーヨーカ堂などは駅付近の好立地な場所に店舗を構え、豊富な品揃えと品質の高さを売りにし、低価格サービスは行っていなかったとされる。

C カテゴリーキラー

特定の製品カテゴリーに的を絞り特化した品揃えを行うことで、徹底的な低価格販売を実現した小売業態をカテゴリーキラーという。家電製品やスポーツ用品、玩具といった専門分野でのカテゴリーキラーの攻勢が1990年代以降、目立ってきている。ターゲット層は、超節約志向の消費者であり、かつこだわりのある消費者である。また商品特性としては、買回品が中心の品揃えとなっている。

元々、低価格販売を武器に小売業態を発展させてきたものにディスカウント・ストアなどが存在するが、カテゴリーキラーの場合、ただ単に安さを追求しているばかりというわけはない。すなわち、その特化した専門製品の商品構成の幅広さとその奥深さにも定評があった。加えて、絞り込んだ商品構成を志向しているため、単品仕入量で他の業態を追従させない恒常的な値引き販売による圧倒的低価格の実現という特徴をもっている業態といえる。その代表的なものに、トイザらスが挙げられる。トイザらスは流通チャネルにおける中間マージンの削除を可能にした業態である。トイザらスは卸売業を介さないメーカー直接取引を遂行し、そこから繰り広げられる恒常的な値引き販売が強力な集客力につながり、1店舗当たりの売上高は15〜20億円であったともいわれている。そのことが功を奏して瞬く間に玩具業界のリーディング・カンパニーとなった。トイザらスの日本市場への進出に際しては、新聞・テレビニュースなどでも盛大に報道され、話題となった。当時、日本の商慣行が外資にとっての最大の参入障壁となり諸外国の批判を浴び続けてきたわけであるが、日米構造協議を経た後、トイザらスは日本市場にカテゴリーキラーとして日本型流通に旋風を巻き起こした。玩具業界において低価格販売を実現させ、日本型流通システムに大きな変革をもたらしたのである。トイザらス効果によって販売価格がはじめから値引きされた形で、消費者は玩具を入手できるようになった。

また、日本発の有名なカテゴリーキラーとしてはユニクロが挙げられる。ユニクロなどのアパレル業界では、流行が常に売上や経常利益に大きく反映されるため、当然、消費市場に対する素早い対応が求められてくる。そこで、ユニクロはSPA（Specialty store retailer of Private label Apparel）という経営手法を導入し、製造小売業という形態を確立させている。これは、製品の企画・開発・販売という領域を越えて、資材の調達から製品生産、在庫管理そして店舗開発などのすべての工程を統合・調整し、全体の合理化を図りながら消費者の需要に迅速かつ的確に対応できるシステムを構築したものである[9)]。日本のアパレル業界においてSPAは、本来、メーカーから小売業への進出戦略の一環としてこれまで遂行されてきた。アパレル・メーカーが小売経営を行い、業態を開発する狙いでしばしばそうした傾向があった。

しかし、ユニクロ効果もあり、その後、SPAのような製造小売業は現在では、珍しくはない。すなわち、一般標準化された業態といえる。

なお、現在、かつての中心的なカテゴリーキラーは、特定の製品カテゴリーから漸次、消費者ニーズへの対応、例えば、利便性の観点からカテゴリー領域の拡大を図り、大型化し、その結果、「新専門店」と呼ばれるようになっている。

D コンビニエンス・ストア

コンビニエンス・ストア（以下、CVS）はアメリカからノウハウを輸入し、日本で発展した業態である。ターゲット層は、利便性追求志向および時間節約志向の消費者である。また商品特性としては、最寄品が中心の品揃えとなっている。

CVS は現在、日本人の生活に深く密着し、定着している。その定着の背景には次の 4 点が挙げられる。①早朝から深夜（24 時間営業もある）までの営業、②日常生活に欠かせない商品の陳列、③住居地に近接、そして、④気配りの届いたサービスの提供である。つまり、どれも共通していえることは「便宜性」ということである。

これまでの日本小売業界の革新性の中核を担ってきた「スケールメリット」と「ディスカウント」といった 2 つの原理とは対照的に、消費者への便宜性を戦略の中心に押し出して成功を収めた日本特有の小売業態といえる。すなわち、アメリカの CVS の出現背景と大きく異なっているという所以である。アメリカの場合、ショッピングセンターと SM の発展による商圏の拡大に伴う消費者ニーズに対応するために補完的な役割として誕生している。それに対して日本の場合、中小小売店の対大規模小売店活動という側面と、大手チェーン小売業による大規模小売店出店規制への対応策という側面に加えて、マーチャンダイジングにおけるコンビニエンスの追求という 3 つの側面をもって誕生している[10)]。

また、その一方では、CVS は SM などとは異なり、小規模店舗でレギュラー・チェーン方式だけでなくフランチャイズ・チェーン方式も採用し、時に、別資本も導入している。加えて、多品種少量販売も遂行し、多様な消費者ニーズに対応している。一見、CVS の店舗規模は一般食品小売店と何ら変わらない。したがって、在庫の問題から生じるリスク回避のためにも流通経路が複雑かつ長くなるのが一般的である。

しかしながら、CVS のイノベーションはここにある。ベンダー・システムという納入業者を主体とする共同流通のシステムを開発し高度物流システムを確立し、その結果、SM よりも一層合理化されたシステム運営での在庫管理と鮮度管理を可能ならしめている。さらに、レギュラー・チェーンとフランチャイズ・チェーンによる店舗増大を推し進め、そこから得られる POS データの集積、有効活用とそれにマッチングした物流システムを結合させた戦略を実現させている。CVS は単独店による経営は困難であり、チェーン・システムを最大限に活用している業態であるといえる。

このCVSの物流システムに関しては、セブン-イレブンが他社に先駆けて早い時期から構築している。1976（昭和51）年に物流改革を行い、取引先の集約化とメーカー・ケース・ロットの小口化に努めた。1980年代後半、これが実現し問屋の小分け作業は大幅に削減された。また、メーカーとの受発注業務の効率性を求め、発注末端機を導入しオンライン化を開始している。一連の物流改革は物流コスト抑制のためであったが、結果として、供給業者とのコミュニケーションの改善や最適なメーカー・ケース・ロットの設定、受発注業務の電子的処理は物流機能の効率的な統合の基礎となった。それゆえに、供給業者による高コストな多頻度小口・定時配送サービスの提供も可能となった。さらに、共同配送センターを軸とした温度帯別による共同配送の導入が進められ、鮮度の高い商品の供給も実現した。1日70台のトラックによる納品も現在では10台前後と激減し、コスト削減を実現したばかりでなく、店舗の荷受けや検品作業をも減少させている[11)]。

4 小売業態開発とイノベーション

イノベーションとは、一般に、「既存の概念や制度そしてモノやサービスのシステムを創造的な発想で否定し、その上に新しいモノとソフトそしてシステムをつくること」と定義されている。そしてこのイノベーションと業態開発には実は相関関係がある。つまり、今日のような小売業が主体となった流通システムの背景には、小売段階におけるイノベーションが深くかかわっている。これらのイノベーションについて、主だったものを3つ列挙し、以下、整理してみたい。

①単独店舗経営から多店舗経営へ

②情報技術の導入

③グループとしての業態開発

A 単独店舗経営から多店舗経営へ

多店舗経営とは、チェーン・システムの導入を意味し、元々、一店舗を拠点に経営を行ってきた零細・中小小売店にとってこのシステムの導入は大量販売を行う上では革新的な経営を可能とし、小売業発展の原動力となったといっても過言ではない。事実、革新的小売業の申し子といわれたSMも、このチェーン・システムを基盤として低マージン・高回転率の経営手法とセルフ・サービスを取り入れ、飛躍的な成長を遂げた。また、近年では大型店化したこともあり、影響力はそれまで以上に増してきている。

B 情報技術の導入

POS（Point Of Sales：販売時点情報管理）に代表されるようにエレクトロニクス技術の発展により、店舗の単品情報が、即時に、本部へ伝達され把握できるようになった。また、POSの店頭導入によってABC分析が可能となり、店舗経営の効率化が格段に進んだ。POSレジとバーコードの連結により在庫管理がしやすくなった。加えて、ABC分析によってランク別商品管理が可能となり、これを基礎に、現在では大手チェーン小売業を中心にPB商品の導入が活発化している。図5-6に示すように、ABC分析に基づいて、「売れ筋商品（Aグループ）」と「死に筋商品（Cグループ）」が明確に区分される。一般に、PB商品は、「売れ筋商品」を中心に商品化される傾向にあるが、最近では、「新商品」として市場投下されることもあり、必ずしも「売れ筋商品」とは限らない。また、価格が安いことに魅力があったが、最近では、味や品質を重視したものに変化し、加えて、店舗や同属グループの独自性を出す戦略商品としての性質へと変化している。

さらに、グループによってそれぞれの特徴とその管理の仕方が異なるので、その点についての注意が必要となる。

このように、POSの導入により受注・発注業務や在庫管理、配送活動などの各種業務や顧客情報が迅速かつ正確に行われるようになり、それがチェーン本部から一括してメーカーへフィードバックされることで、素早い消費者ニーズへの対応が可能となった。同時に、小売チェーン本部による卸売機能の統合が進んでいる。

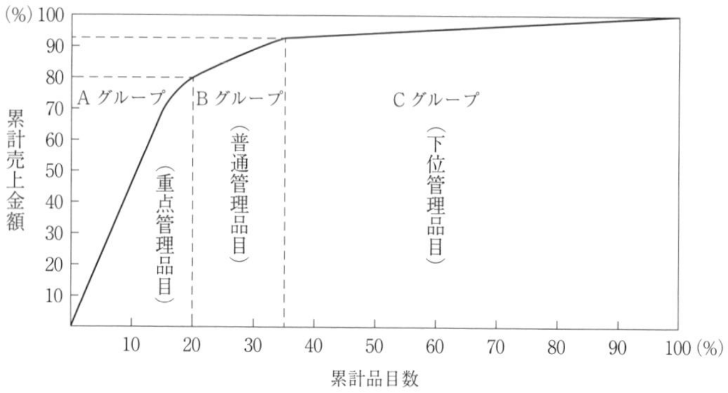

出典）梅沢昌太郎編『流通サービス産業の経営論』白桃書房，1991, p.164.

図5-6　ABC分析の基本概念

C　グループとしての業態開発戦略

小売ライフ・サイクル理論における成熟期を迎えるようになると、既存の小売業者は、その売上と利益率の限界を認識するようになり、結果、意図的に新しい業態開発の可能性をうかがうようになってくる。また、日本における業態開発について、特筆すべき点として、大規模小売店舗法との関係は欠かせない。大規模小売店舗法は1973（昭和48）年制定、1974（昭和49）年に施行された流通調整政策である。この法律は2つの側面をもっており、1つが規制強化であり、もう1つが規制緩和である。特に、業態開発との関係においては、1978（昭和53）年以降の規制強化が業態開発戦略の推し進める原動力となっている。当時、SMは軌道に乗り始めた時期に大型店規制が強化されたため、SMは成長の足止めを余儀なくされた。そこで、SMは「ミニスーパー」としてコンビニエンス・ストアを開発・導入している。SMのミニチュア版として開発・導入し、それにチェーン・システムを加えることで、グループとして持続的成長を実現しようとしたのである。

実際、この時期を契機に、各SMチェーンは、コンビニ事業を強化している。以降、業態開発が戦略的な取組みとして一般化し、今日のようなグループ経営が大手チェーン小売業にとって欠かせない戦略となっている。例えば、セブン&アイ・ホールディングスでは、様々な業態が開発・導入されている。また、既存の百貨店などをも傘下に収め、グループ経営の強化を行っている（表5-2）。

表 5-2　業態別店舗展開の概要

業態	店舗ブランド	展開状況
コンビニエンスストア	セブン-イレブン	• 1990 年代までは住宅街、2000 年以降は都市部を中心にドミナントを形成 • 既存店舗の活性化を目的にスクラップ&ビルドを積極的に実施 • 標準型路面店舗に加えて駅の売店、事業所、学校といった特殊立地への出店を拡大 • 2010 年 11 月より「複数店経営奨励制度」の内容を拡充 • 2015 年 2 月末現在で 43 都道府県に展開。2015 年 3 月より高知県、6 月より青森県、10 月より鳥取県（予定）への出店を開始
総合スーパー	イトーヨーカドー	• 関東を中心にドミナントを形成 • グループ内外の有力専門店を活用するなどの店舗構造改革を実施
ショッピングセンター	アリオ	• 関東を中心に都市型のショッピングセンターを 17 店舗展開（グランツリー含む） • イトーヨーカドーを核テナントに配し、テナントを集積
食品スーパー	ヨークベニマル ヨークマート	• ヨークベニマルは南東北、北関東でドミナントを形成 • ヨークマートは南関東を中心にドミナントを形成 • ドミナントエリアでの積極的な出店を進め、中長期的に 300 店舗体制の構築を目指す
百貨店	西武 そごう	•「西武」と「そごう」の 2 つの百貨店ブランドで展開 • 基幹店舗は池袋本店、横浜、千葉、神戸、広島、渋谷、大宮の 7 店舗 • 店舗特性を踏まえ、「基幹店」「地域一番店」「業態複合店」に区分 • 小型百貨店をグループのアリオやイトーヨーカドー店舗内に出店
レストラン	デニーズ	• 関東を中心に全国 16 都府県で店舗展開
専門店	アカチャンホンポ	• ショッピングセンター内を中心に全国 28 都道府県に店舗を展開 • グループ内ではイトーヨーカドーやアリオを中心に 46 店舗を出店
	ロフト	• 百貨店やショッピングセンター内を中心に全国 27 都道府県に店舗を展開 • グループ内では、西武、そごう、イトーヨーカドー、アリオなどに 38 店舗を出店

（注）店舗数及び展開エリアは 2014 年 2 月末現在

出典）株式会社セブン&アイ・ホールディングスウェブサイト「セブン&アイ・ホールディングス事業概要――投資家向けデータブック（2014 年度版）」p.24.
（https://www.7andi.com/ir/library/co/2015.html）

このような経営体制をとる所以は、多様化する消費者のライフスタイルや変化する消費者ニーズへの対応がその背景にあることはいうまでもない。

コラム　業態開発とその教訓

業態開発の先駆的存在として、ダイエー・グループが挙げられる。1970年代以降、百貨店の三越に代わり業界トップとなったダイエーの成長の背景には、実は業態開発がある。

ダイエーは、食品スーパーにはじまり、実に幅広い業態を開発してきた。ハイパーマーケット、総合スーパー、Dマート、専門大店、トポス、Kou's、そしてミニスーパーなどの業態を開発することで、当時、多様化する消費者ニーズに対応し、顧客の囲い込み戦略を図ったのである（図5-7）。

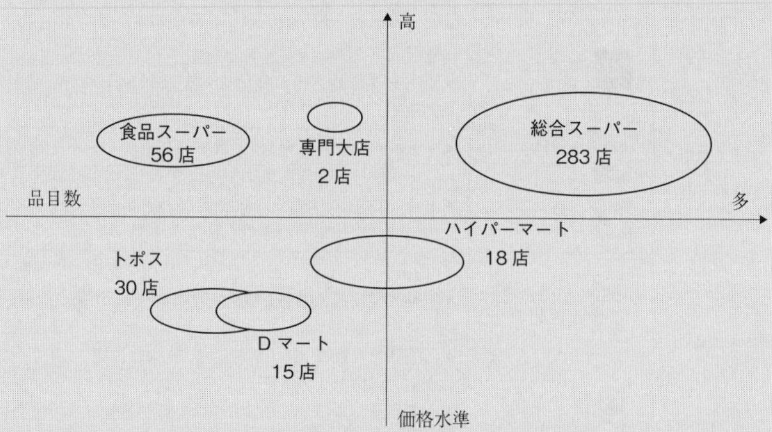

出典）矢作敏行『現代流通——理論とケースで学ぶ』有斐閣アルマ，1996, p.189.

図5-7　ダイエーの業態ポジショニング・マップ

同時に、グループによる大量仕入により、メーカーに対してボリュームディスカウントを求めつつ、その存在感を発揮する狙いがそこにはあった。

しかしながら、その後、ダイエーは衰退し、その要因の1つとして、過剰な業態開発が指摘された。それゆえに、業態開発は慎重にならなくてはならない。

セブン＆アイ・ホールディングスやイオングループのような大手チェー

ン小売業は、グループとしての業態開発を進める一方で、過剰な業態開発をするのではなく、時に他社の既存店舗を傘下に収めるなどをし、極力店舗投資額を抑えているのは、かつてのリーディング・カンパニーであるダイエーの過剰な業態開発がその背景にあることはいうまでもない。

注）

本章は、拙著（2010）『イノベーションと流通構造の国際的変化——業態開発戦略、商品開発戦略から情報化戦略への転換』時潮社の第3章および第4章を大幅に改編したものである。

1）小売発展理論については、多くの研究がなされているが、ここでは主に矢作敏行（1996）『現代流通——理論とケースで学ぶ』有斐閣アルマ，pp. 186-195 を参照した。

2）McNair, M. C.（1958）*Significant Trends Developments in the Postwar Period*, in Smith, A. B., ed., "Competitive Distribution in a High-Level Economy and Its Implications for the University", University of Pittsburg Press, pp. 1-25.

3）金沢尚基（2005）『現代流通概論——構造・経営・マーケティング』慶応義塾大学出版会，p. 35.

4）Nielsen, Orla（1966）*Development in Retailing*, in Kjaer-Hansen, M., ed., "Readings is Danish Theory of Marketing", North-Holland, pp. 101-115.

5）ニールセンの記述については主に李栄璨（1999）「日・韓小売構造に関する比較研究——日・韓小売商業構造変化に関する実証分析を中心に」日本大学大学院商学研究科博士論文，pp. 45-46 を参照した。

6）Davidson, W. R. & Bates, A. D. & Bass, S. J.（1976）"The Retail Life Cycle", *Harvard Business Review 54*, Nov./Dec., pp. 89-96.

7）Hollander, S. C.（1966）"Notes on the Retail Accordion", *Journal of Retailing, Summer*, pp. 29-40.

8）詳しくは、原田英生・向山雅夫・渡辺達朗（2021）『ベーシック 流通と商業——現実から学ぶ理論と仕組み（第3版）』有斐閣アルマ，pp. 57-58 を参照されたい。

9）鈴木豊（1999）『これからの流通がわかる辞典——基本用語から経営戦略キーワードまで』PHP 研究所，p. 189.

10）三家英治（1985）「アメリカと日本における小売革新の差異」京都学園大学学会編『京都学園大学論集』第14巻第1号，京都学園大学学会，p. 62.

11）前掲書1），pp. 108-112.

第6章 EC市場の拡大と新たな流通・マーケティング

本章のポイント

1. 近年の消費パターンは、利便性追求型と低価格訴求型の2つに大きく分類される。本章では利便性追求型を主に取り上げ、事例に基づいて考察する。
2. ネット通販事業者の台頭によって最も影響を受けているのが、百貨店である。検索エンジンは、比較購買といった商品特性をもつ「買回品」には最適な機能である。取扱い商品の拡大によって、その影響は、百貨店以外にも及んでいる。
3. オムニチャネルは、「ネット×リアル」の掛け算であり、「ネット」と「リアル」間で相乗的に集客力効果を狙うものとして期待されている。セブン&アイ・ホールディングスでは、利便性に欠く大型店舗の弱点を補強すべくオムニセブンの導入で売上を伸ばしている。

1　消費者・生活者行動の変化と業態別成長率の推移

　わが国の消費市場は人口減少と少子高齢化および単身世帯や共働き世帯の増加などによって大きく変化している。これらに対応するため、これまで競争の力点は業態間競争に置かれてきた。そうした競争激化により、人口に対してオーバーストアが生じ、そのため投資効率やリターンが漸次、低下した。またこれらに加えて成長が著しいＥコマースの台頭によってさらなる来客数や売り上げが減少に転じている。その結果、図 6-1 に示すように、利便性追求型業態であるコンビニや通信販売を除く多くの業態が低成長にある。

　また利便性を背景に、ネット通販がリアル店舗のシェアを奪う形の構図にもなってきている（表 6-1）。

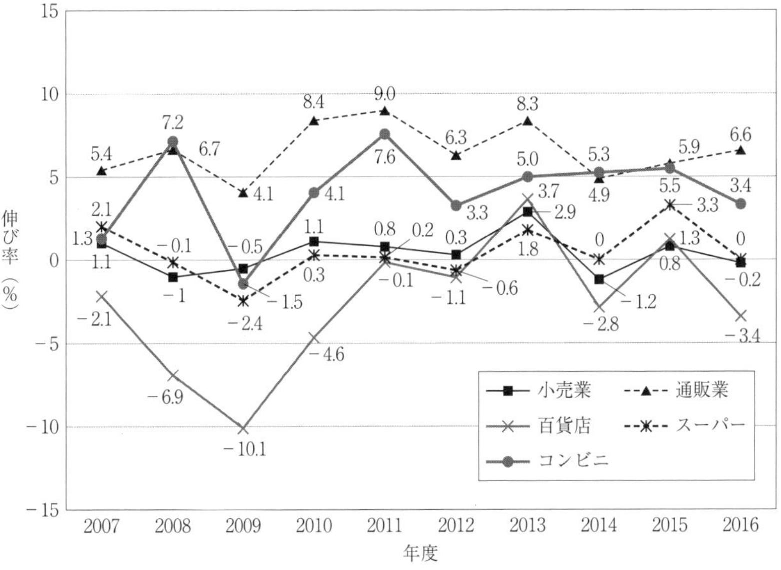

出典）ネットショップ CS 情報局ウェブサイト「2016 年度通販市場売上高 6 兆 9,400 億円。小売業に占める売上シェア、百貨店を上回る」より抜粋。
（https://blog.fides-cd.co.jp/article/453604311.html）

図 6-1　小売業態別成長率の推移

表6-1　ネット通販が店舗型シェアを奪う構図に

増収額順位	売上高順位	社　名	増加額	売上高伸び率
1	6	アマゾンジャパン	1,747	17.5
2	3	ファーストリテイリング	1,046	6.2
3	22	ツルハホールディングス	870	19.8
4	12	ドンキホールディングス	756	11.1
5	24	ニトリホールディングス	548	12.0
6	18	ローソン	478	8.2
7	26	コスモス薬品	388	9.5
8	1	イオン	334	0.4
9	13	イズミ	333	5.0
10	77	クスリのアオキホールディングス	284	21.1

（注）単位 億円、売上高伸び率は％、アマゾンジャパンの増加額は年平均の為替レートで換算。
出典）日本経済新聞ウェブサイト「アマゾン、国内1兆円超　16年度本社調査――小売り大手の半数は減収（2017年6月28日）」をもとに筆者作成.
（https://www.nikkei.com/article/DGXLZO18197400Y7A620C1MM8000/）

こうした構図の背景には、インターネットの普及や消費者・生活者行動の変化に伴い、アマゾンや楽天を中心としたネット通販事業者などに対抗するが如くに、各リアル店舗事業者が積極的にネット通販に進出したことが挙げられる。加えて、データ解析が進展したことによる影響も動向の背景にはあるといえる。

なお、本章において、「消費者・生活者」という表現を使用しているが、それは購入者である。すなわち、消費者の基盤となる生活者としての生活価値観や生活態度・行動などから「生活者」として捉えることが今日のマーケティング活動において重要だからである。また、物質的生活水準を満たす消費から生活全体の消費を見据える傾向が一段と増大したこともその要因として挙げられる[1)]。

2 リアル店舗のショールミング化

ひと昔前のわが国では、メーカー→卸→小売またはメーカー→卸→チェーン本部→小売といった流通の流れが一般的であった。リアル店舗しか存在していないことが前提であった（図 6-2）。しかし、現在ではインターネットの普及によってメーカーから直接、商品を消費者・生活者に届けたり、卸売業が自ら消費者・生活者に商品を届けるといったケースも増えている。特に、2009（平成 21）年のリーマンショック以降は、消費が低迷したことから、コスト削減が期待できるネット通販が拡大した。また、インターネットへの接続ツールとしてスマートフォンが普及したこともその後押しとなった。

その一方で、ネット通販への対応に乗り遅れたリアル店舗は、売上の低下を余儀なくされた。特に、商品単価の高い商品を取り扱う業態への影響は大きく、例えば、伝統的販売方法を重んずる百貨店などでは、深刻な問題にまで発展した。アマゾンなどが売上を伸ばしてきたカテゴリーがその取扱い商品であるからだ。本節では、百貨店を例にとって、ショールミング化への影響について考察していくこととしたい。

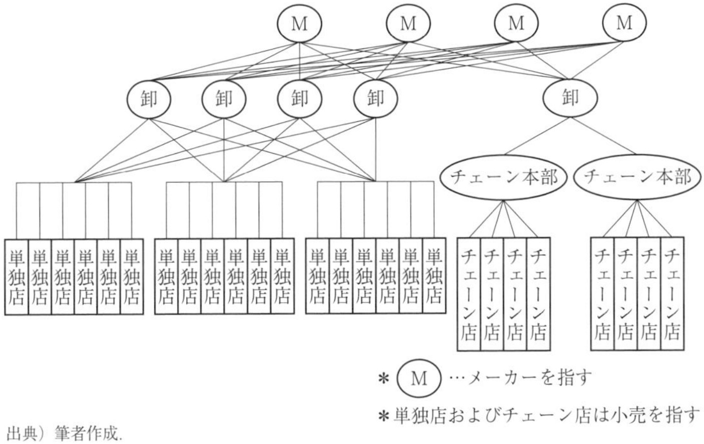

出典）筆者作成.

図 6-2　従来型流通のパターン

A ネット通販とショールミング化の影響が著しい百貨店

近年、ネット通販はリアル店舗に売上において大きな影響を与えている。「ショールミング化」といった表現にみられるように、リアル店舗で購入せずネット通販で購入する消費者・生活者が増え、定着している。ネット通販における販売価格は検索エンジンによって価格比較がしやすく、リアル店舗にかかる固定費などがカットされることから、リアル店舗での販売価格との差が生じやすい。特に、その影響が顕著に出ているのが、アマゾンや楽天、ゾゾタウンなどのネット通販事業者と百貨店などであろう。百貨店はバブル崩壊後、スーパーマーケット（以下、SM）やコンビニに加えて、大型ショッピングセンターやアウトレットモールなどの登場とその垣根を越えた業態間競争のなかで、その革新性が薄れ、消費者離れとそれによる売上不振に陥っている。また、大店立地法の施行とモータリゼーションの到来を前提としたロードサイドビジネスへの着手の出遅れや、2000（平成12）年以降に急速に進展したインターネットの消費者・生活者間における一般化への対応も遅れてしまった。こうしたなかでスマートフォンの普及が本格化した2008（平成20）年以降はさらに店舗数の減少と売上の低迷を引き起こす結果となった。ちなみに、2008年は、日本市場へのアイフォンの導入が始まった年で、その影響もあり、スマートフォンによるネット通販の需要が拡大しており、そのなかでアマゾンや楽天などのネット通販の売上が急速に伸びていった。

図6-3が示すように、百貨店の店舗数はバブル崩壊後、若干のタイムラグを受けて減少し、一旦は店舗数を大きく回復させたが、その後一貫して大きく減少させている。

また、その店舗数の増加が始まった1996（平成8）年以降をさらに詳しくみると、店舗数に加えて売場面積も拡大している。これは大規模小売店舗法（大店法）の緩和による影響はあるものの、すでに革新性が薄れ、店舗数の増大および店舗面積の拡大に反比例して、売上が減少している（図6-4）。つまり、それは売場効率が大幅に低下していることを意味する[2)]。

こうした状況の下でアマゾンや楽天、ゾゾタウンなどは、元来、百貨店が品揃えに重点を置いてきた買回品を中心にお値打ち価格で、消費者・生活者に提供し漸次、百貨店などに代わって市場を拡大させている。

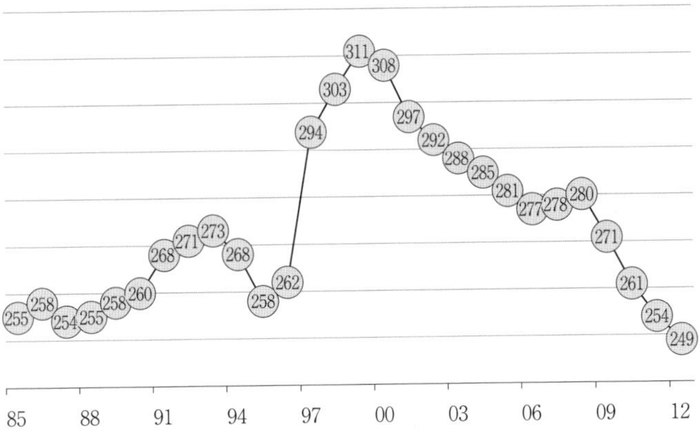

出典）圓丸哲麻「百貨店に関する消費者の業態認識」麗澤大学出版委員会編『麗澤大学紀要』第 98 巻，2015, p.3.

図 6-3　百貨店の店舗数推移

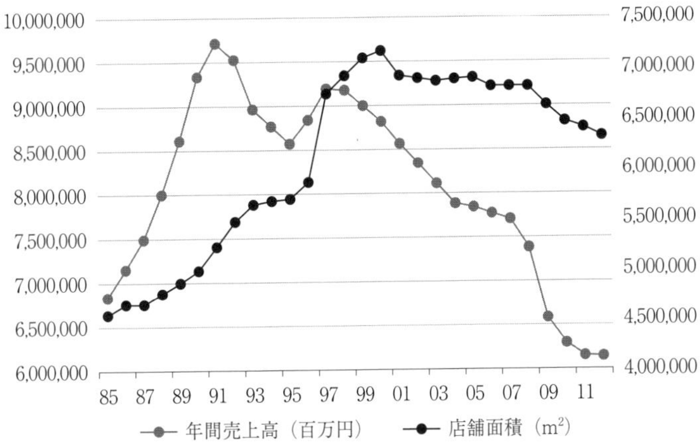

出典）圓丸哲麻「百貨店に関する消費者の業態認識」麗澤大学出版委員会編『麗澤大学紀要』第 98 巻，2015, p.3.

図 6-4　百貨店の売上高と店舗面積の推移

そうした意味では、家電量販店が抱く懸念以上に「ショールミング化」は百貨店にとって脅威な存在といえる。

B 利便性を求める消費者・生活者とEC市場の拡大

インターワイヤードが実施した「店舗とネットの比較検討・消費行動」(ショールミングの消費行動に関する調査)[3]では、リアル店舗で購入せず、オンラインで購入した理由は「オンラインの価格のほうが安かったから」(71.3%)、「オンラインショップのポイントをためていたから」(28%)、「オンラインだと自宅まで配送してくれるから」(26.4%) としている。

このようにネット通販で購入する消費者・生活者は主に価格の安さや高いポイント還元率および自宅まで配送してくれるといった要因がその背景にある。しかしその一方で、同調査においてリアル店舗で購入している理由として「今すぐに商品を入手したかったから」(35.6%)、「オンラインよりも価格が安かったから」(30.6%)、「手にとった商品の風合いが良かったから」(29.8%)、「実際の店舗限定の商品だから」(14%)、「実際の店舗でしかポイントが付与されないから」(14%)[4]と回答していることから、必ずしも価格の安さやポイントの還元が、ネット通販の売上の増大要因とはいえない。これらの点から、「利便性」が今日の消費において深くかかわっているということがうかがわれる。

実際、ネット通販は時間のない共働き世帯であったり、単身世帯などがコアな支持者であったりもする。また買物難民とされる高齢者や子育てをしている主婦もコアな支持層で、ネット通販とまではいかなくても、利便性の高い生協の個配事業を積極的に利用してきたという背景もある。若年層の自動車所有離れもよく指摘されるが、重たい荷物をリアル店舗から持ち帰るよりも自宅まで配送してくれるネット通販の方が労力を使わずに済み、便利である。また既述した小売業態別成長率においても高水準を維持しているのは利便性追求型業態のコンビニであった。こうした様々な要因と社会現象を受けて、消費者・生活者はリアル店舗とネット通販を状況に応じて使い分けながらも、概して、利便性を求める傾向にあるといえる。

今後、働き方改革が進展し、女性の社会進出がこれまで以上に高まるようになれば、利便性へのニーズは一層、高まることになるだろう。そうした意味では、時間のない時に、オフィスに居ながら注文ができ、自宅もしくは通勤帰りに指定した場所で受け取りができるようなチャネルは、今後も、成長していくものと考えられる。

3　消費者・生活者行動の変化と進展するネット通販、ネットスーパー

元来、インターネットが今日のように普及していなかった時代において通信販売に早い段階から取り組み、成功を収めてきたのが生協であった。生協はターゲットである主婦層を基軸に成熟した市場を細分化し、特に、子育て世帯や何らかの理由で外出できない世帯を対象にそのニーズを汲み取った宅配（個人宅配事業）で多くの支持を得た。

しかしながら、その細分化された市場は漸次、インターネットの普及とそれによる利便性の高さに加えて、人口・世帯構造の変化などが相まって、ネット通販事業者によってその占有率が奪われつつある。

矢野経済研究所が2015（平成27）年度に調査した流通チャネル別の構成比によると、これまで構成比最大規模を保持してきた生協に対してショッピングサイトの攻勢が顕著となってきている。特に2013（平成25）年頃からアマゾンやヨドバシドットコムなど、それまで非食品分野で事業拡大してきたネット通販事業者のEC市場での市場規模の拡大が著しい（図6-5）[5]。

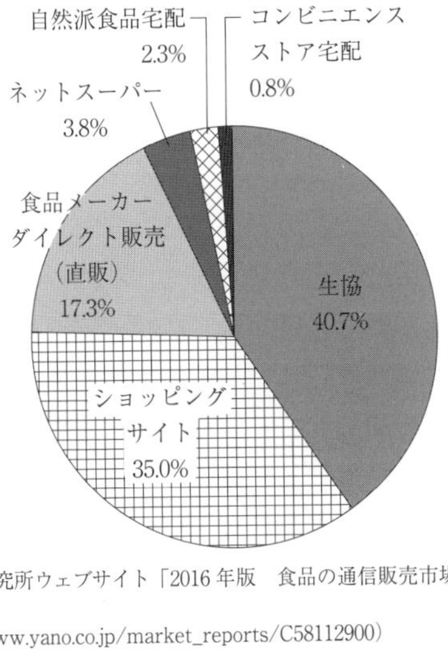

出典）矢野経済研究所ウェブサイト「2016年版　食品の通信販売市場–拡大する食品通販」より抜粋.
（https://www.yano.co.jp/market_reports/C58112900）

図6-5　食品通販市場のチャネル別市場構成比（2015年度）

こうした状況を受けて生協は、カタログによる個配事業からネットスーパーへと事業を本格化させ、消費者・生活者へのサービスの充実化と利便性の向上を図り、売上の回復を実現させてきている。

4 ネット通販事業者の市場囲い込み戦略と食品流通業の対応

A 食品通販市場の拡大とネット通販事業者

一般に、食品は消費者・生活者が実際に手に取って色や形、原産地などを確認した上で購入する傾向にある。そこで鮮度や安全・安心の確認がされる。しかしながら、現在、人口・世帯構造の変化に伴って、大きく消費行動が変容している。

矢野経済研究所の調査によると、2020（令和2）年度の食品通販市場規模は前年比13.1%増の4兆3,057億円（小売金額ベース）で、初めて4兆円を突破したことが報告されている。同研究所によると、コロナ禍における外出自粛、外食を控えた内食化が広がり、巣ごもり需要が発生し、食品通信市場は全体的に追い風であったとし、2021（令和3）年度も市場は拡大すると見込んでいる6)。EC市場の拡大に伴い、その取扱い範囲が食品市場にも及ぶようになってきている。アマゾンや楽天などもその例外ではなく、非食品分野で培われてきた分析手法とサービスを食品分野に援用することで、現在、大きな成果を挙げている。食品は既述したように、かつては実際に、目で見て鮮度などを確かめてから購入するのが一般的であった。特に生鮮食品が主流だった時代においては、それが購入の際に最優先とされてきた。しかしながら、近年では女性の社会進出、夫婦共働き世帯や単身世帯の増加に伴い、利便性を求める消費者・生活者が相対的に増大し、家電製品の進展も伴って加工食品がどの食品小売店においても主流を占めるようになった。それゆえ、ネット通販事業者にとって食品ビジネスはさらなる収益の向上と消費者・生活者の囲い込み戦略および物流戦略も含め効率的経営を遂行する上で重要な領域となる。これまでに非食品分野で効率的経営を漸次、進めてきたこれらの通販事業者の相次ぐ参入は、それまでの食品小売業者の戦略を変容せしめ、今後、高度情報ネットワーク社会においていかに消費者・生活者のニーズを汲み取ったサービスを遂行できるかが改めて問われてくる。そのためには、ネット通販事業者の分析手法やマーケティング戦略を自己の経営資源を熟考した上で、導入し適応していくことが必要であろう。次項では、ネット通販事業者としてその業界を牽引しているアマゾンと楽天を事例に、その分析手法やマーケティング戦略などについて考察することとしたい。

B　ビッグデータ、AIを駆使したネット通販事業者のマーケティング戦略

ネット通販においてその先駆的存在として欠かせないのがアマゾンと楽天である。両社は現在、日本のネット通販市場における市場拡大を牽引してきたいわばリーディングカンパニーである。これらのネット通販事業者は、これまで様々な商品・サービスを提供し、規模の経済性を実現し、同時に、多角化経営を成功させてきた。その結果、現在、多種多様な品揃えを実現させつつも、低価格での販売を可能としている。それゆえに、定価販売を主とする百貨店はその影響を多分に受けている。本項では、これらのネット通販事業者が現在、非食品、食品を問わず1つのサイトで進める市場の囲い込み戦略について触れてみたい。

マーケティング活動は大きく分けると、市場分析と市場創造活動がある。かつてはその力点は市場創造活動に置かれてきた。しかし現在は、むしろ市場分析にある。高度情報ネットワーク社会において、いかに情報を駆使して消費者・生活者のニーズを汲み取り、商品・サービスを提供するかが集客力を高める上で重要になるからである。また、サイトの価値を高めることで、ディベロッパーでの収益性を高め、それをポイント付加サービスなどに還元し、計画的に顧客の囲い込みを実現することもできる。そのためには、高度なマーケティング・リサーチを行い、消費者・生活者に個別に対応することが重要となる。アマゾンや楽天では、これらを実現するために、会員登録をさせた上で、個々の消費者・生活者をデータベース化し、個客を分類しその行動パターンを分析している。また、楽天が2013（平成25）年から導入を本格化させているリコメンデーションは、データベースを基軸に、販売履歴や閲覧履歴のデータを駆使した典型例である。例えば、

楽天は様々なデータを統合（商品・サービスDB、顧客属性DB、購買履歴DB、閲覧履歴DB）し、データ分析をして販売機会の増大を図るために利用している（図6-6）。

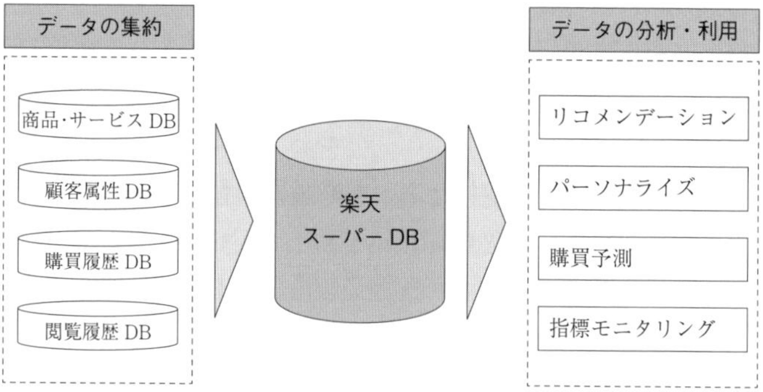

出典）Tech総研ウェブサイト「楽天エンジニアが挑む、ビッグデータの分析・活用とは」より抜粋.
（https://next.rikunabi.com/tech/docs/ct_s03600.jsp?p=002049）

図6-6　楽天スーパーDBの概念図

加えて、楽天はTOHOといったリコメンデーションプラットフォームを構築し、各サービスの特性に応じてリコメンドロジックのカスタマイズを可能とさせ、縦割型から横断型、クロス型での各種パーソナライズサービスに活用し、消費者・生活者の利便性を高めている（図6-7）。

さらに、消費者・生活者が購入検討をしながらも何らかの理由で購入を断念または延期した場合に、協調フィルタリングといった手法を用いて、販売促進を高めている。例えば、同じような好みや購入履歴を持つ人は同じ商品を購入する傾向にあるといった仮説に基づくものがそれである。

消費者・生活者側からすると、1つのIDから様々なサービスが受けられることになる。また、一度は購入したいと思われた商品・サービスであるがゆえに、何らかの割引やきっかけがあれば購入しても良いとされる場合もあり、利便性の高いシステムといえる。一方、供給側としても、購入に踏みきった時間帯や状況あるいは踏みとどまった要因分析にもこれらのデータはいかされるため、両者にとって実に理にかなったシステムともいえる[7]。

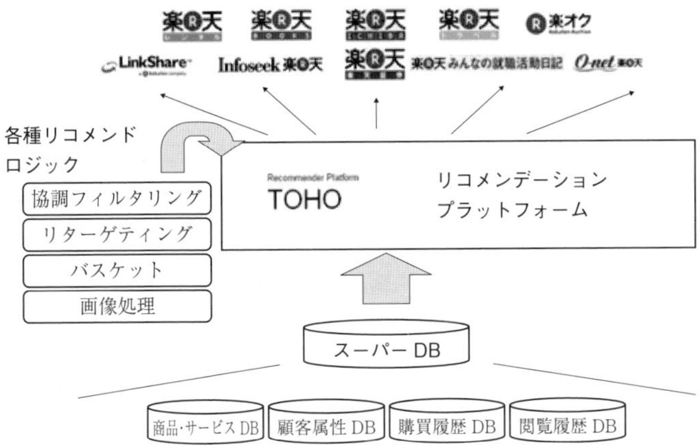

出典）Tech 総研ウェブサイト「楽天エンジニアが挑む、ビッグデータの分析・活用とは」より抜粋.
（https://next.rikunabi.com/tech/docs/ct_s03600.jsp?p=002049）

図 6-7　楽天 TOHO の概念図

このように楽天やアマゾンでは、個別にリコメンデーションをするなど、購入見込みの高い消費者・生活者に対して効果的に販売促進を現在、遂行している。このことがまさに今日のネット通販事業者におけるグローバルスタンダードとなりつつあり、これらの手法へのリアル店舗の対応の遅れが一因となって、売上高の減少につながったと考えられる。

5　ネット通販事業者の進化とリアル店舗のマーケティング対応

A　進展するリアル店舗とネット通販との融合化

ビッグデータや AI を活用した効率的経営と精巧な消費者・生活者行動の可視化がネット通販事業者を中心に進められてきた。こうした動向に対して既述のようにリアル店舗も参入し、それによる売上高も右上がりに上昇している。例えば、ヨドバシドットコムなどはこうした手法を取り入れて効率性を高めている。つまり、リアル店舗だけでなく、ネット通販での販売を強化し、在庫回転率の向上を目的とし、ネットとリアルの融合化を進める動きが活発化している。

一方、リアル店舗、特に食品を主体に取り扱う店舗にとっては、ネット通販への進出は、従来規定されていた商圏を大きく拡大させることができ、多くの消費者・生活者を囲い込むことも可能となる。これにより従来のようなリアル店舗に来店し、購入した時に把握されるPOSやID-POSから得られるデータの内容をはるかに超越した消費者のデータを入手しやすくする。同時に、そこから分析されるデータから消費者・生活者視点での精巧な品揃えもしやすくなる。すなわち、リアル店舗にありがちな絞り込んだ品揃えではなく、潜在的ニーズを充足させた品揃えが可能となる。これまで多くのリアル店舗では店内に設置されたこれらのIT端末を駆使してABC分析を行い、それに基づく消費者・生活者ニーズに合致した品揃えを実現し、差別化戦略の観点からPB商品の開発を推し進め、粗利率を高めてきた。今後は、これらにネットとリアルの双方での販売と在庫・情報の共有化と消費者・生活者行動の可視化が加わることで、より売上の増加が見込める。人口減少と少子高齢化および単身世帯や共働き世帯の増加など、新たな消費市場の局面に直面しているなかで、ネットとリアルの在庫・販売・情報などの共有化は、消費者・生活者にとっての買い物の利便性を格段に増大させるものとして期待できる。次項では、高度情報ネットワーク社会を前提としたデータに基づいた流通展開を模索しているイトーヨーカ堂のネットスーパー（2015〔平成27〕年11月にオムニセブンに統合化）について概観していくこととしたい。

B　セブン&アイ・ホールディングスのネット通販事業への参加

イトーヨーカ堂のネットスーパーへの参入は2001（平成13）年3月のアイワイネットとしての実験的開始にあるとされる。当時の市場規模は今日とは異なり小さかったが、2009（平成21）年以降、500億円以上にまで拡大したとされている。特に、イトーヨーカ堂をはじめとする総合スーパーのネットスーパーの導入が進み、その背景には、食品スーパーやコンビニ、ドラッグ・ストアなどといった競合する業態に比べて商圏が広く、渋滞しがちな道路を通って広大なスペースに駐車して広い店舗で買い物をするのはひと苦労であったことや、逆に小商圏戦略を梃子に、これらの業態が総合スーパーから顧客を奪い、苦戦を強いられたことが挙げられる[8)]。また、この時期はスマートフォンの波及効果も重なり、次第にインターネットへの接続手段もPCからスマートフォンへと変わり、よりインターネットでの検索が身近になった時期でもある。そのため、2009（平成21）年半ばには、インターネット人口は9,000万人を超え、その普及率も75%に到達している[9)]。

このような総合スーパーの動向は、衣食住のフルライン化を志向する百貨店にも少なからず売上の面で影響を与えている。イトーヨーカ堂は主婦や高齢者を中心に2009年以降、本格的にネットスーパーを稼働させ、ID-POSをネットでも活用可能とさせ、差別化戦略も遂行させている。これによりネット通販事業者のマーケティング戦略同様に、精巧で信頼性の高い情報データを確保すると共に、購買・閲覧履歴を駆使した統合型マーケティングを実現させている。そして2015（平成27）年11月以降は、グループ経営の強みを活かし、オムニセブンの下にネットスーパーは統合化されている。

オムニセブンとは、セブン＆アイ・ホールディングスが2015年11月に開始した新しい総合通販サイトである。オムニという言葉は「全ての、あらゆる」という意味を持ち、消費者・生活者が商品購入に至るまでの過程において、リアル店舗、PCサイト、モバイルサイト、SNS、従来型メディア、カタログ、DMなどあらゆる販売チャネル・情報流通・物流チャネルを経由することを前提とした仕組みのことである[10)]。オムニセブンには、ネットスーパー以外にも、セブンネットショッピング、西武・そごうのe.デパート、イトーヨーカ堂のネット通販、アカチャンホンポネット通販、ロフトネットストア、セブンミール、デニーズ出前サービス、セブン旅ネットなどがあり、統合化することによって、セブン＆アイが徹底的にこだわった上質なデザイン、商品の検索のしやすさなど、安心で安全そしてより利便性の高いショッピングの実現を図っている[11)]。

C　セブン&アイ・ホールディングスのオムニチャネル戦略的効果と有効性

オムニチャネルの特徴はそれまでの「ネット＋リアル」の足し算ではなく、「ネット×リアル」という掛け算にある。つまり、ネット通販とリアル店舗がそれぞれ個別に対応するのではなく、ネット通販とリアル店舗がそれぞれ横断的に交わって対応することにある。「ネット」と「リアル」間で相乗的に集客力効果を狙うものとして期待されている。実際にセブン&アイ・ホールディングスのオムニセブンは、これらを融合させることで、消費者・生活者のニーズに対して24時間いつでもどこでも対応する体制を整えている。ネット通販の便利さとリアル店舗の安心感や手軽さを含みながら、それ以上の新しいショッピング体験を提供している[12)]。

オムニセブン立ち上げ当初の計画では2018（平成30）年度のEC売上の目標を1兆円としていたが、その目標とは裏腹に伸び悩んでいる。2016（平成28）年10月の記者会見において、井坂隆一社長は、オムニ戦略を大幅転換し、ネット中心から脱却を図ることを明言している。しかしながら、利便性に欠く大型店舗はオムニセブン導入の効果もあり、売上は伸びている。例えば、**表6-2**が示すように、2016年2月度と2017（平成29）年2月度の1年間を通じてのEC売上高は14%に留まってはいるものの、イトーヨーカ堂のネットスーパーやロフトなどは高い数値を記録している[13)]。

表6-2　セブン&アイ・ホールディングス内のEC売上高推移　（百万円）

	2016年2月度	2017年2月度	増減	増減（%）
セブンネットショッピング	8,659	14,104	5,445	63%
セブンミール	23,089	26,678	3,589	16%
イトーヨーカドー	541	2,661	2,120	392%
ネットスーパー	43,417	44,735	1,318	3%
アカチャンホンポ	6,584	5,617	−967	−15%
そごう・西武	2,371	2,851	480	20%
ロフト	156	592	436	279%
その他	626	422	−204	−33%
EC売上（合計）	85,442	97,660	12,218	14%

出典）井幡貴司「【2017年版】セブン&アイのオムニチャネルの最新動向のまとめ」ebisumart-MEDIAウェブサイト，2017より抜粋.（https://www.ebisumart.com/blog/7-omni/）

このようにオムニセブンの戦略はアカチャンホンポなどを除く、ほとんどの分野で2016年2月度から2017年2月度について効果があったものと考えられる。また、この効果はEC市場において新たにウェブルーミングといった行動パターンを消費者・生活者に促しつつある。つまり、ショールミングとは真逆で、商品を最初にネット検索をしてからリアル店舗を訪れて商品を最終確認して購入するといった行動パターンである。消費者・生活者はオムニセブンで商品検索をし、そこで改めてセブン＆アイ・ホールディングスのグループ店舗に求めている商品の存在を確認し、それを自宅近くの最寄店舗で受け取るといった行動習慣が徐々に広がりつつある。また、店頭でいつでも返品や返金ができることも販売促進戦略として同社が推し進めていることもあり、それによる安心感にもつながっている。商品の受け取りや返品・返金で来店し、そのついでに商品を購入するといった「ついで買い」が6割程あるなど、ネットで注文した商品を受け取るという新たな来店動機が加わり、それがリアル店舗の売上増加にもつながっている[14)]。そうした意味では、リアル店舗への誘導や販売促進といった観点で、ネット通販事業への参入は、高度情報ネットワーク社会を前提とした場合、きわめて有効性があると考えられる。昨今、在庫回転率の低下が、リアル、ネットを問わず、課題視されているなかで、リアルとネットの情報と在庫の共有化、融合化はアメリカをはじめとするオムニチャネル戦略先進国ではもはや重要なマーケティング戦略の1つと考えられている。実際に、アメリカでは世界第1に君臨するウォルマートが「Walmart Pickup Grocery」(ネットで注文して店舗で受け取り)を実施しており、その有効性を報告している。

D　オムニセブンが直面する課題と今後のマーケティング戦略の方向性

リアル店舗によるネット通販事業の本格的導入は、当初は、アマゾンや楽天などに対応する参入ではあったが、実際のところは、売上において厳しい状況となっている。

表6-3 Amazon・楽天・オムニセブンの取扱い商品数の比較

ネット通販サイト	Amazon (2016年3月時点)	楽天 (2016年3月時点)	オムニセブン (2017年3月時点)
取扱い商品数	約2億万点	約1億9400万点	約380万点

出典) 井幡貴司「【2017年版】セブン&アイのオムニチャネルの最新動向のまとめ」ebisumart-MEDIA ウェブサイト, 2017より抜粋し、一部変更.
(https://www.ebisumart.com/blog/7-omni/)

その背景には、EC市場において先行する2社の取扱い商品数の多さにある。取扱い商品数が多ければ、それだけそのサイトの利便性が高くなり、知名度や集客力が高まる。そうした意味で、ECサイトでの2社の圧倒的な取扱い商品数の多さがその明暗を分けたといえる(表6-3)[15)]。

そこでセブン&アイ・ホールディングスでは、今後は、オープンプラットフォームとしてのオムニセブンを模索し、外部企業との業務提携を積極的に進めることで、相乗効果を追求していくとしている。

6 高度情報ネットワーク社会における新たな流通展開と課題

A 高度情報ネットワーク化とリアル店舗のEC市場進出

スマートフォンの普及によって進展するEC市場は、消費市場の変容を受けてリアル店舗にとっても魅力的である。セブン&アイ・ホールディングスのEC市場への参入はそうした動向に対応するためのマーケティング戦略の一環といえる。今後も、高度情報ネットワーク社会においてますます、そうした手法を取り入れながら、消費者・生活者ニーズに応えていくことが必要不可欠となる。現在、食品スーパーなどは相次いでネットスーパーでの取扱い商品数を拡大し、買物難民とされる高齢者や子育て世帯、共働き世帯などを対象に支持を得つつある。送料も一定金額の購入で無料とするなど、サービスの充実も進んでいる。利益の面では必ずしも成果が出ているとはいえないが、こうした取組みは高度情報ネットワーク化社会において今後スタンダードになっていくものと考えられる。

その背景には以下の点が挙げられる。

①改正個人情報保護法と消費者・生活者行動の可視化

②消費者・生活者との接触機会の増大

③買物難民への対応

[1] 改正個人情報保護法と消費者・生活者行動の可視化

リアル店舗ではこれまでPOS（ID-POS含む）や営業データなどを基に、売れ筋商品と死に筋商品の選別をし、品揃えやPB商品の企画・開発、店舗導入を進めてきた。EC市場へ参入することで、これまで以上に精巧なパーソナルデータが入手しやすくなる。なぜならば、2017（平成29）年5月の改正個人情報保護法の全面施行により、匿名加工情報制度が創設されて統計的なビッグデータの分析に対応できるようになったからである[16)]。したがって、スマートフォン向けのアプリなどで顧客のパーソナルデータ登録を通じて、消費者・生活者行動の可視化がGPS機能効果も伴って組織内で管理できるようになった。また、パーソナルデータと商品・サービスデータに加えて、閲覧履歴や購買履歴などのデータの集約と分析、利用がより進めやすくなり、協調フィルタリングを用いて、より充実した利便性の高い販売促進、サービスを提供することが可能となった。これらに電子マネーやポイントカードなどをリンクすれば、さらなる消費者・生活者行動の可視化が進むものと考えられる。

[2] 消費者・生活者との接触機会の増大

リアル店舗とネット通販の融合により、消費者・生活者との接触機会の増大が期待できる。特に、食品スーパーなどは商圏が小さく、そのため、少子高齢化が進展する地域などでは、商圏の制約を受けないネットでの販売のメリットは大きい。リアル店舗のみの経営では、売上が商圏内の人口数などによって規定されてしまう。また、品揃えが店舗内にあるPOS（ID-POS含む）に基づいて構成されるため、地域性に合った品揃えが実現できる反面、競合店も含め、どこも同じ画一的な売場構成になりがちになる。ましてやEC市場の拡大の影響によって、ますます、絞り込みが進んでいることから、消費者・生活者にとって面白みに欠ける売場となってしまう。

しかし、ネットへの参入によって、特定地域に捉われない、すなわち、隣接する地域のニーズをも汲み取った品揃えが可能となり、差別化にもつながる。さらに、オムニセブンのように、リアル店舗への誘導で売上向上にもつながる。

[3] 買物難民への対応

「いつでもどこでも商品が注文できる」「自宅に居ながら生鮮食品や加工食品が注文できる」ことは、高齢者や子育て世帯および夫婦共働き世帯にとって、きわめて利便性が高い。しかも、ネット通販のみに、新規に食品分野に進出してきた事業者よりも、すでに実績のある、あるいはこれまでに馴染みのある信頼のおけるリアル店舗のものであればなおさらである。生協がこれまで個配事業で成長してきた背景には、こうした実績と信頼が挙げられる。本来、リアル店舗での購買を望む消費者・生活者にとって、リアル店舗と共有される商品・サービスとその品揃えは、安心して購入できる魅力なチャネルとなる。

B EC市場への期待と今後の課題

リアル店舗のEC市場への進出は、売上の現況をみても魅力的である。また、リアルとネットの融合化を通じて効率経営が可能となり、また双方の売上増大により商品調達量が増大すれば、物流効率の向上やPB商品の生産拡大による利益率の向上も期待できる。その結果、廉価で良質の商品・サービスを提供することで、売場の活性化にもつながり、最終的には消費者・生活者の生活の質を高めることもできるだろう。

しかしながらその一方で、課題も残る。EC市場の拡大によって、昨今、物流分野での人手不足が発生している。例えば、ヤマト運輸では時間指定を一部見直すなどの対応が求められている。また、セブン&アイ・ホールディングのようにグループ内で多くの業態を抱えているところであれば、店舗での受取りがスムーズに行われるが、そのような規模ではない流通業の場合、それにいかに対応すべきかなどといった課題もある。さらに、EC市場の拡大は、返品・返金の増大を引き起こすリスクがある。実際に、アメリカでは現在、その対応に追われている。日本においても、最近では返品率が高まりつつある。中国のネット通販事業者のように消費者・生活者の負担にならない程度の保険の導入、検討も視野に入れた対応も必要となってくるだろう。

コラム　ネット通販事業者を支える最新技術

アマゾンや楽天などのネット通販事業者は、常に最新の情報通信技術を導入し、「検索エンジン」にそれを組み込み、ロングテール戦略を成功させてきた。2億万点近くあるとされる豊富な商品数を、情報通信技術を用いてデータベースに効率的に管理し、検索エンジンを通じて消費者・生活者にその利便性を享受してもらうことで、積極的な購買行動を促してきた。

このようにデータベース管理や検索エンジン、そしてリコメンデーション、協調フィルタリングなどといった情報通信技術の導入は、今日のような高度情報ネットワーク社会において、売上の低迷に直面するリアル店舗にとってもはや欠かせない戦略となりつつある。市場の成熟化と個性化が同時進行している中で、消費を可視化し、スピーディーに消費者・生活者に対応できる流通体制を整備することが、今後の流通業にとって持続発展する上で、重要になってくる。

なお、ネット通販事業者の種類は大きく分類すると、2つある。1つは、楽天やヤフーショッピングのように、サイト内に出店する企業が受注や発送を行うモール型である。もう1つは、アマゾンやメルカリなどのようにサイト運営者が商品を仕入れて受注・在庫管理・発送などを直接行う直販型である。ただし、アマゾンについては、モール出店型のマーケットプレイスもある[17)]。

注)

本章は、拙著（2018）「高度情報ネットワーク社会における新たな流通展開と課題」日本消費経済学会編『消費経済研究』第7号、日本消費経済学会を大幅に改編したものである。

ネット検索によるデータの取得日は，すべて2021年10月1日.

1) 堀眞由美（2013）「消費社会の変遷と消費行動の変容」中央大学政策文化総合研究所編『中央大学政策文化総合研究所年報』第17号，pp. 143-145.

2) 南方建明（2017）「生活者の変容と商業施設の創造」『第16回日本商業施設学会全国大会統一論題レジュメ』を参照した。
3) 調査結果の論述についてはMONEYzineウェブサイト「店で見てネットで買う、ショールミング浸透　理由は『オンラインのほうが安いから』が7割」を参照した。
(https://moneyzine.jp/article/detail/207944)
4) 調査結果の論述については、同上ウェブサイト3）を参照した。
5) 大竃麻奈（2017）「データで見る流通 拡大続く食品通販市場『ショッピングサイト』が『生協』に迫る」ダイヤモンド・チェーンストアオンライン.
(https://diamond-rm.net/market/28760/)
6) 矢野経済研究所ウェブサイト（2021）「食品通販市場に関する調査を実施（2021年）」.
(https://www.yano.co.jp/press-release/show/press_id/2801)
7) Tech総研ウェブサイト「楽天エンジニアが挑む、ビッグデータの分析・活用とは」を参照。
(https://next.rikunabi.com/tech/docs/ct_s03600.jsp?p=002049)
8) 川辺信雄（2011）「ネットスーパーの生成と発展――バーチャル・ビジネスとリアル・ビジネスの統合」早稲田商学同攻会編『早稲田商学』第429号, p. 24.
9) 同上書8）, p. 28.
10) 角井亮一（2015）『オムニチャネル戦略』日本経済新聞出版, pp. 18-19.
11) セブン＆アイ・ホールディングスウェブサイト.
(https://www.7andi.com/omni7.html)
12) セブン＆アイ・ホールディングスウェブサイト「『omni7』が開くショッピング革命の扉」.
(https://www.7andi.com/company/challenge/2054/2.html)
13) 井幡貴司（2017）「【2017年版】セブン＆アイのオムニチャネルの最新動向のまとめ」ebisumartMEDIAウェブサイト.
(https://www.ebisumart.com/blog/7-omuni/)
14) 日本経済新聞ウェブサイト「『6割ついで買い』セブンのオムニチャネル戦略（2015年11月14日）」.
(https://www.nikkei.com/article/DGXKZO93817490Q5A111C1H56A00/)
15) 前掲載ウェブサイト13）を参照した。
16) 総務省編（2017）『情報通信白書（平成29年版）――データ主導経済と社会変革』p. 63.
17) モール型と直販型、モール出店型については、前掲書5）を引用した。

第7章 プロモーション戦略の実際

本章のポイント

1. プロモーション・ミックスは、広告、人的販売、PR活動、SPといったツールを管理し、それぞれの特徴を活かして販売目標を達成するための効果的な組み合わせを意味する。
2. プッシュ戦略は、消費者が自ら当該商品の購入をするように促す戦略で、流通業者重視主義である。プル戦略は、プロモーションによって、消費者側の需要を喚起し、消費者自らが商品ブランド名を認知し、指名して購入するように誘導する消費者中心主義である。
3. SPは他のプロモーション（広告、人的販売、PR活動）を補助し、短期的、即効的な売上の拡大を狙うときに有効な活動であり、販売店の協力を得るための活動でもある。

1 プロモーション・ミックスの関係

プロモーションには広義と狭義の2つの理解が可能である。企業が市場に対して行うマーケティング諸活動の中で、商品の価値を市場に伝達する活動は広義のプロモーション活動として捉えられる。すなわち、マーケティング・ミックスの4Pにおける4番目のPである。この伝達活動は、商品に関する情報を消費者が存在する市場に伝えるコミュニケーション過程として捉える事が可能である。すなわち、マーケティング・コミュニケーションと同義である。コミュニケーションとは、送り手と受け手の間に展開されるメッセージに関するやり取りであり、シンボルなどを使うことによって、受け手の様々な態度を引き出すことを目的としている。主なプロモーション・ツールは4つあり、それぞれ以下のように定義されている[1)]。

①広告（advertising）：アイデア、財、サービスに関する非人間的な提示とプロモーション

②人的販売（personal selling）：販売を成立させ顧客リレーションシップを築くことを目的に、企業の販売部隊が行う人的プレゼンテーション

③ PR活動（public relations）：好意的な評判を得て、好ましい「企業イメージ」を築き、悪い噂や事件を未然に防いで、企業の様々な利害関係集団と良好な関係を形成すること

④販売促進（sales promotion）：製品、サービスの購入や販売を促進するための短期的な動機付け

マス・メディアを介してのマス・コミュニケーションは、広告の重要な手段である。例えば、広告主である企業は新商品についてテレビやインターネットなどのメディアを通じて広告宣伝を行っている。消費者がその広告に接し、当該商品に対して興味や良好なイメージを抱き、欲しいと思い購買に至ることが期待される。しかし、消費者は当該広告を見ても必ずしも購買に至るわけではない。また、広告を見ても必ずしも広告主が伝えたいと思う内容を理解した上で、需要が喚起されるわけではない。消費者側が、広告主が伝えたいメッセージ内容と異なった解釈をする可能性もある。したがって、効果の高いプロモーション活動を遂行させるためには、広告

主が想定するターゲットに合わせて、いかなることをプロモーションの目的にするのかを明確にした上で、上述のプロモーション・ツールを適切に組み合わせることが重要である。なお、企業がマーケティング目標達成のために製品、価格、流通、プロモーションの4Pを適切に組み合わせて「売れる仕組み」を創造することをマーケティング・ミックスというのに対し、広告、人的販売、PR活動、セールス・プロモーションといったツールを管理し、それぞれの特徴を活かして販売目標を達成するための効果的な組み合わせをプロモーション・ミックスという。

これに対して、狭義のプロモーションとは広義のプロモーション・ツールの1つである「販売促進（sales promotion）」と同義であり、消費者向けの販売促進は、短期的に売り上げを伸ばすためのコミュニケーション手段に焦点を当てている。つまり、消費者の購買行動を直接的に動機付ける活動を意味する。その具体的な活動内容は、来店客に直接行われる商品展示、POP広告、プレミアム、サンプル配布および商品の実演など多数である。なお、狭義の販売促進の詳細については後述するが、広義と狭義のプロモーションの関係性を下記の図7-1に示す。

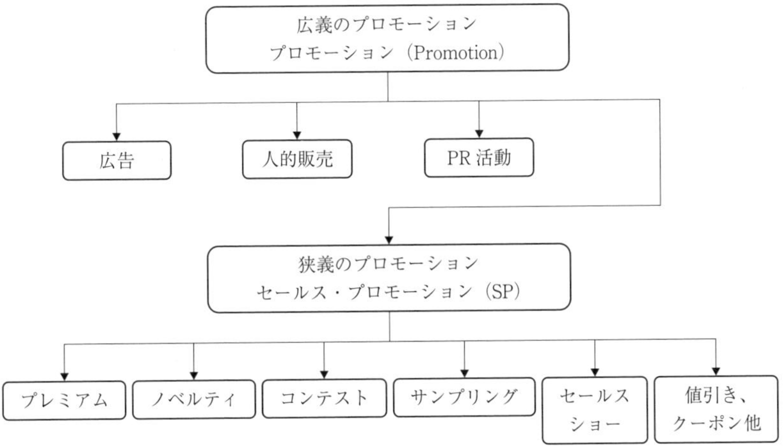

出典）筆者作成.

図7-1　広義・狭義のプロモーションの関係性

2 プッシュ戦略とプル戦略

プッシュ（PUSH）とは、その意味の通り押し込むことであり、広告主であるメーカーが消費者に商品の購入を促す戦略であり、プル（PULL）は引き寄せるという意味で、消費者が自ら当該商品の購入をするように促す戦略である。

プッシュ戦略は、メーカーが卸売業者や小売業者といった流通業者に対して人的販売や販売店援助などを行う流通業者重視主義である。つまり、流通業者から消費者に積極的に働きかけてもらうために行う戦略で、メーカーは流通業者に商品情報の提供、商品の推奨、説得、販売支援金の提供、販売方法の指導、小売店への販売員の派遣などを行い、自社商品を扱ってもらえるように売り込み、説得する。その結果、流通業者は消費者に積極的に当該商品を推奨、販売する事になる。意味の通り押し込むプッシュ戦略である。

一方のプル戦略は、メーカーによる商品プロモーションにおいて、商品イメージなどを向上させ、消費者側の需要を喚起し、消費者自らが商品ブランド名を認知し、指名して購入するように誘導する消費者中心主義である。つまり、メーカーは広告、販売促進、パブリシティなどを駆使し需要を喚起し、消費者がブランドを指名して購入する事を促進する。その結果、プロモーションが成功すると小売業者は卸売業者に当該商品を注文し、卸売業者はメーカーに仕入れの注文を行うようになる。このように、最終消費者から流通業者を介して、メーカーから商品を引き寄せるプル戦略である。

例えば、ある消費者が薬品を購入する場合、2通りのケースが想定される。体調が優れず、風邪をひいたと思いドラッグ・ストアなどへ薬品を買いに行ったとする。自分自身ですでに特定のブランドを購入しようと決めていた場合、あるいは店舗に入り、風邪薬が陳列されている棚を見て聞いたことのあるブランド名だと思い、そのブランドを選択した場合はプル戦略の影響が大きい事になる。何故なら、当該ブランドを認識していた要因はテレビCMを中心としたマス広告を視聴した可能性が大きいからである。一方、自分に合った商品が分からず販売員に自身の症状を伝え、「何か良い風邪薬ありませんか？」と聞いてから勧められたブランドを購入する場合がある。この場合、メーカーは当該店舗に自社商品の情報を提供したうえで、取扱いをするよう依頼し、販売員によって消費者に商品の推奨を促すことになる。当然、風邪薬に加えて、体調をより早く改善するためにサプリメントや栄養剤などの推奨もプッシュ戦略によって行われる可能性もある。

マーケティング計画を策定する上で、プル・プッシュのどちらの戦略を取るべきかは各メーカーの思案によるものであるが、一般的にプル戦略は日常的に購買頻度の高い、最寄品が中心である。具体的には、トイレタリー商品群、食品・飲料、菓子などである。これらの商品を消費者が購入する場合、販売員に聞くのは陳列されている場所のみで、商品の詳細な情報を相談する事は少ない。日常品であるが故、商品の使い方や性能などは消費者側が熟知しているからである。日常品のブランド名がTVCMなどで繰り返し連呼されているのは、そのためである。また、購入層も幅広く、売られている店舗も多い商品群なので、メーカー側が全ての小売店に対して消費者に自社商品の推奨を促すのは困難であるため、マス広告などで消費者にブランド名を認知させ、指名購入を期待する方が効率的である。

これに対してプッシュ戦略に適していると言われる商品群は、専門品や買回品に多く見られる。例えば、耐久消費財における家電製品などは、販売員の専門的な知識による説明が必要である。一般的に、高価格であるものが多く、購入頻度も高くない事から消費者は購入経験が少なく、当該商品カテゴリーに対する商品知識が少ない。したがって、商品の詳細な情報を訴求できるプッシュ戦略が有効である。

製品ライフサイクルの観点で考察すると、導入期はプッシュ戦略、成熟期はプル戦略が適している。導入期は、消費者に当該ブランド名が浸透していないので、小売店の店頭に商品を配置してもらう事が必要不可欠である。そのため、メーカーは小売業者に対して利益、マージン、リベート、販促材料などの提供を約束し、自社商品の積極的な推奨販売を期待することができる。大量の仕入れを可能にする流通業者を優遇し、取引額に応じて景品を提供するプレミアム・プロモーション、さらにはPOP広告により他社商品との優位性を訴求する事もしばしば実施される。一方、プル戦略は成熟期が適している。この時期になると消費者はすでに当該商品の購入経験があり、競合他社の商品も多く市場に投入されている。そのため、当該商品の知識も消費者側に蓄積されていて、使用方法にも慣れてきていることから、購買時に販売員に情報を求めることは少なく、自分自身の意思でブランドを選択するようになる。さらに、商品カテゴリーにもよるが成熟期は大量に販売される商品も多い事から、小売マージンも低く、販売員が個別の消費者に対して口頭で推奨などを行っていたら、非常に効率が悪い。そのため、必然的にこの時期はプル戦略に依存する事になる。

このようにプッシュ戦略とプル戦略は様々な面で対比されるが、どちらか一方の戦略のみを実施するというものではなく、双方が効率的に機能し、メーカーが商品の状況を考慮しながらバランスよく組み合わせる事が重要である。また、企業規模やプロモーション・コストを当該商品にどれだけ投入するかという事でも、その比重は変わってくる。例えば、主力商品として捉えるのであれば、全国的にブランドの知名度を向上させるために連日 TVCM などで連呼し、消費者が販売店に入ればその商品の特設コーナーが設けてあったり、目立つ場所に陳列されていればプル・プッシュ戦略双方を重要視している状況にある。逆に、すでにブランド名が浸透し、ロングセラーとなりつつある商品であれば、プル戦略の比重を縮小し、自社商品が弱い地域、あるいは、特定のチェーン系列の販売店にプッシュ戦略のプロモーション・コストを多く投入するという戦略の可能性もある。あ

表 7-1 プッシュ戦略とプル戦略の比較

	プッシュ（PUSH）戦略	プル（PULL）戦略
対象	流通業者重視主義	消費者重視主義
手段	販売員・POP 広告など	マス広告
商品カテゴリー	買回品・専門品	最寄品
評価基準	店頭配荷率	商品認知率
製品ライフサイクル	導入期	成熟期
対象エリア	地域別・販売店別	全国的

出典）筆者作成.

る商品カテゴリーの中で、特定のブランド名が消費者の記憶に残っていれば、計画購入するつもりがなくても、目立つ陳列などにより当該ブランドを想起し購入する可能性がある。プッシュ戦略とプル戦略の比較を**表 7-1**に示す。

3　プロモーションの種類

A　広告

明示された広告主によって、特定の目的を達成するために、コントロールが可能な有料媒体を使用し、比較的広範囲の相手に対して向けられる非人的な情報伝播活動、もしくは、この時に利用されるものを広告（advertising）という。後者を広告の活動と区別して広告物（advertisement）と表現する場合もある。

具体的な媒体とは、マスコミ4媒体（テレビ、新聞、雑誌、ラジオ）の他、インターネット、折り込みチラシ、交通広告、屋外ポスターボード、施設内ポスターボード、POP広告などを指し、これらを通して、製品・サービスのプレゼンテーションや広告主のメッセージを伝えるのである。多数の人々にメッセージを伝えることができるメリットがあるが、相対的に説得力が弱く、経費が掛かる場合が多いとされている。

なお、POP広告とはPoint Of Purchaseの略で購買時点の広告を意味する。店頭での広告であり、店内ポスターやプライス・カードがその具体例といえる。ほとんどの広告は店舗外で消費者に認識されるが、POP広告は店舗内で認識されることが大きな特徴といえる。他の広告により、消費者が特定のブランド名を認知し、それを購入しようと考えていてもPOP広告により他のブランドを購入する可能性もありうる。その意味では、消費者にブランド・スイッチをさせる最終手段の広告といえる。

近年では、多数の広告の種類の中でもインターネットを媒体とする広告が急激に増えている。インターネットは情報伝達の到達度という意味では従来のマスコミ媒体と比較しても潜在的に広いといえる。さらに、情報にアクセスする個人の嗜好や閲覧パターンに合わせて直接伝達が可能であったり、消費者との双方向でのコミュニケーションが可能なことから、各広告主が注目し主力の広告ツールとなっている。しかし、情報の種類によっては誰が発信したものか分からないこともあるので、信頼性や安全性をいかに訴求し、不適切な広告とどう区別するかなどの課題も残されている。

ところで、日常的な言葉としての広告は宣伝と同義として捉えられることが多々ある。しかし、本来の宣伝（プロパガンダ：propaganda）は、政治的および宗教的な考え方・思想に関する情報伝播活動であり、ビジネス活動やマーケティング活動の一環である広告とは明確に区別されている。つまり、宣伝は政治や宗教に関する主義主張を、不特定多数に対し理性よりも感性に重きを置いて訴求する宣伝方法である。したがって、インターネット上の情報も広告なのか宣伝なのかが明確でない場合は、消費者自身にもそれらを分別する能力が問われることになる。

B 人的販売

販売の締結を目的とし、見込客に対して行う口頭のコミュニケーション活動が人的販売（personal selling）である。つまり、販売員による対面販売を意味し、小売店頭での接客はその代表例である。しかし、直接、顧客を訪問するケースもあり、製品・サービスの販売は勿論、契約獲得を職務とするのが販売員である。その職種としては、店舗内での販売担当、外回りを中心とした営業担当、また新規顧客開拓、取引先巡回・受注、販売店支援、専門技術担当など職務内容に応じた種類がある。顧客の反応を見ながら購買を説得できるというメリットがあり、とりわけ、生産財でのその役割は重要である。なぜなら、生産財は企業、学校、病院、官公庁などが製品を生産ないし業務運営のために購入する商品を指す。そのため、購入する側も当該商品に対する専門的な知識を持っている場合がほとんどである。したがって、個別に担当者が詳細な情報や競合商品との優位性を伝えることが重要視されるのである。しかし、通常は1人の人間が直接行う活動なので、多数の人を相手にすることができず、時間が掛かるというデメリットがある。

C PR活動

パブリック・リレーションズ（public relations）とは、「組織体とその存続を左右するパブリックとの間に、相互に利益をもたらす関係性を構築し、維持をするマネジメント機能である」[2]と定義される。つまり、企業にかかわる様々な団体（パブリック）との間に良好な関係を形成し、維持していくための活動をパブリック・リレーションズという。戦後、アメリカから導入され、PRと呼ばれ広報と訳されることもある。対象となるパブリックは、消費者、従業員、取引先、株主、金融機関、政府、マスコミ、労働組合、当該地域住民などが挙げられる。具体的な手法としては、パブリシティ、施設公開、イベント、広報誌、文化活動、社会貢献活動、寄付などがある。PR活動の目的は、企業からの一方的なものでなく、様々な団体との好意的な関係維持活動として双方向な相互交流を行うことにある。例えば、慈善活動、環境対策や寄付などは企業が社会に貢献していることをアピールすることで、消費者から良好なイメージを形成する役割がある。また、パブリシティはマスメディアなどの第三者機関に情報を提供し、報道を促すことで消費者に宣伝するのと同じ効果を得ることができる。

パブリシティは、「外部から発信され、メディアにとりあげられるようなニュースバリューを持つ情報のことである。情報発信者はメディアに代価を支払うことはなく、したがって、メディアの中でそのメッセージがどのように扱われるかを、コントロールできない」[3]と定義される。つまり、企業や製品およびサービスに関する情報が、新聞、雑誌、テレビ、ラジオといったマスコミ媒体に記事やニュース番組として報道もしくは紹介されるものである。広告は媒体利用が有料であるのに対し、パブリシティはマスコミへの働きかけであるために無償で実施される。マスメディアに新製品や企業イメージなどの情報を流し、それら第三者機関が広告ではなく、報道として取り上げるもので、権威があり信頼性が高く、好意的に取り上げられた場合は無償で大きな効果を得ることが可能となる。

しかしながら、評価する主体がマスコミというあくまで第三者機関であるために、企業側が思い通りのメッセージを伝えられないというデメリットが存在する。広告は各種の法規や倫理綱領に反してない限り、広告主の目的に対して自由な表現が許され、必ず媒体に掲載・放送される。しかし、パブリシティは、報道されるか否か、また、その内容や情報の加工権もマスメディア側にある。つまり、広告は広告主である企業主体で情報を発信し、パブリシティはマスメディア主体で企業の情報を発信することになる。例えば、自動車メーカーが新車を発表した際に、その専門雑誌にモーター・ジャーナリストが当該の車の批評をした記事が掲載されることが頻繁にある。この場合、ジャーナリストが高い評価をした際は、無償で大きな宣伝効果が期待できる。しかし、批判されたときは、メーカーが自信を持って市場投入した新車であっても消費者にマイナス・イメージを与えてしまう可能性がある。

D 販売促進

販売促進（sales promotion）は、上述の3つのプロモーション活動を補助し、短期的、即効的な売上の拡大を狙うときに有効な活動であり、販売店の協力を得るための活動でもある。セールス・プロモーションあるいはSPといわれることもある（以下、SP）。その対象は、主に消費者向け、流通業者向け、小売向けの3つに分けることが可能である（表7-2参照）。メーカーが消費者に対して直接行うものを「消費者向けプロモーション」（consumer promotion）、メーカーが流通業者に対して行うものを「流通業者向けプロモーション」（trade promotion）、流通業者が消費者に対して行うものを「小売プロモーション」（retail promotion）という[4]。消費者に対しては購買を刺激

表7-2 タイプ別 セールス・プロモーションの手段

消費者向けプロモーション	流通業者向けプロモーション	小売向けプロモーション
• サンプリング • モニタリング • クーポン配布 • スイープ・ステークス • プレミアム • 増量パック • バンドル • キャッシュ・バック • コンテスト	• アローワンス • コンテスト • 特別出荷 • 販売助成	• 値引き • 特別陳列 • チラシ • デモンストレーション • クーポン • バンドル

出典）渡辺隆之・守口剛『セールス・プロモーションの実際（第2版）』日本経済新聞出版，2011，p. 112を一部修正．

するために行うもので、プレミアム、コンテスト、サンプル配布、クーポン、値引きなどが挙げられる。流通業者に対しては自社製品を仕入れることの価値を形成させることを目的としている。具体例としては値引き、店頭販促品の提供、展示会などを挙げることができる。下記にその代表的なものを挙げて説明する。

[1] プレミアム

商品を販売するときに景品（プレミアム）を提供することを周知・強調して、その商品の売り上げ拡大や普及率を高めることを目的とするプロモーションであり、プレミアム・キャンペーンとも呼ばれる。無料あるいは一部費用負担のもとで提供される、購入された商品とは別個の製品、あるいはサービスをいう。方式には、顧客に購入を前提条件として景品を提供する「クローズド懸賞」と商品を購入した顧客全員に景品を提供する「オープン懸賞」とがある[5)]。

クローズド懸賞は応募の条件として、当該キャンペーンを行う企業の商品購入および利用をして商取引を行うことを前提条件としている。すなわち、製品やサービスの購入が懸賞やくじに参加する条件となっているのである。懸賞やくじなどの総称を「スイープ・ステークス」という。抽選でプレミアムが当たることを消費者に呼びかけ、購買を誘発する販促手法で、応募者はパッケージに添付されたシールやレシートといった購入証明を添えて応募する。消費者にとって魅力的なプレミアムであれば多くの応募を集めることができ、その分当該の製品やサービスの売上向上が期待できる。

オープン懸賞は、キャンペーンを行う企業が消費者を誘引する手段として、広告により応募者を募り、くじなどの方法により金品を提供するものである。オープン懸賞は商品の購入や店舗への来店を条件とせず、ハガキやインターネット上のウェブサイトなどで応募する事が可能である。抽選により金品などが提供されるため、取引に付随するものではないことから、景品表示法上の景品類に該当せず、景品規制が適用されることはない。

景品類の提供方法は、一般懸賞、共同懸賞、総付け景品の三種に分類される。一般懸賞とは、抽選やじゃんけんなどの偶発性を用いたり、パズルやクイズの正誤を用いて当選者を決めて景品を提供する手法をいう。共同懸賞とは、一定の地域の小売業者、商店街、あるいはショッピングモール内複数店舗が、共同で行う懸賞による景品の提供を指す。総付け景品とは、商品購入、小売店の入店など一定の条件を満たした消費者全員に必ず提供される景品のことを指す。

また、景品類の価値には上限があり、オープン懸賞とクローズド懸賞とでは、異なる法規制が制定されている。オープン懸賞において提供できる景品類については、元来、独占禁止法の「オープン懸賞告示」によって、最高1,000万円までとされていたが、2006（平成18）年にその制限が撤廃され、現在では提供できる景品類に具体的な上限額の定めはない。

クローズド懸賞において一般懸賞は、懸賞による取引価格が5,000円未満の場合は取引価格の20倍まで、取引価格が5,000円以上の場合は10万円までとなっている。共同懸賞は懸賞による取引価格にかかわらず30万円までと、一般懸賞よりも高く設定されている。また、総付け景品は、懸賞による取引価格が1,000円未満の場合、200円まで、懸賞による取引価格が1,000円以上の場合、取引価格の10分の2までとなっている。

[2] ノベルティ

ノベルティ（novelty）の意味自体は、「目新しいもの」「珍しいもの」が本来であるが、「記念品」「謝礼品」といった意味合いを込めて贈られる商品を指す。企業名、商品名、店舗の住所や電話番号が記載されている。また、広告メッセージが当該ノベルティに記載されている場合もある。販売員が見込客や顧客に対して配布する場合がほとんどであるが、店頭や路上にて配布される場合もある。ノベルティの具体例としては、新年から使われるカレンダーをはじめ、手帳、手拭き、タオル、ボールペン、ライター、ティッシュなどがある。目的は、プレミアムのように販売促進の即効性を期待するより、将来のために消費者に当該商品、企業、店舗に好意的なイメージを抱かせることにある。

[3] サンプリング

サンプリングは、見込客に対して商品の見本（サンプル）を配布して、実際に体験させ、愛着を持たせ、利便性を訴求する事によって、当該商品の購買に結び付けることを狙いとしている。広告などによって商品名を消費者に認知させても実際に使用して貰わないと商品の利点や優位性まで理解してもらえない場合がある。取り分け、タバコやウィスキーなどのアルコール飲料は嗜好性が強い。また、女性は購入する化粧品やコモディティ商品としてのシャンプーなども好みや自身の体質に適合したと思われるブランドを継続利用する傾向がある。その場合、ブランド・スイッチをする可能性は一度、サンプリングによって試用してもらい、利点を確認して初めて当該ブランドを購入する可能性がある。

また、サンプリングは新商品などに対する消費者の反応を調査する目的で行われることもある。その方法は下記の通りである。

①DMによる配布
②戸別配布、街頭配布、店舗配布
③新聞、雑誌、インターネットのウェブサイトにクーポンを付与し、それを返送してきた人に送付する
④展示会など特別の機会を利用する配布

[4] コンテスト

消費者や販売店、セールスマンなどに対して行うコンテスト（競技）の成果に対して賞品が提供されるもので、その目的は販売促進は勿論、当該企業への好意・信頼の獲得にある。消費者に対しては、ちょっとした運や労力で、現金や旅行、商品などを勝ち取るチャンスを提供する。コンテストとは、消費者からCMソングやクイズの答え、デザイン、提案を募集し、審査員が応募作品の中から最優秀作品を選ぶというものである。

コンテストはセールスマンや販売店に対してのものもある。例えば、売上コンテストとは、一定期間に売上実績を伸ばすように販売員やディーラーの意欲を駆り立てるコンテストである。コンテストによって販売実績の高い者の意欲を認め、成績優秀者には旅行や賞金そのほかの副賞が授与され、自動車販売会社などに用いられる手法である。実績に応じてポイントを与え、ポイントを達成した販売員に様々な賞品を贈る企業もある。売上コンテストが最も効果を発揮するのは、達成可能な数値的売上目標（新規顧客の開拓、既存取引の活性化、収益率の向上など）を与えられた時である。

[5] クーポン、値引き、払い戻し

クーポンの用語自体は「金券」「割引券」「引換券」を意味する。したがって、販売促進におけるクーポンとは、対象となる商品を一定の値引き額で消費者が購入できる証書である。対象となった商品を消費者が購入する際、クーポンに記載されている額面金額分の値引きを受けることができる。実施主体で大別すると2種類に分かれる。流通が主体となり、当該店舗またはチェーン系列店で使用が限定される「ストア・クーポン」と当該のブランド商品を取り扱う多くの店舗で使用が可能な「メーカー・クーポン」がある。提供する方法としては、新聞や雑誌、チラシ、リーフレットやパンフレットに掲載または封入、添付する、商品パッケージに掲載する、街頭で配布する、使用店舗や提携店舗などで配布するなど様々である。近年では、インターネットを駆使したモバイル型のクーポンや継続購入や囲い込みを目的とした会員登録した消費者に対して行われるものもある。また、特定の地域や商店街のみを集めて発行されるフリーマガジン上のクーポンもある。

値引きもクーポン同様に商品の通常価格からの値引きである。その割引価格は、メーカーによって直接ラベルやパッケージに付与される。値引き商品パッケージには、割引価格（2個で1個分の価格など）で売られる単一商品パッケージもあれば、2種の関連ブランド商品（歯ブラシと歯磨き粉、シャンプーとコンディショナーなど）を一緒にしたパッケージもある。短期的な売り上げ増大を期待するには、値引きによる商品パッケージは非常に効果的である。

払い戻し（キャッシュ・バック）はクーポンと似通っている。異なっている点は、値下げが小売店での購入時でなく購入後に行われる点である。手法としては、当該商品購入の証である購入証明書（例えば、レシートなど）を送付することで、メーカーから直接消費者に対して一定の現金を払い戻す販売促進の手法である。例えば、ブランド・カテゴリーではなく商品カテゴリーとして、新規に市場投入された電子タバコなどは、一定期間内に消費者に当該商品を認知してもらい、既存商品との違いを理解させるためにも継続して利用してもらわなければならない。そのため、サンプルなどでは不十分である。

これらプロモーションの4要素（広告、人的販売、パブリック・リレーションズ、販売促進）は、マーケティングの4Pと同様に、それぞれが独立して機能しているわけではない。すなわち、マーケティング目標に応じて4要素を最適に組み合わせることが重要となる。そして、この4要素の組み合わせを、プロモーション・ミックスという。

例えば、新製品が市場に導入されたときは、消費者にその製品のブランド名や特徴を明確に認知させなくてはならない。そのために、マスメディア広告を大量に投入したり、パブリック・リレーションズにより当該製品の専門家に批評してもらうことなどの方法が有効である。また、購買の最終意思決定においては人的販売を活用し、製品のより詳細な情報を消費者に伝えることが重要となる。このように製品・サービスの質やライフサイクルの段階の違いによって最適なプロモーション・ミックスを企業は考案することが他企業との競争を勝ち抜く上で重要な要素となる。

4　セールス・プロモーションの特徴と効果

前掲の**表7-2**に示すように、SPには様々な種類があり、消費者が購買行動をする際に、日常で接するものが多数ある。サンプリングのように、手軽に製品の体験を促す手段もあれば、プレミアムの懸賞キャンペーンのように、キャラクターグッズなどの獲得機会を与えて購入意欲を高める方法もある。また、値引きを伴う特別陳列や、チラシにクーポンを付与するなどをして、SPを組み合わせることも可能である。そのため、他のプロモーションと比較しても多様性があるといえる。

上述の如く、SPは、消費者に対して直接的に働きかけることで、一時的な価値の向上を図り、結果として購買行動を引き起こすことを可能とする。したがって、当該製品に対するトレンドを創造したり、消費者間の良好な口コミを広げる機会にも役立つ。近年では、SNSの急激な拡大により、一般個人や企業が不特定多数の人に向けて情報を発信できるようになり、それらの情報に消費者は多大な影響を受けている。これまでのマスメディア広告とは異なり、個人がSNSを駆使し、自ら情報を取捨選択している状況にある。つまり、消費者は自ら必要な時間に必要な情報だけを選ぶことが可能である。そして、友人・知人あるいはインターネット上の人々と情報をシェアし、自らの意見、感想などの情報を発信するといった能動的な情報行動が一般的になりつつある。企業と消費者間におけるコミュニケーションの主導権は、送り手から受け手に移行していると言っても過言ではない。このような状況下では、消費者に直接的に訴求できるSPの役割は非常に大きいといえる。

また、SPは設定したターゲットに到達させることも比較的容易である。広告を用いると露出量は多くすることができるが、既存顧客のリピート購買を狙ってメッセージを届けようとする場合を想定すると、非常に困難である。しかし、SPを手段とすれば、製品のパッケージにクーポンなどを付与して継続購買を促進することも可能である。また、女性のファッション雑誌などは競争が激しく、読者にとっては記事の内容が類似していると、どの雑誌を購入するか迷う場合がある。この状況下で、競争優位性を出せるのが雑誌の付録になっているノベルティである。ノベルティは、ターゲットを世代別に狙うことも可能であるし、読者のライフスタイルや季節感に合わせてノベルティグッズを提供できる。現に、読者レビューでも雑誌の内容よりもノベルティに対する評価が多い。そのため、次号予告のノベルティに期待して事前予約で購入したり、ノベルティの品質に惹かれ同じ雑誌を複数購入する読者もいる。ノベルティは、お金を出して購入するのは悩むけれど、雑誌に付与されているなら利得感がある。読者のニーズを研究し、その読者の今後の生活に役立つものであれば雑誌自体よりノベルティを目当てに選択購入がなされる。

さらに、SPは消費者の購買という行動面に直結するので効果の測定が比較的に容易である。すなわち、SPの効果は売上という数値で現れるため、SPを実施した期間と実施していない期間の比較、SPのどの手段が効果的に作用したかなどを確認することが可能である。しかし、SPは短期的、即効的な売上拡大を狙う活動であるため、継続的に実施するものではなく、期間を定めて実施されるものである。そのため、消費者がSPの影響を受けて購入するのか、いくつ購入するのかなど、量的側面からの効果を、SP

実施期間だけではなくSP実施事前、SP実施事後も当該商品の動向を検討する必要がある。

SPの実施が期待した通りの成果を生めば、実施期間中の当該商品の売上は上昇するはずである。しかし、その量的な効果を捉える期間を実施の事前から実施終了後まで広げると、**図7-2**のようになる可能性があり、評価に困る場合がある。**図7-2**の例では、SP実施期間中に売り上げが伸びたものの、SP実施後は、実施事前よりも大きく売り上げが落ち込んでいる状況を示している。これは需要の「先食い」と呼ばれる現象であり、本書の**第4章2節A**において検討した消費者側の内的参照価格に影響された可能性がある。例えば、SPを実施し、当該商品を割引すれば実施期間の需要は上昇する可能性がある。しかし、実施期間が終了すれば、その時の割引価格が消費者の頭の中に残り、通常価格を高く感じるのである。そして、消費者のその内的参照価格がイメージから消えればSP実施前の売上に戻るのである。また、SP実施期間中に当該商品に付与された景品に惹かれて多くの消費者が購入していた場合も、同じような曲線を描くことが想定される。このような状況下では、SPが売上に与える貢献は、ほとんど見られ

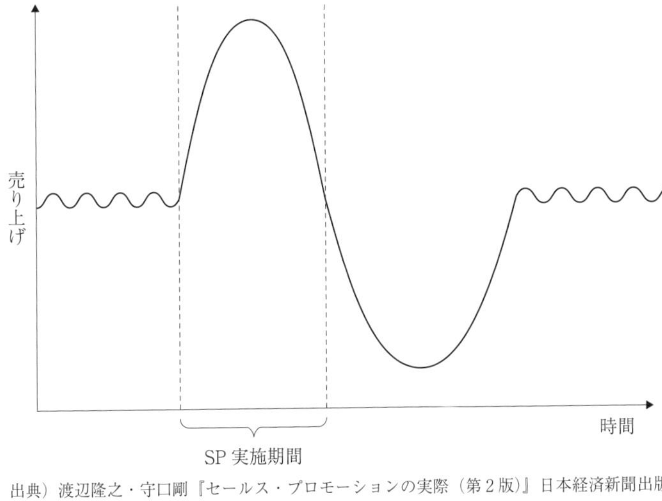

出典）渡辺隆之・守口剛『セールス・プロモーションの実際（第2版）』日本経済新聞出版, 2011, p.156.

図7-2　先食い現象の例

なかったことになる。

また、図7-3はSP実施期間中において当該商品の売上は上昇するが、同じカテゴリー内にある競合商品の売上が大きく減少している状況を示している。これは「共食い」と呼ばれる現象である。例えば、コカ・コーラは同一ブランド内でオリジナル商品に加え、コカ・コーラ・ゼロ、コカ・コーラ・プラスなど、6種類あり期間限定商品や流通業者限定商品も存在する[6)]。仮に、コカ・コーラ・ゼロを対象にSPを実施すれば、その他の商品が当該期間のみ落ち込む可能性が出てくる。当然、同一メーカーのブランドだけでなく、競合メーカーのブランドにも影響を与える可能性がある。このような「共食い」が起こった場合、清涼飲料カテゴリー全体の売上は全く変わらないため、流通業者の立場からみればSPを実施した意味があまりないといえる[7)]。

これらの例からも分かるように、SPの量的効果を評価するためには、実施期間だけではなく、長期的で多面的な視点を含めながら検討していくことが重要となる。行動上の効果が短時間で容易に表れやすいコミュニケーション・ツールであるが、消費者行動においてブランド・スイッチの機会

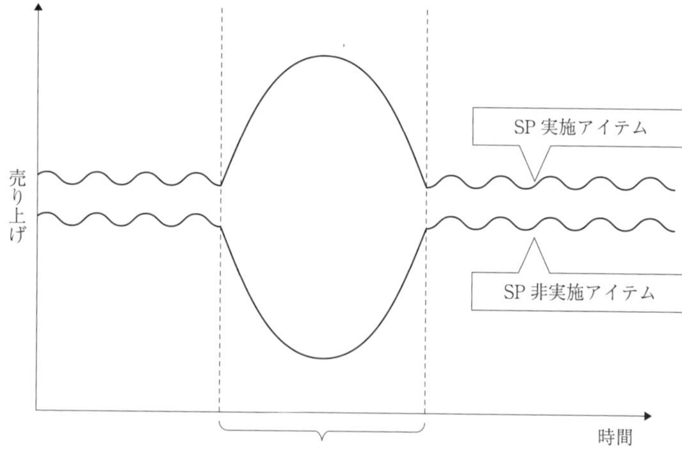

出典）渡辺隆之・守口剛『セールス・プロモーションの実際（第2版）』日本経済新聞出版, 2011, p.156.

図7-3　共食い現象の例

が増加したり品質知覚の低下を招く恐れもある。しかしながら、長期的・多面的に検討をしていけば、とりわけ新商品は価格感度の異なる消費者グループに対し限定的な価格設定を効果的に行い、商品を特徴付けることが可能である。また、消費者ニーズを慎重に考慮したSPは商品を経験する事により、様々な情報を提供することができる。さらに、SP対象商品は、多くの消費者の購買意欲を喚起するので、消費者が買おうと思ったときに当該ブランドを買えるように流通業者は商品を確保する必要がある。したがって、SPは流通業者に自社ブランドのフルストック化を維持し、メーカーのマーチャンダイジング活動を積極的に支援する可能性がでてくるのである。

コラム　エンターテインメントとプロモーション

エンターテインメント産業は、娯楽やレジャー分野において幅広い業態を抱えている。代表的なのは、映像（映画・アニメーション、テレビなど）、スポーツ、音楽、演劇、演芸（落語・漫才など）、テーマ・パーク、ゲームなどである。人々を楽しませることを目的としており、ストレスの多い現代社会においては欠くことの出来ない産業といえる。しかし、エンターテインメントのプロモーションは非常に難しいといえる。その理由は、多くのエンターテインメントは人々が経験・体験してからその評価が決まるからである。そのため、事前評価＞事後評価であると、口コミなどにより悪評に代わる可能性がある。逆に事前評価＜事後評価であれば、さらに良い評価が拡散する可能性がある。

これは、人々のエンターテインメントに対する事前の期待が大きく関係している。例えば、日本ではまだ未公開のハリウッド映画があったとする。現地での評価が高い上に、公開前から大々的にプロモーションをかけると、人々のその映画に対する期待は非常に大きくなり、その映画は「面白くて当然、満足して当然」という評価になる。しかし、映画のようなエンターテインメントは無形財であるため、いくら良い映画でもそれぞれの好みや感想があり、人が視聴した後の評価は様々である。仮に、想像していた映画と少しでも異なれば、その事後の評価は事前よりも低くなる。

これは、人間関係にも同じことが言える。初めて知り合った人の印象が非常に良くても、付き合ううちにその人の嫌な部分が少しでも見え隠れすると、その人に対する評価は急激に落ちることになる。逆に、第一印象が悪くても、付き合いだして「意外に良い人だった」となると、その人に対する信頼が急激にあがる。

したがって、エンターテインメントのプロモーションはバランスが重要といえる。大々的なプロモーションを行うと、人々の期待が大きくなり、事後の評価が下がる可能性がある。しかし、プロモーションを全く行わないと人々に認知されないため、集客に不安が残る。そのため、映画のTVCMなどは、特定の人に試写会を催し、その人の映画に対する感想を述べて貰う形式が数多くみられる。また、近年のTVドラマや海外ドラマは深夜枠に放映したり、CATVでの放映も多くなっている。視聴率のみを念頭に置くのであれば地上波のゴールデンタイムであろうが、やはり事前評価と事後評価を考慮してバランスを検討しているといえる。

注)

本章は、拙著（2020）『広告コミュニケーション』八千代出版の第1章を大幅に改編したものである。

ネット検索によるデータの取得日は，すべて2021年9月3日.

1) Kotler, Philip & Armstrong, Gary（2001）“Principles of Marketing”, 9th ed.　コトラー，フィリップ&アームストロング，ゲイリー著 / 和田充夫監訳（2003）『マーケティング原理（第9版）――基礎理論から実践戦略まで』ダイヤモンド社，p. 604.
2) Cutlip, Scott M. & Center, Allen H. & Broom, Glen M.（2006）“Effective Public Relations”, 9th ed.　カトリップ，S. M & センター，A. H. & ブルーム，G. M. 著 / 日本広報学会監修（2008）『体系パブリック・リレーションズ』ピアソン・エデュケーション，p. 8.
3) 同上書 2), p. 14.
4) 小川孔輔（2009）『マネジメント・テキスト　マーケティング入門』日本経済新聞出版，p. 496.
5) プレミアム（景品）、各種懸賞および景品規制の概要については、販促会議編集部編（2017）『デジタルで変わるセールスプロモーション基礎』宣伝会議，pp. 198-200, pp. 211-215 および p. 285 を参照した。
6) 日本コカ・コーラ株式会社ウェブサイト「Coca Cola journey」.（https://www.cocacola.co.jp/brands/all-products）
7) 「先食い」「共食い」に関しては販促会議編集部編（2017）『デジタルで変わるセールスプロモーション基礎』宣伝会議，p. 29 を参照した。

第8章 広告戦略と広告の効果

本章のポイント

1. 広告とは、有料の非人的なメディアを介して行われる、広告主が明示されたプロモーションのツールである。広告は、マーケティング活動におけるプロモーション戦略の重要な役割を担っている。
2. 広告の主要な媒体である、マスコミ4媒体（雑誌、テレビ、ラジオ、新聞）やOOH媒体、インターネットなどの特徴について理解していく。また、広告の効果についても説明していく。
3. インターネット広告の特徴について理解していく。また、インターネット広告である、ディスプレイ広告、リスティング広告、ネイティブ広告、ビデオ広告、メール広告、アフィリエイト広告などの手法についても説明していく。

1 広告とは

A マーケティングにおける広告の位置

企業はマーケティングを活用し、売れる仕組みをつくり出す。この売れる仕組みをつくり出すための手法としてマーケティング・ミックスが存在し、製品（Product）、価格（Price）、流通（Place）、プロモーション（Promotion）におけるそれぞれの戦略を適切に組み合わせることで企業は目標を達成しようとする。広告はこのなかのプロモーションに位置付けられる。それでは広告はプロモーションのなかでどのような役割を担っているか。

プロモーションとは、製品やサービスの価値をターゲットとなる市場、あるいは消費者に対して伝えるためのコミュニケーションである。製品の情報を知ってもらったり、価値を理解してもらったり、熱心な顧客になってもらったりするためのメッセージの授受であり、これを通じて需要を喚起したりする。このような、人々の行動の変化に働きかけるような双方向的な活動がマーケティングにおけるコミュニケーションである。したがって、プロモーションはマーケティング・コミュニケーションというように理解することもできる。企業はマーケティング・コミュニケーションによって、製品の使用方法や製造にかかわる情報を提供したり、ブランドイメージを創出している。

B 広告とは何か

企業は広告によって情報を発信し、人々も広告から情報を受け取っている。そのため、広告はプロモーションの中だけにとどまらず、マーケティング全体の中でも重要な役割を担う。まずは、この広告というものが一般的にどのように理解されているかを捉えていく。

コトラー（Kotler, P.）とケラー（Keller, K. L.）は、広告とは、「スポンサー名を明らかにして行われる、アイデアや財やサービスの非人的なプレゼンテーションとプロモーションのうち、有料の形態」[1)]であるとしている。

そして、嶋村らは、「明示された広告主が、目的を持って、想定したターゲットにある情報を伝えるために、人間以外の媒体に料金を払って利用して行う情報提供活動」[2]であるとしている。

岸らは広告を、「識別された送り手が、選択されたオーディエンスに対して、製品・サービス・団体・アイデアについて、伝達・説得・関係構築を図るために、大量伝達や相互利用が可能な有料媒体を介して行うコミュニケーションである」[3]と定義している。

また、ロシター（Rossiter, J. R.）とパーシー（Percy, L.）は広告コミュニケーションの定義について、「どちらかといえば間接的な形で消費者への説得を行うものであると考えられており、製品の便益を、情報あるいは情緒的訴求に基づいて消費者に伝え、消費者の選好を喚起し、購買へと“気持ちを向けさせる”もの」[4]であるとしている。

一方、水野はアメリカ・マーケティング協会（AMA : American Marketing Association）の定義である、広告とは、メッセージの中に識別可能な営利企業や非営利組織または個人が、特定のオーディエンスに対して、製品、サービス、団体またはアイデアについて、伝達、または説得をするために、様々な媒体を通じて行う、有料の非・人的コミュニケーションである、という定義に対して、少数のポイントでは捉えきれずに、多くのポイントを繋ぎ止めている状態になっていると指摘している。また、広告に関係する人はこの定義のすべてを押さえた上で広告を語っているわけではない[5]としている。これらのことから、広告を定義することは非常に困難であることが示されている。しかし、困難であるがゆえに、広告が何かを明らかにすることに意義があるといえる。

そこで、本節ではこれらの広告の定義を参照しながら、広告が有する共通の要素を示し、広告とは何かということを明らかにしていく。

(1)　広告主が明示されている

識別された送り手、つまり広告主が明らかにされており、広告のメッセージが誰から発信されているかということがわかっている。広告主は企業に限らず多様であり、非営利組織、政府機関、個人など様々である。

(2)　ターゲットが明確である

あるターゲットが存在しており、想定される顧客や影響力を及ぼすような対象に向けてメッセージが発信される。

(3) 有料の非人的なメディアを介して行われる

ターゲットに対して適切にメッセージが届けられるような媒体を通して情報が発信される。有料という特徴であるが、プロモーションの中でもパブリシティのように無償で実施されるようなものもあるため、有料と明示されている。非人的という特徴は、例えば、販売員や営業担当者などのような人を用いたコミュニケーションによって伝達されるものではないという意味である。

(4) 広告には伝えるべき目的がある

広告は売上の増加だけでなく、商品の認知、ブランドイメージの向上、好感度の創出など、企業の立場や商品の状況に応じて様々な目的があって提示される。

C 広告媒体

広告は媒体を通じてターゲットにメッセージを発信し、製品やサービスについての認知度を高めたり、購買につながるようなコミュニケーションを行う。その意味で、媒体の選択にはターゲットがどのような媒体から情報を取得しているかということの把握が必要になってくる。また、媒体ごとにも特徴があるため、広告によるコミュニケーションの仕方も媒体の影響を受けることになる（表8-1）。したがって、広告主は、広告にはどのような媒体が存在するかを理解することが適切なメッセージの発信のために必要である。

[1] 新聞

新聞は、幅広い読者に届けられる点と、信頼性が高い媒体であるという点が、その性質として挙げられる。そして、社会的な影響力が大きい媒体である。また新聞が特徴的なのは配布エリアごとに紙面構成を変えることができるという点であり、これによって地域と連携することで、エリアごとのターゲットに広告を発信することができる。現状の新聞は、インターネットなどの他のメディアの影響を受けているため、その変化に対応するような情報提供を行っている。例えば、各新聞社は動画配信やメールマガジンなどを活用して、時代の変化に対応している。また、記事の2次活用

表 8-1 主な媒体の種類と特徴

媒体	特徴	制約
新聞	柔軟性、タイムリー、高い信用度、いつでも、どこでも読める	回覧者数が少ない、若年層の読者が減少している
テレビ	広域に到達する、伝達が速い、映像・音が統合されている、五感に訴える	コストが高い、対象を選ぶことが難しい
雑誌	信頼性が高い、回覧者数が多い、保存性、全国配布、ターゲットへの適合性	コストが高い、広告が出るまでに時間がかかる、販売部数が低下している
ラジオ	コストが低い、習慣化させられる、ターゲットへの適合性	基本的に聴覚のみ、集中して聞かれない場合がある、視聴者の規模が小さい
OOH 媒体（out-of-home-media）	コストが低い、競争が少ない、繰り返し露出できる	移動速度や周囲の状況に影響を受ける、対象を選ぶことが難しい、クリエイティブ面で制約がある
インターネット	対象を選べる、即時性、双方向性、クロスメディアの利用が増加	視聴者が露出をコントロールする

出典）岸志津江・田中洋・嶋村和恵『現代広告論（第 3 版）』有斐閣アルマ，2017，pp. 235-249 およびコトラー，フィリップ＆アームストロング，ゲイリー＆恩藏直人『コトラー、アームストロング、恩藏のマーケティング原理』丸善出版，2014，p. 317 を参照し筆者作成.

なども行われている。紙媒体としての役割に変化は見られるが、新聞社の提供する情報には一定の価値がある。紙媒体としての新聞広告にも意義はあり、印刷技術の向上により、紙面にポスターのような広告を展開できるようになっているため、ポスターならではのコンセプトの構築や表現方法により、ブランディングの手段としても活用されている。

[2] テレビ

テレビの特徴は、映像と音声の融合であり、イメージを直感的に伝えることができる点である。また、地上波のテレビの場合は非常に多くのターゲットに接触することができるため、大きな影響力を持っている。そのため、流行現象とのつながりを持つこともある。広域に素早く情報を到達させることができる媒体であり、映像・音が統合されているため、五感に訴えることが可能である。しかし、制作コストが高いという点もある。また、広域に向けた媒体であることから、視聴対象を選ぶことが難しい。

[3] 雑誌

雑誌は、性別や年齢、趣味、関心がある内容などによって読者層がすでに細分化されていることが多いため、ターゲットを定めた情報発信ができる点が特徴である。読者の視点からすると、自分の意思でお金を払い選択している媒体である。自らの意思でお金を支払うため、他の媒体よりも意識を集中して情報を獲得していくという側面もある。マスメディアに分類されるが、ある程度、細分化されて制作されているため、読者の興味に合わせた情報展開が可能となる。

[4] ラジオ

ラジオの特徴は、1人で接触することの多い音声中心の媒体という点である。そのため、波及力は他の媒体に比べると小さい。特定の局をしばらく聴いていたり、リスナーとの対話があるといったことから、親近感のある媒体である。また、何かをしながら聴いているということも特徴である。ラジオは基本的に音声が主体の媒体であるため、ビジュアルを音で伝える工夫がなされており、想像力に訴えかけるような広告を制作することが必要になる。

[5] OOH媒体

OOH媒体(out-of-home-media)は広告塔や広告板、ポスターボード、ビルボード、大型映像ボード、デジタル・サイネージ、店舗の看板などの屋外広告や、電車、バス、タクシー、飛行機、駅、空港などで展開される交通広告などのことを示す。デジタル技術の進歩に伴い、表現方法が多様になっている。交通広告は、交通機関で広告が提示されるため、繰り返し接触する頻度が高いという特徴がある。また、長時間同じ広告を見続けるという側面もある。そのため認知率の獲得に有効である。一方で周囲の状況に影響を受けたり、ターゲットを選んで提示することが困難な媒体でもある。

[6] インターネット

インターネットの特徴は、能動的に情報を取得する点にある。テレビやラジオは基本的に受動的な媒体だといえるが、インターネットの場合、消費者が能動的に取得した情報に即して広告が提示されるため、高い広告効果が得られる。また、提示された広告に直接アクセスすることで、さらに詳細な情報を取得したり、商品の購買を可能にしたりする。

2　広告の意義

A　広告の機能

石崎らは広告の機能をマクロの視点とミクロの視点から整理している[6)]。まず、広告が社会全体に与える影響として、マクロ的機能である経済的機能、社会的機能、文化的機能を示している。経済的機能は、日本経済全体に影響を与える機能や需要創造機能、市場全体への波及効果機能である。社会的機能には、社会的責任を果たすこと、公共性を重視したメッセージ、社会への問題提起の機能がある。文化的機能は、流行現象や娯楽にかかわることと、ライフスタイルに影響を与える機能である。続いて、企業の視点から広告を捉えたミクロ的機能として、販売促進機能、コミュニケーション機能、ブランド構築機能を示している。販売促進機能は、ブランドの売上促進や、需要喚起、流通支援である。コミュニケーション機能は、情報提供、製品やサービスの理解を深める説得機能、理解や好感度を向上させる共感機能である。ブランド構築機能には、ブランドの構築、維持のための顧客との関係性づくりや、信頼を高めることを挙げている。

波田は広告の機能を４つ示している[7)]。１つは、製品やサービスに関する様々な特徴を認知させる、情報伝達機能である。次に、ターゲットの意識を変えたり、行動を促す、説得機能である。そして、広告主とステークホルダーとの関係性を構築する関係強化機能である。最後に、広告それ自体がコンテンツとして楽しまれたり、流行現象などの社会的な影響力を持つ、文化・社会的機能である。

岸らも広告の機能について整理している[8)]。まず、広告の経済的機能である。これは、営利企業による広告の機能であり、需要創造、産業集中、流通・営業費用削減、価格低減、所得再配分などである。次に、広告主にとっての機能である。これは、ステークホルダーとの長期的な関係を構築するために、相互作用を生み出し、オーディエンスを引き込み、感情を喚起するようなコミュニケーションを行うことである。そして、広告の社会的・文化的機能である。広告は社会性や文化と、肯定的であるにせよ、否定的であるにせよ、かかわりがあるとしている。例えば、ジェンダー意識や人種、年代などに関するステレオタイプの形成や利用に関係したり、政治や社会的責任とのつながりもある。

上記のように、需要創造や販売促進、市場への作用などの経済的機能が広告の機能として挙げられる。次に、流行やライフスタイル、思想などに影響を及ぼす社会的・文化的機能である。そして、関係性づくりや、ブランドの構築、信頼の獲得などのコミュニケーション機能である。

B 広告の種類

コトラーとケラーは広告の目的ごとに 4 つの型[9)]を提示している。情報提供型広告は、新製品ないし既存製品の新しい特徴のブランド認知と知識を生み出すものである。説得型広告は、製品ないしサービスの好意、選好、確信、購買を生み出すことを狙いとしている。リマインダー型広告は、製品やサービスのリピート購入を促すことを狙いとしている。強化型広告は、現在の購買者に正しい選択をしたという確信を持たせることを狙いとしている。

C 広告効果

広告効果とは、広告がターゲットに及ぼす影響のことである。また、社会や文化への影響としても捉えることができる。広告の受け手は多様であるため、広告効果は様々な主体に影響を及ぼす。例えば、流通業者や投資家、広告主である企業に所属する従業員などである。これら受け手の中で広告主が最もその反応に意識を向けるのが消費者である。広告が、消費者の購入量や、ブランド認知率、情報収集などの購買につながるような行動に作用すれば、広告効果があったといえるだろう。

D　広告によるコミュニケーションの効果

マーケティング・コミュニケーション（広告、広告類似のイベント、プロモーション、人的販売ただし対面販売は除く）がブランドのポジションを創造し、購買者の行為を生起させる。ロシターとパーシーは購買者の心理的な連想を生み出すマーケティング・コミュニケーションによって引き起こされる効果を次の５つにまとめている[10)]。

[1] カテゴリー・ニーズ

カテゴリー・ニーズとは、そのカテゴリー（製品やサービス）が、現在の動機づけ状態と望ましい動機づけ状態との間の知覚された乖離を除去、あるいは、満足させるために必要であると購買者が受容することである。具体的には、問題除去、問題回避、不完全な満足、接近・回避の混合、通常の消耗といった負の動機と、感覚的満足、知的刺激または習熟、社会的承認といった正の動機の１つが覚醒されることで、ある製品・サービスのカテゴリーが、動機を満たす手段として受容されるということである。つまり、何かの必要が生じた時、それを満たすための製品カテゴリーを求めるということである。これは、ある特定のものということではなく、製品・サービスのカテゴリーすべてのブランドに対する需要を刺激する。

[2] ブランド認知

ブランド認知とは、カテゴリー内において購買を行うために十分なだけの詳細さでブランドを識別（再認あるいは再生）する上での購買者の能力である。そのものを見て識別できる状態が再認であり、製品・サービスのカテゴリーから特定のブランドがわかる状態が再生である。これはブランド名の認知が必ずしも必要ということではなく、ブランドに対する視覚的なイメージや一般的な特徴などが認知されているということでも意味がある。ブランドは十分な露出がなければ人々の頭の中に存在する意思決定の候補から脱落してしまうため、ブランド認知は普遍的なコミュニケーション目的となる。

[3] ブランド態度

ブランド態度とは、購買者が知覚するところの現時点での関連する動機づけを満たす、当該ブランドの能力の評価である。広告の効果が現れている状況では、顧客が単にブランドを知っているというだけではなく、頭の中にブランドに対する好意的な態度が形成されている。一方で良し悪しという評価も態度を形成している。したがって、ブランド態度の形成は購買のために不可欠な普遍的コミュニケーションとなる。

[4] ブランド購買意図

ブランド購買意図とは購買者が当該ブランドを購買する、あるいは購買に関連した行為を行う際の自己教示である。つまり、実際に購買するかどうかに加え、購買意思決定のための情報収集や試用といった関連する行動への動機付けがされている状態のことである。

[5] 購買促進

購買促進とは、入手可能性や支払い容易性といったその他のマーケティング要因（マーケティング・ミックスの4P）によって購買が妨げられないであろうという購買者の確信である。つまり、広告コミュニケーションは、購買を妨げるかもしれない要素を取り除く役割を担っている。例えば、価格に問題がある場合、買いやすくなるようなキャンペーンを実施したり、価格に対する説明をメッセージに加えるといったことが考えられる。

3 デジタル社会と広告

インターネットは現在、人々にとって欠かせないものであり、非常に影響力のある媒体となっている。インターネットの影響はマーケティングのあらゆる面に変化を与えたが、広告においても重要な変化を与えている。

図8-1で示しているように、インターネット利用者の比率は増加しており、2020（令和2）年では83.4%となっている。また、媒体別の広告費につ

いてもその構成比がマスコミ４媒体とほぼ同程度となっており、広告費自体も前年より増加している傾向にある（図 8-2、表 8-2）。

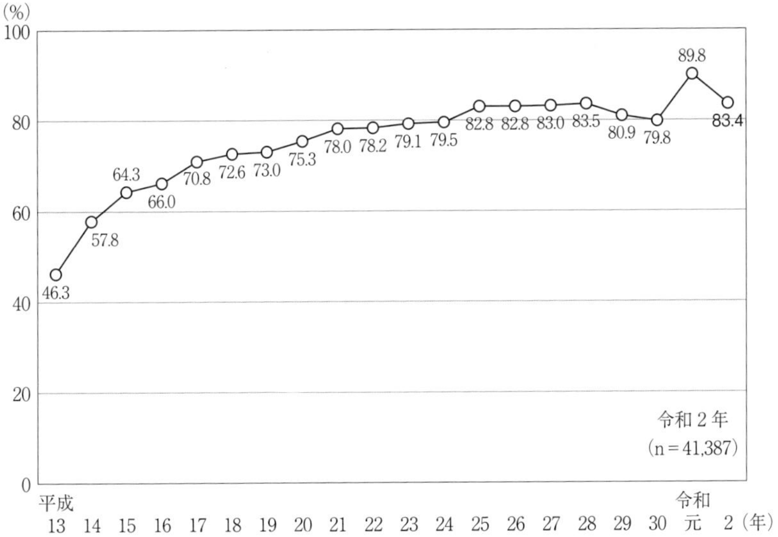

出典）総務省統計局ウェブサイト「令和２年通信利用動向調査の結果」図表 1-4.
（https://www.soumu.go.jp/johotsusintokei/statistics/data/210618_1.pdf）

図 8-1　インターネットの利用状況の推移

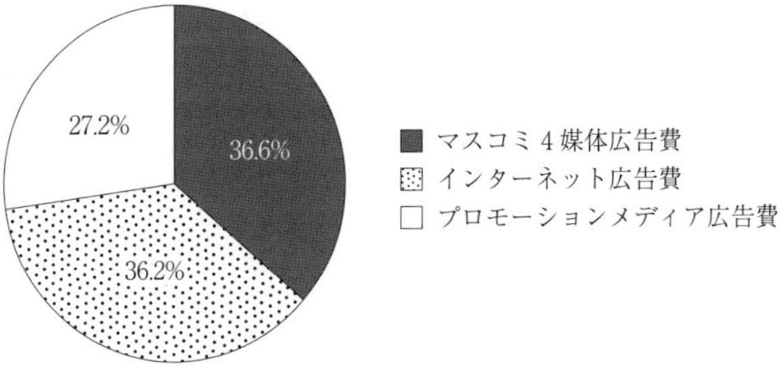

出典）電通ウェブサイト「2020 年　日本の広告費」より筆者作成.
（https://www.dentsu.co.jp/knowledge/ad_cost/2020/）

図 8-2　媒体別広告費の構成比

表8-2　日本の広告費（媒体別前年比）

	金額（億円）	前年比（%）	マスコミ4媒体					インターネット	プロモーションメディア
				新聞	雑誌	ラジオ	テレビメディア		
14年	61,522	102.9	101.6	98.2	100.0	102.3	102.8	112.1	100.8
15年	61,710	100.3	97.6	93.8	97.7	98.6	98.8	110.2	99.1
16年	62,880	101.9	99.6	95.6	91.0	102.5	101.7	113.0	98.9
17年	63,907	101.6	97.7	94.8	91.0	100.4	99.1	115.2	98.5
18年	65,300	102.2	96.7	92.9	91.0	99.1	98.2	116.5	99.1
19年	69,381	106.2	96.6	95.0	91.0	98.6	97.3	119.7	107.5
20年	61,594	88.8	86.4	81.1	73.0	84.6	89.0	105.9	75.4

出典）電通ウェブサイト「2020年　日本の広告費」より筆者作成.
（https://www.dentsu.co.jp/knowledge/ad_cost/2020/）

A　インターネット広告とは

[1]　インターネット広告の定義

JIAA（日本インタラクティブ広告協会）によれば、インターネット広告とは、「媒体社が有償で提供する広告枠に掲出するもの」としている。JIAAの説明によれば、カタログやパンフレットにあたるような広告主自身の企業サイト、製品・サービスのサイトであるオウンドメディア[11]は、これにあたらない。また、アフィリエイトプログラムのような販売代行活動は、インターネット広告に含めない[12]としている。しかし、時代の趨勢の中でこの定義は変更される可能性があることを示唆している。

電通が「日本の広告費」において示しているインターネット広告はマスコミ4媒体（新聞、雑誌、ラジオ、テレビ）とプロモーションメディア（屋外、交通、折込、DM、フリーペーパー、POP、イベントなど）以外の第3のメディアとしている。そのため、インターネットメディアを介した広告がインターネット広告であるともいえる。

岸らはインターネット広告を狭義と広義の定義に分けて議論している。狭義のインターネット広告とは、「バナー広告やモバイル広告などのように、有料の広告枠に提供され、誰でも使える機器によって閲覧でき、オーディエンスがクリックなどをすることによって双方向的に通信できる広告活動」[13]のことである。狭義のインターネット広告には、検索連動型広告や、ネイティブ広告も含まれる。これらは広告主が明示されているものである。

広義のインターネット広告は、「企業のウェブサイトやブランド・サイトの中で展開されるマーケティング的コンテンツ、あるいは戦略PRの結果、報道される記事やブログ・SNSで拡散されるメッセージなどのことであり、広告メッセージが一方的に配信されるものは含んでいない」[14)]としている。つまり、広義のインターネット広告とは、一見して広告とわからない形式のメッセージを含んでいると述べている。

以上のようにインターネット広告の定義を整理したが、広告そのものの定義の延長線上にあるのは、狭義のインターネット広告の定義であるといえるだろう。しかし、インターネットというメディアの拡張性を考えた場合、広義に介されるインターネットを活用した広告を無視して語ることはできない。したがって、インターネット広告が拡張しているということについては留意しておかなければならない。

[2] インターネット広告の効果

インターネット広告の効果は3つに分けることができる。

1つはインプレッション効果である。インプレッションとは広告が表示された回数のことである。これは広告の露出効果のことであり、その広告を見せることで、認知度を上げげたり、好感度を獲得するなど、消費者の興味を変化させるものである。広告が露出した際に人々の認知やイメージなどに生じる影響である。

次に、トラフィック効果である。これは、消費者が広告を見た後に広告のサイトやその商品・サービスのサイト、イベントのページに誘導することである。実際にクリックするかどうかが非常に重要であるため、クリックさせるための仕掛けなどを検討する必要がある。

最後にレスポンス効果である。これは、消費者が広告と接触することで、製品・サービスに対する資料請求や購入、体験、あるいは会員登録や、イベントへの応募のように、実際に行動させる効果のことである。したがって、コンバージョン率すなわち、ウェブサイトを訪れた人たちに対して、企業が考える成果、例えば購買や登録などの比率を最大化させることがインターネット広告において重要となる。

B インターネット広告の特徴

インターネット広告の特徴について嶋村らは4つの点[15]を整理している。1つは、インターネット広告がマスメディア型の広告としての機能を持つようになり、リーチ[16]が拡大している点である。2つ目は、ターゲティングの手法が多様化している点である。コンテンツによるユーザーの絞り込みや、事前承諾のあるユーザーへのメール配信、関連性の高いと思われる広告を自動的に配信する技術など、様々なターゲティングが可能となっている。3つ目は双方向性である。インターネットはほぼリアルタイムで情報を把握することができるため、機動的なマーケティングが可能となる。また、双方向的なコミュニケーションが容易である。これにより、他のメディアとの連携も推進される。最後にインプレッション効果である。これはインターネット広告の効果でも示したものだが、クリックに至らなかった場合であっても、認知度などに貢献する。

C インターネット広告の種類

インターネット広告は表示の仕方や表示する端末などによって様々な種類が存在する。インターネット広告の種類について波田が整理した分類[17]を参照しながらまとめていく。

[1] ディスプレイ広告

ディスプレイ広告とはWebサイトやアプリ上に画像形式で表示される広告のことで、クリックすると広告主が指定したリンク先に移動するものである。これには、バナー広告、リッチメディア広告、テキスト広告がある。バナー広告は画像と文字を組み合わせたものである。バナー広告には横長長方形の形状のものや、サイズが小さく正方形に近い形状のバッジ広告、サイズが比較的大きめの正方形に近い形状をしたレクタングル広告、縦型で大型の長方形のスカイスクレイパー広告がある。リッチメディア広告は音声や動画など定型にこだわらない表現を使用して訴求する広告である。これにはフローティング広告、エキスパンド広告、ポップアップ広告、フルスクリーン広告がある。それぞれ説明すると、ページ上を一時的に広告画像が浮遊するフローティング広告、マウスの動きに反応したり、クリックすることで一時的に拡大するエキスパンド広告、別ウィンドウを新たに開くポップアップ広告、一時的にブラウザの全面を覆い隠すように表示するフルスクリーン広告である。テキスト広告は、文字が表示される広告で、リンクが設定されていたりする。

[2] リスティング広告

リスティング広告とは、検索キーワードや閲覧しているコンテンツに関連した内容が表示される広告である。これには、検索連動型広告とコンテンツ連動型広告がある。検索連動型広告とは、検索キーワードに連動して表示される広告のことである。コンテンツ連動型広告とは、閲覧ページのコンテンツの内容に連動してページが表示される広告である。

[3] ネイティブ広告

JIAAは、ネイティブ広告を「デザイン、内容、フォーマットが、媒体社が編集する記事・コンテンツの形式や提供するサービスの機能と同様でそれらと一体化しており、利用者の情報利用体験を妨げない広告」[18]と定義している。SNSやニュース、ショッピングのサイトに提示されている情報の形式と同じ形で広告が挿入されているものである。したがって、記事やコンテンツと混同させないために広告やPRと示す必要がある。これには、インフィード広告、レコメンドウィジェットが存在する。インフィード広告とは、フィード型の記事・コンテンツの間に一体感のあるデザインで表示される広告のことで、これには媒体内誘導型、外部コンテンツ誘導型、フィード内表示型がある。レコメンドウィジェットは媒体コンテンツ内のおすすめ枠に表示する広告のことである。

[4] ビデオ広告

ビデオ広告とは映像や音声による動画ファイル形式の広告のことである。これにはインストリーム広告とアウトストリーム広告がある。インストリーム広告は動画コンテンツの前後や途中に再生される動画形式の広告である。アウトストリーム広告は、動画コンテンツ外の広告枠などで表示される動画形式の広告で、バナー広告枠内で再生する動画ファイル形式の広告をインバナー広告、Webページをスクロールしている際に広告領域が表示されたら再生される動画広告であるインリード広告が存在する。

[5] メール広告

メール広告はメール内に表示される広告で、メールマガジンなどのコンテンツに挿入される広告であるメールマガジン広告と、メール全文が広告となっているダイレクトメール広告がある。

[6] アフィリエイト広告

アフィリエイト広告とは、「Webサイトなどに依頼主サイトへのリンクを貼り、そのサイトの会員登録や商品購入が行われた場合、サイトの運営者に報酬を支払う」[19)]、成果報酬型の広告である。

コラム インターネット広告の課題

インターネット利用者の拡大とそれに伴った広告費の増加により、デジタル技術と広告の関係性はさらに密接なものとなっている。しかし、インターネット広告の有用性は多くの恩恵をもたらすことになるだろうが、一方で課題も生まれている。例えば、ステルス・マーケティングである。ステルス・マーケティングとは広告主から対価が発生している広告宣伝であるにもかかわらず、それを隠してあたかも客観的な記事であるかのように装ったりする行為である。著名人が報酬をもらっているにもかかわらず、企業案件とは明示せずに推奨コメントをSNSに投稿したりするといった場合もある。これは消費者を騙すことにもつながりかねないものであり、広告主としても信頼を失う恐れのある広告であるため、マーケティング戦略とは呼べないものである。

また、アドフラウド[20)]とは、例えばbotを利用して広告が表示された回数やクリック数を稼ぐもので、不正に広告収入を得る方法である。これにより広告主は、適切に広告効果を分析することができなくなったり、広告費を浪費させられることになる。

インターネット広告は今後、AIや5Gなどの技術の進歩により、ますますその存在意義が大きくなってくると予想されるが、一方で詐欺的な手法の氾濫やプライバシーの問題など多くの課題も存在している。

注)

1) Kotler, Philip & Keller, Kevin Lane (2006) “Marketing Management”, 12th ed., Pearson Education　コトラー，フィリップ&ケラー，ケビン・レーン著 / 恩藏直人監修 / 月谷真紀訳 (2014)『コトラー&ケラーのマーケティング・マネジメント（第12版）』丸善出版，p. 706.
2) 嶋村和恵監修（2006）『新しい広告』電通，p. 15.
3) 岸志津江・田中洋・嶋村和恵（2017）『現代広告論（第3版）』有斐閣アルマ，p. 5.
4) Rossiter, Jhon R. & Percy, Larry (1997) “Advertising Communications & Promotion Management”, 2nd ed., The McGraw-Hill Companies　ロシター，ジョンR. &パーシー，ラリー著 / 青木幸弘・岸志津江・亀井昭宏訳（2000）『ブランド・コミュニケーションの理論と実際』東急エージェンシー，pp. 4-5.
5) 水野由多加（2014）『統合広告論――実践秩序へのアプローチ（改訂版）』ミネルヴァ書房，pp. 1-2参照.
6) 石崎徹編 / 小泉眞人ほか著（2008）『わかりやすい広告論』八千代出版，pp. 21-23参照.
7) 波田浩之（2018）『新版　広告の基本』日本実業出版社，pp. 14-15参照.
8) 前掲書3)，pp. 21-27参照.
9) 前掲書1)，p. 707参照.
10) 前掲書4)，pp. 215-258参照.
11) 企業が所有する媒体のこと。具体的には企業のウェブサイト、SNSの企業アカウントなどが該当する。
12) 一般社団法人日本インタラクティブ広告協会（JIAA）（2019）『必携 インターネット広告――プロが押さえておきたい新常識』インプレス，pp. 21-22参照.
13) 前掲書3)，p. 274.
14) 前掲書3)，pp. 274-275.
15) 前掲書2)，pp. 244-246参照.
16) 広告がターゲット全体の何%に到達したかを把握する指標。
17) 前掲書7)，p. 83参照.
18) 前掲書12)，p. 45.
19) 前掲書12)，p. 289.
20) JIAAはアドフラウドを、Ad Density（過度な広告領域）、Ad Injection（不正な広告挿入）、Auto Refresh（過度に自動リロードされる広告）、Cookie Stuffing（不正な成果の獲得のためのクッキー汚染）、Falsely Represented（オークションのURL偽装）、Hidden Ads（隠し広告）、Imp/Click Bot, Retargeting Fraud（プログラムされたブラウザーによる広告閲覧）、Sourced Traffic（By Traffic Exchange）（トラフィックエクスチェンジ）に分類している。

第9章 ブランド概念の変遷とブランド戦略

本章のポイント

1. ブランドの概念は、「競争」の視点と「財務」の視点から理解することが重要である。つまり、競争優位の源泉としてのブランド概念と資産価値としてのブランド概念を理解する必要がある。
2. 企業にとってブランドは土地や建物と同様に資産として扱われ、その水準を財務的に評価する概念が生まれた。これが、ブランド・エクイティである。
3. コモディティ製品の多くは、ブランドによって差別化されることが少なく、主に価格に基づいて購入される傾向にある。日常不可欠なものではあるが、価格競争に陥りやすい商品群である。そのため、コモディティ製品のブランド戦略は、ベネフィット・セグメンテーションの観点が重要である。

1 ブランドの基本的概念

A ブランドの定義と意義

ブランドについては、競争と財務の２つの視点から理解することが重要である。財務については後述するが、ここでは、まず、競争の視点からブランドを「名前、用語、サイン、シンボル、デザイン、あるいはそれらの組み合わせであり、ある売り手の商品を競争者から区別する目的でつけられたもの」[1)]と規定する。すなわち、ある顧客にとって、その製品・サービスの名前やデザインなどにふれた際に、それらにまつわるイメージができ、同時に他の製品と区別ができた時点でブランドと呼べるであろう。企業側の視点に立てば、顧客の需要を創造し確保する役割を担う競争優位の源泉となった時点が、ブランド確立時といえる。したがって、ブランドは特定の製品・サービスを表す、またはそれらのまとまりを表す固有名詞として示すことができ、製品の物理的機能を示すものではない。

このことを踏まえて、ブランドとして成立するための意義は何であるか考えてみよう。顧客の視点からブランドを考察すると次の２点に凝縮できる。

１つは、最低限の品質保証である。今日のように情報過多になった時代には、顧客の一人ひとりが製品の大量の情報を処理するのは不可能である。特定ブランドの評判や名声を情報として蓄積していれば、たとえ購入しようとしている製品に十分な知識がなくても、そのブランドの信頼性が１つの指針として大きな役割を果たしうる。

もう１つは、そのブランドの製品を所有することによって顧客満足度が上昇するという点である。例えば、単純に基本機能としてのバッグを購入するのであれば、「ルイ・ヴィトン（LOUIS VUITTON）」を購入するのは経済的合理性の点では反している。しかし、このブランド名が一定の顧客に対して、ハイセンスあるいはステータスといった様々な価値を与えているのである。確かに、品質が顧客に認められてこそではあるが、一定の品質が確保された上では、同品質であってもルイ・ヴィトンの名が付与しているものと、そうでないものとの価格差はきわめて大きい。この製品価格には、無形であるブランド名が顧客の満足度を満たしたことについての代価が含まれていることになる。

顧客が満足度を特定のブランドで満たすとは何を意味するのだろうか。それは同一製品カテゴリーにおける他のブランドとの比較によって成立することが多い。上述の如く、ブランドは固有名詞であり、ブランド定義からも明らかなように一言でいえば「商標」を意味するのが世界共通である。ところが、日本市場においては異なった意味として捉えられることがある。例えば、ある人の服装がハイセンスと思い、「素敵な服ですね。どこのブランドの服ですか」と尋ねたとする。そして、尋ねられた人が「○○○○です」と特定のブランド名を答えたら、「すごい、ブランドものですね」と尋ねた人が言ったとする。これは、日常においてよくある会話であるが、「ブランドものですね」の時のブランドの意味は「商標」ではなく、「高級な製品」「高価格な製品」「有名な製品」「ステータスのある製品」などのいずれかの意味として捉えられている。高級、高価格、有名などが意識できるのは比較対象が同一製品カテゴリーにおいて存在しているからこそ成立するのである。すなわち、特定のブランドを選んだ顧客は、他のブランドより秀でていると独自に思い選択したのである。そして他者からもその選択を認められることにより、顧客満足度が上昇し、ハイセンスあるいはステータスといった様々な価値を、当該ブランドを通して得るのである。

以上のようにブランドが顧客に対して最低限の品質保証の役割を果たすこと、当該ブランド製品を所有することで顧客満足度が上昇することの二点が達成できれば、企業にとってのブランドは、識別手段にとどまらず、他企業の参入障壁になったり、他の製品カテゴリーへの参入手段ともなりうるのである。

B 競争優位の源泉としてのブランド概念

ブランド名が市場において長期間定着し、多くの消費者に認知されると、ネーミングだけで競争優位性が発揮される場合がある。それは、高価格商品にとどまらず、日常品にも及んでいる。このことは、日常に使用している身の回りの商品群を想定すると理解しやすい。例えば、「ビールといえば」「コーヒーといえば」「風邪薬といえば」あるいは「うがい薬といえば」

というように何かの商品群を問い掛けてみると、特定のブランド名が思い浮かぶはずである。この場合、特定市場において普通名詞である製品名と固有名詞のブランド名が同義語化されていることを意味する。

実例を挙げると「車」とは製品名であり、これに対して各メーカーが創造した個々の車種のネーミングがブランド名になる。例えばホンダのステップワゴン、トヨタのクラウン、スバルのレガシィ、輸入車であればアウディ、ベンツ、BMW などがそれにあたる。

ところで、「絆創膏」という製品名を聞いたときに消費者は、どんなブランド名を想定するであろうか。おそらく、日本市場においては、圧倒的に「バンドエイド」を思い浮かべる消費者が多いと思われる。そればかりか、ある人が膝や指にケガをしたときに、薬局やドラッグ・ストアに「絆創膏」を買いに行こうと思うか、「バンドエイド」を買いに行こうと思うかでは、バンドエイドというブランド名を頭に描いて買物に行く消費者の方が多いのではないだろうか。しかし、バンドエイドは「ジョンソン・エンド・ジョンソン社」というメーカーが創造したブランド名であり、他企業はこのネーミングを使用することはできない。バンドエイドというトップ・ブランド以上に別のネーミングを消費者の頭の中に定着させるためには、気の遠くなるような年月と莫大なプロモーション・コストが掛かることになるのは明白である。したがって、ジョンソン・エンド・ジョンソン社は絆創膏を製造している他のメーカーよりも圧倒的な競争優位性をブランド名によって発揮していることになる。

このように、特定市場において製品名とブランド名が同義語化されて、長期にわたり市場シェアでトップのブランドを、定番ブランドあるいはロングセラー・ブランドと呼んでいるが、その他にも数多く存在する。例えば、薬品のカテゴリーでは「イソジンうがい薬」「正露丸」、その他のカテゴリーでは「ホッチキス」「サランラップ」「宅急便」などが代表的なものである。したがって、圧倒的シェアを誇るトップ・ブランドを所有する以外のメーカーは何らかの対抗策を講じる必要に迫られる。

絆創膏の製品カテゴリーを例にとると、バンドエイドに対して競合メーカーは同等の品質の製品がより低価格で入手できることを前面に打ち出した戦略、すなわち、価格協調型マーケティング戦略を強いられる。具体的にはバンドエイドに隣接した棚を店頭で確保し、消費者が価格、ブランド、量などを比較・検討して購入してくれるのを待つわけである。多くの消費者は、絆創膏のカテゴリーにおいてバンドエイド以外のネーミングを認知していない。したがって、バンドエイドを求めて店内に入り、同じ品質、製品用途でありながら低価格であることが目に入れば購入する可能性が出てくる。消費者が大規模なドラッグ・ストアに入店し、同じ棚の位置に、「同じ効果で、この価格！」といったPOP広告を目にしてブランド選択を迷っている状況下を想定されたい。これは、低価格を訴求することによって特定市場において同義語化されているトップ・ブランドに対抗する戦略といえる。なお、日本市場において固有名詞であるブランド名と普通名詞である製品名が同義語化されている商品のいくつかの例を表9-1に示す。

表9-1　ブランド名と普通名詞

ブランド名（普通名詞）	企業名
宅急便（宅配便）	ヤマト運輸
バンドエイド（絆創膏）	J&J
エレクトーン（電子オルガン）	ヤマハ
ウォシュレット（温水洗浄便座）	TOTO
万歩計（歩数計）	山佐時計計器
ファミコン（家庭用ゲーム機）	任天堂
マジックテープ（面ファスナー）	クラレ
セロテープ（粘着テープ）	ニチバン
サランラップ（ラップフィルム）	旭化成
トレーナー（被服）	ユニチカ

出所）恩蔵直人『コモディティ化市場のマーケティング論理』有斐閣，2007, p. 50をもとに筆者加筆.

C　資産価値としてのブランド概念

上述の如く、2つ目の視点として、ブランドには財務的視軸に基づく理解も可能なのである。それは、「識別でき、測定できる資産」という定義に集約できよう。そこではブランドは売買したり、開発したり、終結されうるものであり、知的所有権（例えば商標、特許権、著作権、デザイン）などは本質的な財産であると認識され、その所有者には権利が与えられている[2)]。欧米では、ブランドを企業間で売買することが少なくないために、ブランドの資産価値を財務的に表す必要も生じてきたのである。したがって、企業にとってブランドは土地や建物と同様に資産として扱われ、その水準を財務的に評価する概念が生まれた。これが、ブランド・エクイティである。

日本と違い欧米では、M＆A（企業買収）を通して、ブランドが日常的に取引されている。とりわけ、1980年代は企業買収が活発に行われた時代であり、短期間にいくつかの企業を渡り歩いたブランドも存在する。例えば、モエ・ヘネシー・ルイ・ヴィトン（LVMH）はファッション＆レザーグッズの分野だけでなく、ワイン＆スピリッツ（酒類）、フレグランス＆コスメティクス（香水・化粧品）、ウォッチ＆ジュエリー（時計・宝飾品）、セレクティブ・リテーリング（特選小売）といった５つの分野の高級ブランドを傘下におさめている[3)]。この戦略は、買収したブランドのデザイナーやスタッフを獲得したかったわけではなく、当該ブランドに対する集客力を獲得して、優位にマーケティングを遂行しようとするものである。そのため、獲得したブランドにはルイ・ヴィトングループが運営しているのにもかかわらず、元来のブランド・ネームが活かされルイ・ヴィトンの名前はいっさい、付与されていない。したがって、ルイ・ヴィトングループが運営しているブランドだと知らないで、顧客に購入されているブランドも数多く存在するのが現状である（図9-1参照）。

ブランド・エクイティは、一例として「一つのブランド・ネームやロゴについて形成・蓄積された無形の正味資産を指す」[4)]と定義される。また、ファクハー（Farquhar, P. H.）は「ある所与のブランドが製品に対して付与するところの付加価値（added value）」[5)]と定義している。ここでいう製品とは、機能的便益を提供する何ものかのことであり（例えば、歯磨き粉、生命保険契約、自動車）、これに対して、ブランドとはそのような機能的な目的を超えて製品の価値を強化するところの名前、シンボル、デザイン、ないしはマークのことを指している。アーカー（Aaker, D. A.）によれば、「ブランド・エクイティはその名前やシンボルと結びついたブランドの資産と負債の集合」であるとしている。さらにアーカーは消費者心理の中で形成させる資産を次の５つの要素にまとめている[6)]。

LVMH
モエ ヘネシー・ルイ ヴィトン

［　］内は設立年

ワイン＆スピリッツ	ファッション＆レザーグッズ	パフューム＆コスメティックス	ウォッチ＆ジュエリー	セレクティブ・リテーリング
■モエ・エ・シャンドン［1743］	■ルイ・ヴィトン［1854］	■パルファン・クリスチャン・ディオール［1947］	■タグ・ホイヤー［1860］	■DFS［1961］
■ヴーヴ・クリコ・ポンサルダン［1772］	■ロエベ［1846］	■ゲラン［1828］	■ショーメ［1780］	■ル・ボン・マルシェ［1852］
■クリュッグ［1843］	■セリーヌ［1945］	■パルファムジバンシィ［1957］	■ゼニス［1865］	■セフォラ［1970］
■メルシエ［1858］	■ベルルッティ［1895］	■ケンゾーパルファム［1987］	■フレッド［1936］	■マイアミクルーズライン［1963］
■ルイナール［1729］	■ジバンシィ［1952］	■ベネフィット［1976］	■オマス［1925］	■ラ・サマリテーヌ［1869］
■シャトー・ディケム［1593］	■ケンゾー［1970］	■メイクアップフォーエバー［1984］	■クリスチャンディオールウォッチ［1975］	
■ヘネシー［1765］	■エミリオ・プッチ［1948］	■フレッシュ［1991］	■デビアスLV［2001］※※	
	■フェンディ［1925］			
	■ダナ・キャラン［1984］			
	■トーマス・ピンク［1984］			
	■マーク・ジェイコブス［1984］			
	■クリスチャンディオール［1946］※			

※　クリスチャン ディオール クチュールは、LVMH モエ ヘネシー・ルイヴィトン SA の約 50% の株式と議決権を有するクリスチャン ディオール SA に属しています。
※※　デビアス社と LVMH による合弁会社

出典）http://lvmh.co.jp/frame-a.html（2007 年 3 月アクセス）.

図 9-1　モエ・ヘネシー・ルイ・ヴィトンの組織図

①ブランド・ロイヤルティ（顧客がブランドに対して有する執着心の測度）
②ブランド認知（あるブランドがある製品カテゴリーに明確に所属していることを潜在的購買者が認識あるいは想起する能力）
③知覚品質（ある製品・サービスの意図された目的に関して代替製品と比べた、全体的な品質ないし優位性についての顧客の知覚）
④ブランド連想（ブランドに関する記憶と関連しているすべてのもの）
⑤その他の所有権のあるブランド資産（商標、特許、チャネル関係など）

以上において、共通して考えられるのは、ブランド・ネームやシンボルなどに付着し、ブランド知覚、ブランド・ロイヤルティ、知覚品質、ブランド連想を含む資産ないし物理的資産を超えた価値がブランド・エクイティに他ならないということである。それは当該ブランド・ネームを持たない場合よりも大きな売上高やマージンを企業に獲得させ、競争の視点からすれば、競争企業に対する強力かつ持続的な差別優位を与えるものである。

日本市場においてもブランド・エクイティの概念が重要視される背景には、上述の５つの要素が企業と顧客を結ぶ指標になりうると考えられるからである。現在のように市場が飽和している状況下では、企業は既存のマーケティング戦略で市場シェア獲得を念頭に置くのではなく、顧客の中に占める自社ブランドのシェア、ポジショニングを高めることを念頭に置く。したがって、自社のブランド・イメージがいかに顧客を魅了し、指名購入を促せるかが課題となる。そして、リピーターとなってくれるロイヤルティのある顧客を創造することを目指すのである。

2　ブランドの種類

一口にブランドといっても、市場には様々な製品・サービスにブランド名が付いているわけだが、誰がブランドを設定するのかで、その種類が下記のように分けられる。

A　ナショナル・ブランド

ナショナル・ブランド（national brand　以下、NB）とは、製造業者ないしは生産者が設定、所有、管理し、自社製品に付与するブランドを指す。メーカーが設定するブランドの製品は、流通チャネルを開拓し、自社の製品を仕入れる小売業者・卸売業者を獲得することによって、全国的に広くチャネルを拡大できる可能性を有している。通常は大規模なメーカーが開発した製品で、独自にその名前、マーク、品質、コンセプトなどを設定して消費者に提供する製品である。メーカー・ブランドは全国的に認知される可能性があり、単一のブランドで売られることからナショナル・ブランドと呼ばれている。メーカーはそのブランドを直接に消費者に訴求して信頼や名声を得て認知されると、小売店が他社製品やプライベート・ブランドを推奨したとしても、消費者に指名購入をされることが期待できる。

B プライベート・ブランド

メーカーによるナショナル・ブランドに対し、プライベート・ブランド（private brand 以下、PB）製品とは、流通業者が個別に開発したもので、独自の品質、ブランド名、マーク、ロゴ、パッケージなどを有している。流通業者はメーカーや加工業者に製品を作らせたり、自ら加工した製品にブランドを付したりしている。全国の市場をターゲットとしているナショナル・ブランドでは、様々な地域や多岐にわたる階層の消費者の需要に必ずしも適合しない場合があるため、自店の顧客ニーズに合わせた独自の品質・イメージの製品を開発し販売する際に生まれる。この推奨により、流通業者はメーカーの市場支配から逃れて自己管理の下にマーケティングを展開でき、より適切な品質の品をより安く、より良いサービスで販売することが可能となる[7)]。とりわけ、小売業者は流通経路において消費者に一番近いところに存在するため、情報システムによりデータが入手しやすく消費者がどんな商品をいくらぐらいの価格で求めているかを把握できる。NB製品と異なり、広告コストも抑制できるため安価に提供できていた。

しかし、近年では大手小売業の一部が品質や機能にこだわった高価格帯のPB製品を強化している。PB市場は様々なコストを抑えて低価格訴求で成長してきたが、長引くデフレでNB製品との価格競争が激化し、低価格以外の消費者ニーズを取り込む姿勢を強めている。すなわち、消費者の価格に対する考え方は節約志向と高級志向に二極化している。食品の分野にはそれが顕著であり、その背景には消費者の健康やダイエットに関心の強まったことが挙げられる。

また、服飾小売店形態の一種であるセレクト・ショップが増えている[8)]。セレクト・ショップは本来、1つのブランドや特定のデザイナーの製品を販売しているわけではなく、当該店舗のコンセプトやバイヤーの主観に基づき仕入れがなされ、陳列・販売されている。そのため、顧客には知られていないブランドなどの製品も入手することができる。一般的には、服飾を扱う小売店のことをセレクト・ショップと呼ぶが玩具や雑貨を扱う小売店も存在する。これらを考慮するとセレクト・ショップは製造者の製品を独自に仕入れて販売するわけであるから、NB 製品を取り扱うことになる。セレクト・ショップが顧客のニーズを確実に満たし集客力が増し、ストアとしてのブランド力が定着すると、そのストアに対する顧客の信頼度は強固なものになる。この状況下で顧客は陳列された個々のブランドを選ぶのではなく、自分が信頼するストアが選んだ製品であれば、安心と思い購入している。すなわち、当該ストアで購入することが顧客にとってステータスとなる。したがって、最近ではセレクト・ショップが独自に自社コンセプトに適合した製品を企画・製造していることも多々ある。そのため、セレクト・ショップでは NB 製品と PB 製品が混合して陳列・販売されている。

C ジェネリック・ブランド

ジェネリック・ブランド（generic brand 以下、GB）とは、その製品に独特のブランド、ロゴなどを付けず、きわめて簡素な包装で、普通名詞で販売される製品である。製品の品質においては、流通業者が介在するので、ある程度のオリジナリティは発揮されることになる。しかしながら、PB 製品と違いジェネリック・ブランドの場合、例えば石鹸、洗剤、砂糖というような普通名詞がパッケージに表示されているだけであり、ブランド面に個々の流通業者のオリジナリティが発揮される余地は、ほとんどないといえる[9)]。GB 製品の主要な特色は次のように考えられる[10)]。

①低価格である
②自社の仕様書による製品開発と発注を行っている
③不要な手間やコストを掛けず、その分価格を下げている
④広告宣伝を原則として行わないで、店頭での展示販売を主体としている
⑤包装のデザインを簡略化し、簡単にする（ノーフリル）。さらに製品グループとして同一のパッケージ・ポリシイを確立している
⑥直接製品開発をすることによって流通経費が節約できる

3 コモディティ製品のブランド戦略

本節では、企業が実施しているブランド戦略について、その機能と目的を考察する。ブランド戦略およびブランド・マーケティングと言われているものは、数多く存在し研究がなされているが、本節では日本市場におけるコモディティ製品のブランド化について焦点を当てる。コモディティ製品は消費者にとって日常不可欠な製品群ではあるが、価格競争を余儀なくされることが非常に多い。そのため、価格ではなく、いかに消費者にブランドによって当該製品を選択させるかの企業戦略を見ていく。まずは、コモディティ製品の特徴から検討していく。

A コモディティ製品の特徴

マーケティング理論上でコモディティ（commodity）という用語に関して明確な定義がなされていない。「商品」「日常品」あるいは「生活必需品」と訳されているのが現状である。しかし、商品の意味一つをとっても、単なるグッズ（goods）や、マーケティング戦略を実施し、他企業の競合商品と差別化を図って成立する商品としての意味でのマーチャンダイズ（merchandise）など多様である。したがって、この場では市場の動向を踏まえつつ、「コモディティ製品」と「コモディティ化」の意味を明確にする必要がある。

コモディティ（commodity）という単語自体は、com（一緒の）＋mod（尺度）＋ity（状態）からなり、「単一の尺度で測れる状態になったもの」[11]と解釈することが可能であると思われる。パイン2世（Pine II, B. J.）とギルモア（Gilmore, J. H.）は、コモディティを次のように捉えている。「もともとコモディティという言葉は、自然界から得られる産物を指す。植物なら地上で栽培し、収穫をする。鉱物なら地中から掘り出し、採掘する。動物なら地上で育て、食肉として解体する。企業は、そうして得たコモディティに若干の加工や精製を施し、大量に貯蔵して市場に運ぶ」[12]としている。また、「差別化できないので、コモディティ市場は需要と供給のバランスだけで価格が決められる」[13]とも述べている。確かに、メーカーによって加工される以前の産出物であれば、品種や等級などの若干の差異はあるにせよ、同じ等級であればまったく差別性を認識することができず、代替可能な製品となる。

一方、コモディティ製品についてケラー（Keller, K. L.）は「コモディティとは、極めて基本的であるために消費者の心の中で物理的に差別化できない製品のことである。しかし、各製品カテゴリーで消費者が意味ある差異を確認するとブランド化される可能性がある」[14]と述べている。また、ステープル・グッズ（staple goods）と同義語で捉える見解も見受けられる。それは、「頻繁かつ規則的に購買される日常必需品（主要商品）であり、恒常的な需要があるため小売店は常時在庫しておく必要がある。多くの場合、ブランドによって差別化されることが殆ど無く、主として価格に基づき販売され、コモディティとよばれる」[15]としている。

これらの考察から、コモディティ製品とは、人が生活する上で日常必需品であり、基本的な機能や便益が備わっていれば購入する商品群であると理解できる。また、同じ製品カテゴリーにおいてブランド要素が明確に消費者に認識されていないといえる。すなわち、競合企業の製品との機能やベネフィットの差別性が示されていないために、ブランド力の構築がなされていない状況である。

消費者行動の観点でいえば、コモディティ製品とは高価格製品や嗜好性の要素が強い商品とは対照的に、頻繁に定期的に購買されるものである。また、消費者は計画的にそれらを購入するわけではない。洗剤、シャンプー、歯磨き粉、トイレットペーパーなどを想定すれば明白なように、日常生活においてたまたま容器が空になりそうだからとか、買い置きがなくなって最寄り店に買いに行くものである。そのため、小売店側は、恒常的な需要があるため常時在庫しておく必要があるが、コモディティ製品の多くは、ブランドによって差別化されることが少なく、主に価格に基づいて購入される傾向にある。

したがって、コモディティ製品の場合、消費者にとって日常不可欠な商品ではあるが、企業間では価格競争に陥りやすく、「あちらの店の方が安い価格で売っていた」などの理由により選択されるケースが多いのが現状である。スーパーなどの小売店では主力商品であるが、メーカーにとっては価格競争を余儀なくされる商品群である。モノ不足の時代においては、チェーン・システムを展開している小売店にとっては、常に消費者の手元に配置し安価に提供することがリピーター確保のために重要な訴求点となるが、市場が飽和している状況下ではコモディティ製品は必要な量だけ手に入ればよいのが現状である。

さらに、これらは趣味や嗜好により消費される製品とは異なり、コモディティ製品を購入することは楽しみとはならない。したがって、消費者はその消費を必要最低限に抑えるため、価格に大きく左右される。消費者が評価するサービスや特定ブランドを購入するためにコモディティへの支出は極力倹約される傾向となるであろう。つまり、どの家庭にとってもコモディティ製品はなくては困るものではあるが、その消費量は世帯人員数に大きく影響される。洗剤、歯磨き粉、さらに食品の調味料などは一家族が共同で使用するものである。現在の日本市場のように、シングル・マーケットが脚光を浴び、単身世帯数が増加する状況下ではコモディティ・マーケットは縮小の一途をたどり、価格競争が激化することが必至である。以上のことから、コモディティ製品の特徴を示すと下記のようになる。

①頻繁かつ規則的に購入される日常必需品
②恒常的な需要がある
③ブランド要素に差別性を発揮しにくく、消費者にとって代替可能
④消費量が市場規模に相関して縮小する
⑤価格競争を余儀なくされる

B　ベネフィット・セグメンテーションとブランド戦略

企業間のブランド競争が価格競争に巻きこまれないように、基本の製品コンセプトは維持しながらも、それを拡大・分散することにより消費者に指名購入を促す戦略が行われている。とりわけ、飽和状態にあるコモディティ製品の市場ではそれが顕著に現れている。

新製品ブランドが市場に導入され、消費者が当該ブランドを購入することをトライアル購入と呼び、再びそのブランドを購入したことをリピート購入と呼ばれる[16)]。このトライアル購入とリピート購入には製品コンセプトの概念が大きく影響する。製品コンセプトとは、一例として「新製品開

発において見込み客の反応を知るために準備される言葉や絵による表現」[17]と理解される。したがって、消費者は広告を中心としたプロモーションにより、当該製品を得たときのイメージを描き、コンセプトの内容を理解することになる。そのため、トライアル購入は製品の品質ではなく、コンセプトを受け入れたにすぎない。

例えば、ある食品の新製品ブランドが市場に導入され、企業がプロモーション活動を行ったとする。消費者はテレビのCMなどを見て好印象を得ると「おいしそうだ、試してみよう」と思い購入することになる。この状況下では新製品であるがゆえに、今まで購入したことがないわけであるから、あくまでもプロモーションによって創造された製品コンセプトに反応して購入したことになる。そして、実際にその食品を食べて満足すれば、再購入し、この場で初めて製品の品質自体を受容したことになる。

このことは、とりわけコモディティ（commodity）製品の場合には戦略上、重要な要素となる。コモディティ製品とは日常必需品を意味し、頻繁に定期的に購買されるものであり、消費者は計画購入するものではない。そのため、コモディティ製品の多くは、ブランドによって差別化されることが少なく、主に価格に基づいて購入される傾向にある。したがって、コモディティ製品の場合、消費者にとって日常不可欠な商品ではあるが、企業間では価格競争に陥りやすい商品群である。企業間の価格競争を回避するためにも、ブランドにより消費者が選択するような戦略策定が必要になる。換言すれば、コモディティ製品をブランド化することが急務となる。

これまでのコモディティ製品は消費者にとって、なければ困るが、あったからといって特別な意味を持つものではなく、必要なときに必要な量だけ手に入れれば良いものにすぎなかった。それは製品のコンセプトが、どのブランドも同様なものがほとんどだったからである。例えば、歯磨き粉を例にとるとわかりやすい。歯磨き粉の製品コンセプトは市場競争が激しくない時代には、単に「歯の汚れを落とす」というのが一般的であった。ところが、競争が激しくなるにつれ、各企業とも製品ラインを拡張して、それぞれのブランドを差別化した製品コンセプトを創造している。虫歯予防、口臭予防、美白効果、歯槽膿漏予防などのコンセプトを導入し、消費者のベネフィットを細分化している。このような状況になると消費者は自分のニーズに対応したブランドを選択購入することになり、価格による選択を企業側は免れることになる。また、就寝前は虫歯予防の製品コンセプトを選び、出掛ける前には口臭予防のものを使用し、週に1回は美白効果のものを使用するなど、1人の消費者がそれぞれの用途に合った複数のブランドを同時に買い揃える可能性も出てくる。いずれにせよ、「歯の汚れを落とす」という基本の製品コンセプトは維持しながらも、消費者ニーズに適合した新たなコンセプト製品を創造することが重要である。

また、上述の食品のカテゴリーでいえばコモディティ製品の典型としてはインスタント・ラーメンが挙げられる。インスタント・ラーメンが市場に導入された当初の製品コンセプトは「お湯を入れるだけで、気軽に空腹を癒す」というものであった。その製品自体が認知されコンセプトが理解されるとライフサイクル上で成長期に入り、他企業が参入してくる。各企業が似たような製品コンセプトでは、値段によって消費者は選択することになる。そこで、豚骨、塩、醤油のように味付けを細分化し好みや気分によって選択されるような状況を、製品コンセプトを通して提供したのである。昨今のようなラーメン・ブームでは、有名ラーメン店の店名をブランド名にするなど、「空腹を癒す」という製品の基本コンセプトは維持しながらも、それを拡大、分散して消費者ニーズに応える差別優位性をコンセプトの中に導入している（図9-2参照）。

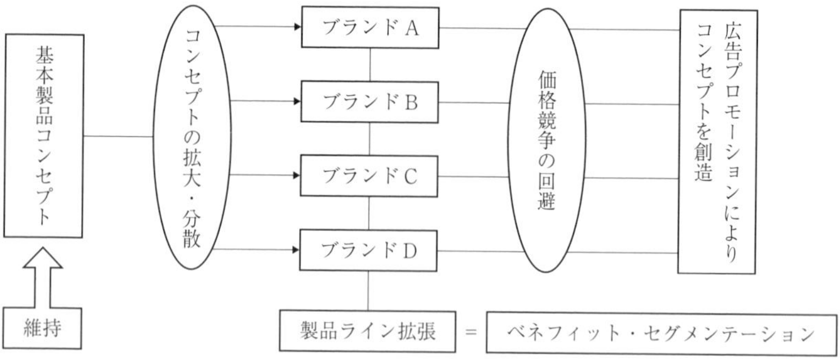

出典）筆者作成.

図9-2 製品コンセプトの拡大・分散

コンセプトは消費者に理解され認知されて初めて、指名購入される可能性が出てくる。したがって、広告コミュニケーションによるコンセプトの創造が不可欠である。日常品であるからこそ製品を購入したときのベネフィットを訴求して、使用機会を提案するのである。先述した歯磨き粉の広告例でいえば、虫歯予防の製品コンセプトでは、子供を登場させ歯を磨くことの重要性を訴え、美白効果のものでは、タレントを登場させて使用後の効果を訴えるのである。また、歯槽膿漏などを予防する製品コンセプトでは歯科医師による推奨広告が多々みられるのは消費者に対して当該ブランドの購入後の差別優位性を訴えるためである。広告コミュニケーションにより、コンセプトが確立できれば、消費者に対するブランド・イメージが定着し、価格ではなく、ブランドによって指名購入されることが期待できる（図9-3参照）。

逆にコンセプトを拡大あるいは、分散しにくい製品は価格が下落し、縮小の一途をたどる。トイレットペーパーや洗濯洗剤がそれにあたる。トイレットペーパーの新たな使用機会や用途をコンセプトに導入するのは困難であるし、洗濯洗剤は濃縮洗剤が市場に登場して以来、「さらに白く」というように当該ブランドは他のブランドと比較してより強く汚れを落とすという製品コンセプトが継続している。消費者は各社ともに技術に差がなく、

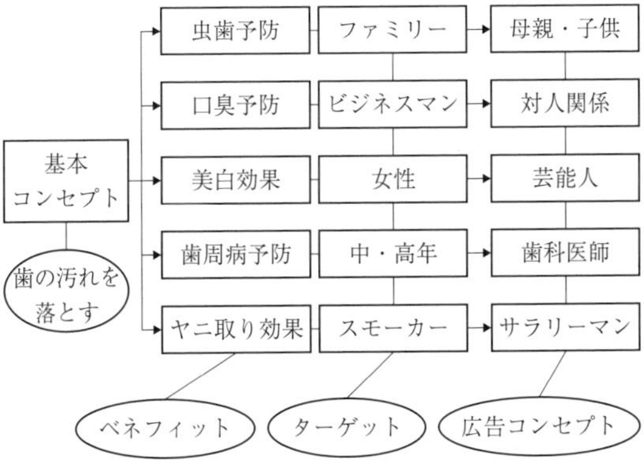

出典）筆者作成.

図9-3　ブランド・コンセプト分散の一例

どのブランドでも汚れが落ちることを認識している。企業がこれ以上の製品コンセプトを創造できないでいる典型的な例である。消費者行動の観点から見ても、趣味や好みにより消費される製品とは異なり、コモディティ製品を購入することは楽しみとはならない。したがって、消費者はその消費を必要最低限に抑えるため、価格によって大きく左右される。さらに、どの家庭にとってもコモディティ製品はなくては困るものなので、その消費量は世帯人員数に大きく影響される。現在の日本市場のように、シングル・マーケットが脚光を浴び、単身世帯数が増加する状況下では価格競争が激化することが必至である。だからこそコモディティ製品のブランド化が重要な観点となるのである。

コラム ブランドの起源

数世紀もの間、ブランドとは、ある生産者の製品を他の生産者の製品と区別するための手段であった。事実、「ブランド」という言葉は「焼き印を付けること」を意味する「brandr」という古ノルド語から派生したものである。現在もそうであるが、ブランドは家畜の所有者が自分の家畜を識別するために付けた印であった[18)]。

また、中世の陶器師は自分の作品の偽物が出回るのを防ぐために、陶器の底の粘土が乾いていない段階で、他人が模倣できないような独自のサインやマークおよび自分の指紋などを入れたといわれる。現代でも絵画や彫刻といった芸術作品には作家のサインが付与されているが、これは当該作品の作者が独自性と所有権を主張するためのものである。したがって、その目的と起源は家畜の所有者や陶器師たちの発想と変わらないことになる。

アメリカ・マーケティング協会（AMA）によれば、ブランドとは、「ある売り手のあるいは売り手の集団の製品およびサービスを識別し、競合他社の製品およびサービスを差別化することを意図した名称、言葉、サイン、シンボル、デザイン、あるいはその組み合わせ」である。この定義に従い、ブランドを簡潔にいえば、「自社企業と競合企業の製品・サービスを見極めるための商標」として捉えることができる。日本市場におけるメーカーも他企業と自社企業を見極めてもらうために、商品に様々なラベルを貼ったり、特徴あるロゴマークを考案したり、親しみやすいブランド・ネームを作り出す努力をしている。しかし、ブランド＝商標という意味で捉えている人は少ないだろう。やはり、「高級品」「有名なもの」「高価なもの」と捉えられる。

注）

本章は、拙著（2020）『広告コミュニケーション』八千代出版の第２章と第６章を大幅に改編したものである。

ネット検索によるデータの取得日は，すべて 2021 年９月１日．

1) Kotler, Philip（1991）“Marketing Management : Analysis, Planning, Implementation and Control” コトラー，P. 著 / 村田昭治監修 / 小坂恕・疋田聰・三村優美子訳（1996）『マーケティングマネジメント――持続的成長の開発と戦略展開（第７版）』プレジデント社，p. 425.
2) Oliver, Terence（1993）“Brand Valuation” オリバー，T. 著 / 福家成夫訳（1993）『ブランド価値評価の実務――経営戦略としてのブランド管理と運用』ダイヤモンド社，p. 7.
3) 長沢伸也編（2007）『ルイ・ヴィトンの法則――最強のブランド戦略』東洋経済新報社，p. 25.
4) 久保村隆祐・荒川祐吉監修 / 鈴木安昭・白石善章編（1995）『最新商業辞典』同文舘出版，p. 281.
5) Farquhar, P. H.（1989）“Managing Brand Equity” ファクハー，P. H. 著 / 青木幸弘訳（1993）「ブランド・エクイティの管理」流通経済研究所編『流通情報』No. 287，1993 年４月号，流通経済研究所，p. 29.
6) Aaker, D. A.（1991）“Managing Brand Equity : Capitalizing on the Value of a Brand name” アーカー，D. A. 著 / 陶山計介・中田善啓・尾崎久仁博・小林哲訳（1994）『ブランド・エクイティ戦略――競争優位をつくりだす名前、シンボル、スローガン』ダイヤモンド社，p. 20.
7) 前掲書 4)，p. 280.
8) セレクト・ショップに関しては、株式会社トゥモローランドおよび株式会社ビームスのウェブサイトを参考にした。
（http://www.tomorrowland.jp/）
（http://www.beams.co.jp/）
9) 野口智雄（1995）『価格破壊時代の PB 戦略――「低価格・高品質」の秘密を探る』日本経済新聞社，p. 28.
10) 梅沢昌太郎（1986）『食品のマーケティング――食品流通の現実的課題』白桃書房，p. 142.
11) コモディティの用語に関しては、IT media エンタープライズウェブサイト「情報マネジメント用語辞典」を参照した。
（https://www.itmedia.co.jp/im/articles/0505/28/news013.html）
12) Pine II, B. Joseph & Gilmore, James H.（1999）“The Experience Economy” パイン II, B. J. &

ギルモア，J. H. 著 / 岡本慶一・小高尚子訳（2005）『新訳 経験経済――脱コモディティ化のマーケティング戦略』ダイヤモンド社，p. 20.

13）同上書 12），p. 20.

14）Keller, Kevin Lane（1998）"Strategic Brand Management" ケラー，K. L. 著 / 恩藏直人・亀井昭宏訳（2000）『戦略的ブランド・マネジメント』東急エージェンシー出版部，p. 48.

15）宮澤永光・亀井昭宏監修 / 岩本俊彦ほか編（2003）『マーケティング辞典（改訂版）』同文舘出版，p. 145.

16）トライアル購入とリピート購入に関しては、大木英男・石井禎・山中幸信（2001）『マーケティング計画の立て方・つくり方――マーケティング戦略実行のための計画作成のプロセスとノウハウがわかる』日本能率協会マネジメントセンター，p. 74 を参考にした。

17）前掲書 15），p. 151.

18）前掲書 14），p. 37.

第10章 消費者行動と消費者行動分析

本章のポイント

1. マッカーシーは1960年にマーケティングの4Pについて論じ、図示した。図の中央に消費者を配置して消費者の重要性を示した。消費者が購買行動を起こす前にどのような行動をとるかを示したものが、AIDAモデルやAIDMAモデルである。
2. 消費者行動を分析するモデルとして、S-Rモデル、S-O-Rモデルが挙げられる。本章では、消費者行動の拡張モデルについても取り上げる。
3. 個人の価値観やライフスタイルに基づいて消費者を分類することによって、企業は効率的に標的顧客にプロモーション活動をはじめとするマーケティング活動を行うことができる。個人の価値観やライフスタイルに基づいて消費者を分類する方法には、AIOやVALS、Japan-VALSが挙げられる。

1 消費者行動の基本的概念

マッカーシー（McCarthy, E. J.）は 1960 年に出版した“Basic Marketing”の中でマーケティングの 4P について論じ、図示した（図 10-1 参照）。

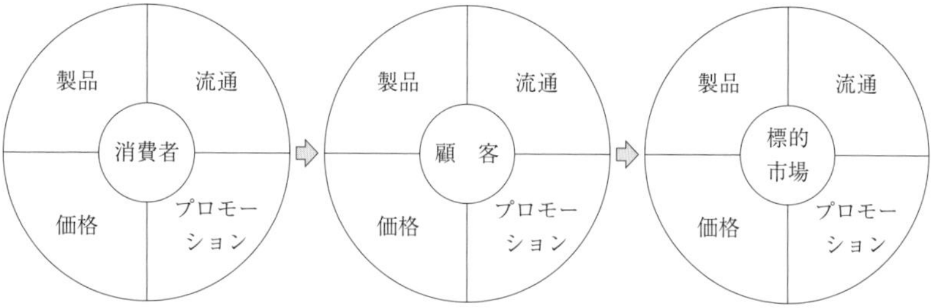

出典）McCarthy, E.J. “Basic Marketing: A Managerial Approach”, Homewood, Ⅲ., Richard D. Irwin, 1960, p.49.（左）, McCarthy, E.J. “Basic Marketing: A Managerial Approach”, Rev. ed., Homewood, Ⅲ, Richard D. Irwin, 1964, p.49.（中）, Perreault Jr., William D. & Cannon, Joseph P. & McCarthy, E. Jerome “Essentials of Marketing 15th Edition”, McGraw-Hill, 2017, p.36.（右）の図の一部を改変.

図 10-1　マッカーシーによるマーケティングの 4P（消費者・顧客・標的市場）

図の中央に消費者を配置して消費者を取り囲むように製品（Product）、流通（Place）、プロモーション（Promotion）、価格（Price）というマーケティング変数を並べたのである。中央にまず消費者（consumer）[1]が配置され、次に顧客（customer）[2]が配置され、現在は標的市場（target market）[3]〔標的市場＝顧客という考え方であるが〕が配置されている。マーケティングの 4P が論じられた当初は、消費者が重要であるから中央に配置されていたのである。

消費者、特に消費者のニーズを重視することがマーケティングにおいて重要である。では、どうすれば消費者や消費者のニーズを把握して理解することができるのであろうか。マーケティング・リサーチを行って、消費者のニーズを把握することが 1 つの手法である（第 11 章参照）。

かつては、マーケティングといえば販売のことを指していた。現在でも、残念ながらマーケティングは販売と広告であると考える CEO も存在する[4]。その販売に市場調査をプラスしてマーケティングと呼んだのである[5]。市場調査の中身は、AIDA と呼ばれる理論であった[6]。消費者が購買行動を起こす前にどのような行動をとるかを示したものが、AIDA モデルである。注意（Attention）、興味（Interest）、欲求（Desire）、行動（Action）の頭文字をとったのである。消費者の注意を製品に引き付け、製品に対して興味を持ってもらい、その製品を所有したいという欲求を持ってもらい、購入するという行動を起こしてもらうのである。

AIDA モデルを発展させたものが AIDMA モデルである。注意（Attention）、興味（Interest）、欲求（Desire）、行動（Action）に記憶（Memory）を付け加えたものである。消費者の注意を製品に引き付け、製品に対して興味を持ってもらい、その製品を所有したいという欲求を持ってもらうところまでは同じであるが、その後製品を記憶してもらい、購入するというプロセスをたどるのである。

プロモーションの目的[7]とは、まず潜在顧客に製品に関する情報提供を行い、潜在顧客がその製品を購入するよう説得し、製品について思い出してもらうことである。採用プロセス[7]とは、潜在顧客が製品を認識して、製品に対して関心を持ってもらい、製品を評価して試用してもらい、製品を購入する意思決定を行って、最後にその意思決定を確認することである。

表 10-1 は、プロモーションの目的と採用プロセス、AIDA モデル、AIDMA モデルの関係性を示したものである。

プロモーションによって情報提供が行われることで製品を認識したり[7]注意したりして製品に関心を持ち、プロモーションが消費者を説得することで、消費者が製品を評価して製品に対する欲求を持ち、製品を試用した

表 10-1　プロモーションの目的、採用プロセス、AIDA モデル、AIDMA モデルの関係性

プロモーションの目的	採用プロセス	AIDA モデル	AIDMA モデル
情報提供	認識	注意	注意
	関心	関心	関心
説得	評価	欲求	欲求
	試用		記憶
想起	意思決定	行動	行動
	確認		

出典）Perreault Jr., William D. & Cannon, Joseph P. & McCarthy, E. Jerome "Essentials of Marketing 15th edition", McGraw-Hill, 2017, p. 342 の表に筆者加筆.

り記憶したりする。プロモーションにより想起が行われることで購買意思決定や購買行動が起こり、購買行動後の確認が行われるのである。

2 消費者行動分析の基本的概念

消費者がどのようなニーズを持ちどのような購買行動を行うのかを理解するためには、消費者行動分析を行う必要がある。消費者行動を分析するモデルについて見てみよう。

[1] S-R モデル

ブラック・ボックス理論ともいわれる。刺激を与えると何らかの反応が出てくる、もしくは、反応が出るときには、特定の刺激があるということがわかっている。ところが、このとき消費者の内面にはブラック・ボックスがあるとされており、結局ブラック・ボックスの中身はわからないのである。

[2] S-O-R モデル

ハワード（Howard, J. A.）とシェス（Sheth, J. N.）が発表したS-O-R モデルをハワード・シェス・モデルという（図10-2）。消費者は、インプット、知覚構成概念、学習構成概念、アウトプットの4つのプロセスを経て購買意思決定を行う。消費者は実際の製品、広告、口コミなどの刺激を知覚し、時には自ら進んでこれらの刺激を探索しながら、製品に対する態度を形成する[8)]。製品に対する態度が形成されると、購買行動につながる。そして、購入した製品に満足であれば次回も購入し、不満足であれば次回は購入しないであろう。

図10-3の消費者行動の拡張モデル[9)]を見てみよう。まず、購買行動が起こる前に、マーケティング・ミックスと他のすべての刺激がインプットされる。経済的ニーズ、心理学的変数、社会的影響、文化と民族性、購買状況の影響のもと、購買行動が起こる。

消費者がニーズを認識した際、直接購買意思決定を行う場合とニーズを

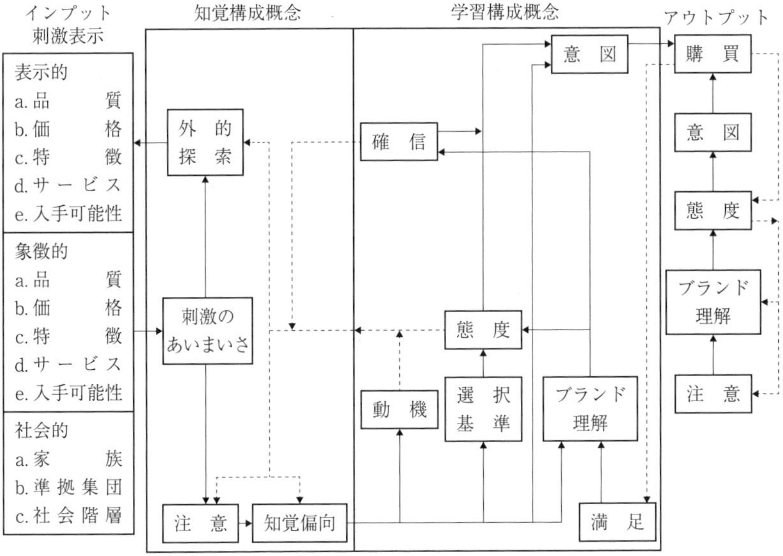

実線は情報の流れ、破線はフィードバック効果を示す。
出典）Howard, J.A. & Sheth, J.N. "The Theory of Buyer Behavior", John Wiley & Sons, 1969, p.30.

図 10-2　ハワード・シェス・モデル

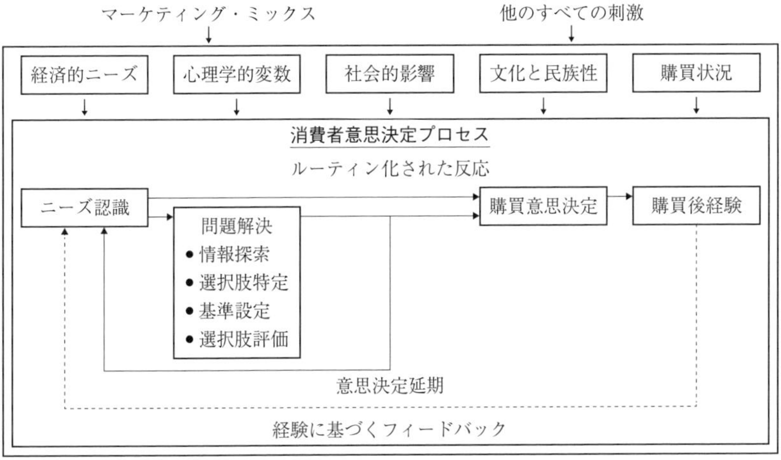

出典）Perreault Jr., William D. & Cannon, Joseph P. & McCarthy, E. Jerome "Essentials of Marketing 15th edition", McGraw-Hill, 2017, p.135.

図 10-3　消費者行動の拡張モデル

満たすための問題解決方法を探す場合がある。ニーズを満たすための情報を探索し、選択肢を特定し、基準を設定し、選択肢を評価する。その後、購買しなくても選択肢によりニーズが満たされ問題が解決した場合は、購買は延期される。問題が解決されない場合は購買意思決定を行い、購買後の経験に基づいてフィードバックが行われる。

消費者が購買行動を起こすきっかけはニーズである。マーケティングは、生産プロセスからではなく、顧客ニーズから始めるべき[4]といわれている。そのため、企業はニーズの把握に努めるべきである。

消費者が購買行動を起こした後は、認知的不協和の状況に陥りやすい。認知的不協和は、アメリカの心理学者フェスティンガー（Festinger, L.）が1957年に、フォードの新車広告を一番熱心に見るのは誰かを調べていたときに発見したものである。普通、広告を一番熱心に見るのは、その広告されているものをこれから買おうとしている人だと誰しもが思うであろう。しかし、フェスティンガーは、一番熱心に広告を見ていたのはフォードの新車を買ったばかりの人だったことを発見したのである。

認知的不協和理論は、人がある意思決定をするとき、頭の中に起こる不安な気持ちと、それを解消しようとする努力に関するものである[10]。人は通常、インプット、知覚構成概念、学習構成概念、アウトプットというプロセスを経て購買行動に至る。購買行動の結果、ニーズが満たされる場合と満たされない場合が生じる。製品購入後に、その製品の価格が高ければ高いほど、ニーズが満たされているかどうか不安になるものである。この製品でニーズが満たされているのだろうか、他の製品を購入したほうがよかったのではないだろうか、と堂々めぐりになる。他の製品ではなく自分が購入した製品のほうがよりニーズを満たしている、と確認しようとして自分が購入した製品の広告を見るのであろう。人は、広告を見ることによって、自分が購入した製品の正当性を確認しているのである。なぜなら、広告は製品購入を促すためのものであるから、当該ブランドの良い側面のみを謳っているのである。したがって、購入した製品の価格が高いほど認知的不協和が起こりやすい。なぜなら、価格が安い製品であれば、次回購入する際に他の製品を購入すればよいからである。価格が高い製品を購入した場合は、次回購入するまでに長い月日がかかるかもしれない。

3　消費者行動とマーケティングの関係性

新製品普及過程は、新製品が販売された後にどのように消費者に広まっていくかを描いたものである（図10-4）。

新製品が販売されると、まずイノベーターが採用する。イノベーターは、若くて十分に教育を受けている傾向がある[11]。初期採用者は、仲間から大いに尊敬されていてしばしばオピニオン・リーダー[12]になる人物である。前期追随者は、リスクを避ける傾向があり、多くの初期採用者がそれを試した後で新しいアイデアを考慮するために待つ[12]。後期追随者は、新しいアイデアに対して注意深い。多くの場合、彼らは年齢が高く、自分のやり方に固執しているため初期採用者に追従する可能性が低くなる[12]。採用遅滞者は、過去において行った方法で物事を行うことを好み、新しいアイデアを非常に疑う。彼らは、高齢であまり教育を受けていない傾向がある[12]。

企業は、新製品を販売する際にプロモーションを行うが、プロモーションを行う際に仲間から尊敬されていてオピニオン・リーダーにもなり得る初期採用者を標的にするべきである。イノベーターは、全体の3～5%しか存在しないことに加えて、新しい製品であれば何でも購入する傾向がある。そして、自分自身のグループやコミュニティ以外の接触がきわめて少ない[12]ため外部に新製品の情報を広める役割は期待できない。

初期採用者は全体の13.5%存在するので、初期採用者に対してプロモーションを行って製品を購入して使用してもらった後で製品の良さを広めて

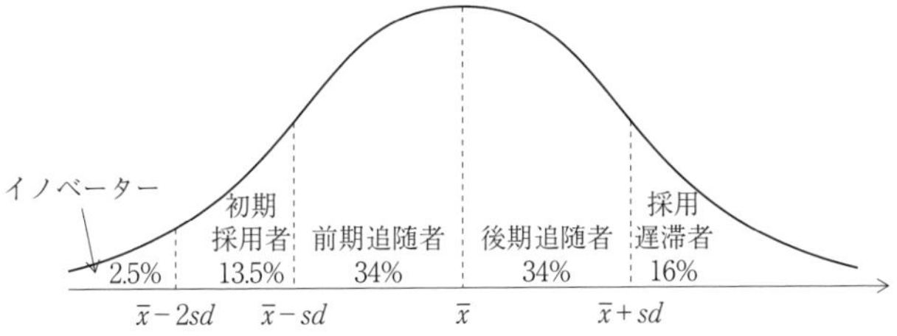

出典）Rogers, Everett M. “Diffusion of innovations third edition” Free Press, 1983, p.247.

図10-4　革新性に基づいた採用者の分類（新製品普及過程）

もらうのである。友人、知人などの間で商品に関する情報や商品知識についてコミュニケーションを通じて広めてもらう方法を口コミというが、最近では対面のコミュニケーションで広めてもらうだけでなくSNSを通じて広める方法もあるため、その効果は絶大である。しかし、ネガティブな情報も（むしろネガティブな情報のほうが）広まってしまうので、企業に悪影響を及ぼす場合もある。スマートフォンの普及によって、誰もが写真や動画を撮影してSNS上に投稿できるようになったのだが、情報リテラシーを身につけることが追い付いていないため問題のある投稿も増えてきている。企業にとって有益となる情報であれば良いのであるが、企業に損失を与えるような情報はそのまま放置しておくと取り返しのつかないことになる。

表10-2はAIOの各要素の変数をライフスタイルの特質ごとにまとめたものである。サイコグラフィックスまたはライフスタイル分析とは、ある人の日々の生活パターンを、その人の「活動（Activities）」「関心（Interest）」「オピニオンズ（Opinions）」（時々AIOとして言及される）に基づいて分析することである[13]。何らかの軸で市場を細分化することによって、ニーズや消

表10-2　ライフスタイル特質（そして一部関連する人口統計学的特質）

特質	例		
活動	仕事	バケーション	ネットサーフィン
	趣味	エンターテインメント	買い物
	社会的イベント	クラブ会員	スポーツ
関心	家族	コミュニティ	食品
	家族	レクリエーション	メディア
	仕事	ファッション	業績
オピニオンズ	自分自身	ビジネス	製品
	社会問題	経済	未来
	政治	教育	文化
デモグラフィック	所得	地理的領域	職業
	年齢	民族性	ファミリーサイズ
	家族ライフサイクル	住居	教育

出典）Perreault Jr., William D. & Cannon, Joseph P. & McCarthy, E. Jerome "Essentials of Marketing 15th edition", McGraw-Hill, 2017, p. 127.

費者行動が似ている人たちをグループ化することができる。ある人がどのような活動をして、どのようなことに関心を持ち、どのような意見を持っているのかによってグループに分ける。そして、グループに分けられた人たちを分析することによって、価値観やライフスタイルなどが判明するのである。

ライフスタイル分析の手法としては、VALS もある。VALS とは、Value and Lifestyle Survey の略であり、スタンフォード研究所によって行われたサーベイであり、被調査者の個人の価値観やライフスタイルに基づいてアメリカの人口を9つのセグメントに分類したものである[14)]。①その日暮らし、②忍耐派、③帰属派、④野心派、⑤達成者、⑥個人主義、⑦体験派、⑧社会理念派、⑨トータル・バランス派[15)]の9個に分類している。

VALS は、アメリカ人の価値観やライフスタイルに基づいたものであるため、日本人の価値観やライフスタイルにはそぐわない分類もある。

そこで、VALS を日本人の価値観やライフスタイルに基づいて変更した Japan-VALS が考え出された。Japan-VALS は、①革新創造派、②自己顕示派、③自己派アダプター、④社会達成派、⑤社会派アダプター、⑥伝統尊重派、⑦伝統派アダプター、⑧同調派、⑨雷同派、⑩つましい生活派の10個に分類している[16)]。

革新創造者がイノベーター（3.2%）であり、自己顕示派、社会達成派、自己顕示派が、初期採用者（9.2%）である。同調派、雷同派、つましい生活派は、追随者（61.3%）となる[16)]。先に述べた新製品普及過程と比べてみると、Japan-VALS のほうがイノベーターや初期採用者の人数は少なく、追随者の人数が多い。やはり、日本においては他人に同調するという気風があるのだろう。

価値観やライフスタイルに基づいてセグメント化すると、同じような価値観やライフスタイルを持つ人々を集めることができる。そして、初期採用者と呼ばれるセグメントに対して企業がプロモーション活動をはじめとするマーケティング活動を行えば、非常に効果的である。

新製品の普及過程や AIO、VALS など個人の価値観やライフスタイルが消費者行動に影響を及ぼす影響についてみてきたが、集団の影響もある。態度や行動の形成にあたって、直接的にあるいは間接的に比較対象や参考とする集団のことを準拠集団と呼ぶ[17)]。自分が所属する集団の人たちからどう思われたいか、ということも消費者行動に影響を及ぼし、将来所属したいと思う集団に入るためにはどうすればよいか、ということも消費者行動に影響を及ぼす。

そして、企業はその準拠集団に所属する人々、将来所属したいと思う人々のニーズを分析してニーズを満たせばよいのである。例えば、ある特定の大学への入学を希望している学生が大学のロゴや大学名の入った文房具や飲料を買い求めるのは、将来所属したい大学に憧れを持つからである。

コラム　正しい消費者行動

消費者行動に正解、不正解はあるのだろうか。きちんとした生活を送ることで正しい消費生活を送ることができて正しい消費者行動につながるのだろうか。

今年の秋に母が転倒して左手首を骨折した。その直後は、1人でペンのキャップを外すこともできない状態であった。恥ずかしながら食事や洗濯など家事の多くを母に依存してきたのであるが、家事のほぼすべてを私が担わなければならなくなった。

骨折の治癒のためには栄養バランスのとれた食事が重要であるが、煮物はほぼつくったことがなかった。肉や魚だけでなく野菜を摂取しないといけないので、野菜中心の料理をつくるのであるがこれが難しい。ものすごくまずい大根の煮物をつくったり肉じゃがを焦がしたりして奮闘していた。そんな時に、「ポテトサラダ論争」があったことを思い出した。子供連れのお母さんがポテトサラダをスーパーで購入しようとしたところ、「母親ならポテトサラダくらいつくったらどうだ」と高齢の男性にいわれたらしい。その時、私は「お子さんに手がかかるのだから、たまには総菜を購入して楽をしてもいいのでは」と思っていた。

ポテトサラダは手間がかかるわりに、あくまでも副菜なのである。しかも、ジャガイモだけでも重量があるので買って持って帰るのも一苦労であるが、ジャガイモと相性の良い野菜（人参や玉ねぎなど）も重いのである。そして、野菜を洗って皮をむいて蒸かしてつぶして調味料を入れて混ぜる。

ポテトサラダだけでは主菜にならないので、ご飯を炊いてお味噌汁をつくって肉もしくは魚の主菜をつくる必要がある。とても1時間ではつくれないのである。ポテトサラダを購入したくらいでは、少しの時短になる程度である。決して楽はできない。今なら、「ポテトサラダを購入する人は、他の料理に力を入れるために購入するのだろう。1日に100gというイモ類の摂取目安も気にしていて、栄養バランスも考えられている」と思うだろう。

かつてアメリカで買物メモを見た主婦がどう思うかという調査が行われた[18)]。1つのメモにはインスタント・コーヒーが入っていて、もう1つのメモにはレギュラー・コーヒーが入っている。それ以外の食品はまったく同じである。

レギュラー・コーヒーが入ったメモに対しては、大変良い主婦のイメージが描かれたが、インスタント・コーヒーが入ったメモに対しては、「怠け者である」というイメージが圧倒的であった[18)]。国の違いもあるだろうが、現在では、インスタント・コーヒーを購入したからといって「怠け者である」という人はいないだろう。物価が高く女性の社会進出も進んでいるアメリカにおいて共働きは当たり前であるので、夕食も手作りするのではなくTVディナーという冷凍食品で済ませることも多いようである。時代によって消費者行動も変わっていくのだろう。ライフスタイルの変化に伴い消費者行動が変化するのである。

現代人は忙しい。それは主婦（主夫）においてはなおさらであろう。すべての食事を手作りすることができるのであれば、それは素晴らしいことであるが、時間を有効に使わないとすべての家事が終わらない。栄養バランスのとれた食事のためには、1品くらい総菜やインスタント食品に頼ることも必要だと痛感した2か月半であった。快適で健康的な生活を送るために必要な商品を購入するのであれば、それは正しい消費者行動といえるのではないだろうか。

注)

ネット検索によるデータの取得日は，すべて 2021 年 11 月 30 日.

1) McCarthy, E. J. (1960) “Basic Marketing : A Managerial Approach”, Homewood, Ⅲ., Richard D. Irwin, p. 49.
2) McCarthy, E. J. (1964) “Basic Marketing : A Managerial Approach”, Rev. ed., Richard D. lrwin, lnc., p. 49.
3) Perreault Jr., William D. & Cannon, Joseph P. & McCarthy, E. Jerome (2017) “Essentials of Marketing”, 15th ed., McGraw-Hill, p. 36.
4) 同上書 3), p. 7.
5) 田内幸一 (1983)『市場創造のマーケティング』三嶺書房，p. 3.
6) 同上書 5), p. 4.
7) 前掲書 3), p. 342.
8) 和田充夫・恩藏直人・三浦俊彦 (2019)『マーケティング戦略 (第 5 版)』有斐閣アルマ，p. 107.
9) 前掲書 3), p. 135.
10) 前掲書 5), p. 63.
11) 前掲書 3), p. 354.
12) 前掲書 3), p. 355.
13) 前掲書 3), p. 126.
14) Aaker, David A. & Kumar, V. & Day, George S. (1997) “Marketing Research”, 6th ed., Willey, p. 766.
15) 同上書 8), p. 115.
16) 株式会社ジェーディーエスウェブサイト「VALS™ とは」p. 4.
(https://www.jds.ne.jp/wp-content/uploads/2021/03/Japan-VALS_2020.pdf)
17) コトラー，フィリップ&アームストロング，ゲイリー&恩藏直人 (2014)『コトラー、アームストロング、恩藏のマーケティング原理』丸善出版，p. 144.
18) 前掲書 5), p. 18.

第11章 マーケティング・リサーチ

本章のポイント

1. 企業・組織は、消費者のニーズを捉えてそのニーズを満たすような製品を開発しなければならない。消費者のニーズを捉えるための手法がマーケティング・リサーチである。
2. データはその収集目的の違いから1次データと2次データに分けられ、データの内容から質的データと量的データに分けられる。
3. 目的に沿ったデータを収集して分析して、企業・組織の意思決定を支援するのである。収集したデータを分析して活用しなければ意味をなさない。
4. 分析技法を使って分析することも可能であるが、グラフにデータをプロットするだけでもデータの意味を見出すことができる場合がある。

1 マーケティング・リサーチの基本的概念

企業・組織は、消費者のニーズを捉えてそのニーズを満たすような製品を開発しなければならない。消費者のニーズを捉えるための手法がマーケティング・リサーチである。消費者のデータを収集しただけでは、企業・組織の意思決定を支援することはできない。データを収集して分析して意思決定に役立つような形に変えて管理することが必要である。マーケティング・リサーチは、企業・組織がマーケティング活動を行う上において羅針盤といえる。

多くの学者がマーケティング・リサーチを定義しているが、マーケティング・リサーチの定義をまとめると下記のようになる。

企業・組織がマーケティング活動を行う際に発生している問題を見出して認識し、問題を解決するために必要なデータが存在するかを確認して、存在しない場合には自らデータを体系的に収集・分析・管理して有益な情報に変えて企業・組織の意思決定を支援する。その後、マーケティング活動の改善・評価を行う（図11-1）。

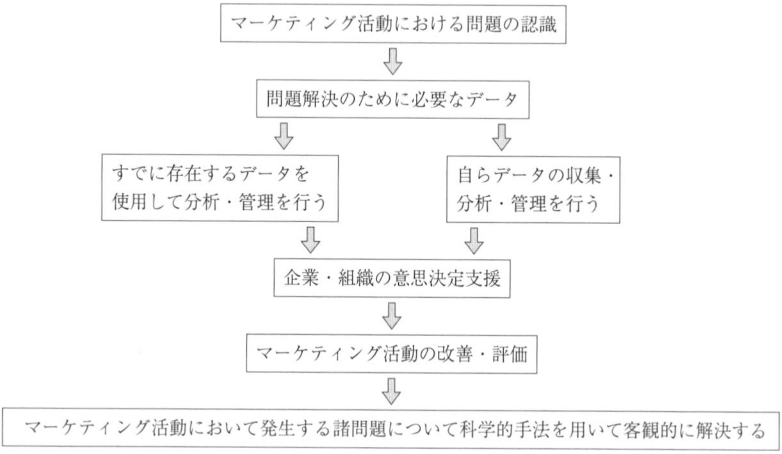

出典）筆者作成.

図11-1　マーケティング・リサーチの概念

2　データの種類――質的データと量的データ

A　1次データと2次データ

データにはすでに公刊されているデータ（2次データ）と調査を計画・設計して収集するデータ（1次データ）がある。

データは、政策や戦略を立案する際やマーケティング活動において問題が発生した場合に分析し意思決定を支援するために使用する。すでに公刊されているデータで十分であればそれを使用すればよいが、必要なデータが存在しない場合は自らリサーチを行ってデータを収集しなければならない。

企業・組織の内部にあるデータを内部データ、企業・組織の外部にあるデータを外部データという。顧客情報や売上高は内部データである。すでに公刊されているデータ（2次データ）は、外部データである。

消費者を特定し、市場を細分化するためのデータは下記の3つである。

デモグラフィック・データ	人口統計データであり、年齢、性別、収入、学歴、職業、居住地域、家族構成、ライフステージなどが含まれる。国勢調査などで収集され公刊されるため、2次データである。
サイコグラフィック・データ	心理学的データであり、個人の価値観、ライフスタイル、興味、嗜好などが含まれる。自らリサーチを行わないと得られないデータであるため、1次データである。
ジオグラフィック・データ	地理データであり、地域特性、気候、地域人口などが含まれる。気候や地域人口については公刊されたデータが存在するため2次データであるが、地域特性については自らリサーチを行わないと得られないデータがあると思われる。

B　質的データと量的データ

質的データは、数値で捉えることができないデータで、量的データは、数値で捉えることができるデータである。質的データは大きい、小さいという言葉で表現することができないが、量的データは大きい、小さいという言葉で表現することができる。

データ収集の際に得られる変数をその変数が持つ性質によって分類する時の基準を尺度という。

名義尺度は、性別、居住地、血液型などが挙げられ、マーケティング・リサーチの質問票などにおいて便宜上数字を割り当てて分類するものである。

順序尺度は、「この製品は好きですか、嫌いですか」という問いに対して「大好き」「好き」「どちらでもない」「嫌い」「大嫌い」という選択肢が用意されているものである。選択肢に数字が割り当てられているが、その数値を足したり引いたりしても意味がないものである。名義尺度と順序尺度は質的データである。

間隔尺度は、数値の間に等しい大きさがあり数値を足したり引いたりすることができる。気温が間隔尺度の例である。「今日は25℃で明日は27℃の予報なので、明日は今日より2℃高い」ということはできるが、「今日は20℃で明日は10℃だから、明日は今日の半分の寒さだ」ということはできない。

比例尺度は身長や体重のように絶対原点があるものである。数値の加減乗除が可能である。間隔尺度と比例尺度は量的データである。

C 基幹統計

第3節では1次データを収集する手法について述べるが、その前に2次データについて述べる。2次データの中でも、統計法に基づいて国が収集しているデータがある。統計法は、「公的統計が国民にとって合理的な意思決定を行うための基盤となる重要な情報であることにかんがみ、公的統計の作成及び提供に関し基本となる事項を定めることにより、公的統計の体系的かつ効率的な整備及びその有用性の確保を図り、もって国民経済の健全な発展及び国民生活の向上に寄与することを目的とする」[1)]と第1条で定められている。

統計法において「公的統計」とは、行政機関、地方公共団体又は独立行政法人等が作成する統計[1)]と定義されている。

国勢統計、国民経済計算その他国の行政機関が作成する統計のうち総務大臣が指定する特に重要な統計を「基幹統計」として位置付け、この基幹統計を中心として公的統計の体系的整備を図ることとしている[2)]。基幹統計を作成するための調査を「基幹統計調査」といい、「基幹統計調査」とは、基幹統計の作成を目的とする統計調査をいう[2)]。旧統計法では指定統計と

表 11-1 基幹統計一覧

省庁名	統計名			
内閣府	国民経済計算			
総務省	国勢統計	住宅・土地統計	労働力統計	小売物価統計
	家計統計	個人企業経済統計	科学技術研究統計	地方公務員給与実態統計
	就業構造基本統計	全国家計構造統計	社会生活基本統計	経済構造統計
	産業連関表	人口推計		
財務省	法人企業統計			
国税庁	民間給与実態統計			
文部科学省	学校基本統計	学校保健統計	学校教員統計	社会教育統計
厚生労働省	人口動態統計	毎月勤労統計	薬事工業生産動態統計	医療施設統計
	患者統計	賃金構造基本統計	国民生活基礎統計	生命表
	社会保障費用統計			
農林水産省	農林業構造統計	牛乳乳製品統計	作物統計	海面漁業生産統計
	漁業構造統計	木材統計	農業経営統計	
経済産業省	経済産業省生産動態統計	ガス事業生産動態統計	石油製品需給動態統計	商業動態統計
	経済産業省特定業種石油等消費統計	経済産業省企業活動基本統計	鉱工業指数	
国土交通省	港湾統計	造船造機統計	建築着工統計	鉄道車両等生産動態統計
	建設工事統計	船員労働統計	自動車輸送統計	内航船舶輸送統計
	法人土地・建物基本統計			

出典）総務省ウェブサイト「基幹統計一覧」をもとに筆者作成.（https://www.soumu.go.jp/toukei_toukatsu/index/seodo/1-3k.html）

いわれていたものが、2007（平成 19）年の統計法改正時に基幹統計と名称が変更された。基幹統計を**表 11-1** に挙げる。

基幹統計の中で商業に関係のありそうな統計を挙げてみると、国勢統計、小売物価統計、家計統計、全国家計構造統計、社会生活基本統計、経済構造統計、人口動態統計、国民生活基礎統計、商業動態統計が挙げられる。これらの統計を作成するために行われる調査について見ていく。

(1) 国勢調査

国勢調査は、国内の人および世帯の実態を把握し、各種行政施策その他の基礎資料を得ることを目的とする。第1回調査は1920（大正9）年に行われ、2020（令和2）年の調査は21回目に当たり、実施100年目の節目となる[3)]。

(2) 小売物価統計調査

小売物価統計調査は、消費者物価指数やその他物価に関する基礎資料を得ることを目的とした調査である。毎月、全国的規模で国民の消費生活上重要な財の小売価格、サービスの料金および家賃を、店舗および世帯を対象に調査している[4)]。

(3) 家計調査

家計調査は、一定の統計上の抽出方法に基づき選定された全国約9千世帯の方々を対象として、家計の収入・支出、貯蓄・負債などを毎月調査している[5)]。

(4) 全国家計構造調査

全国家計構造調査は、家計における消費、所得、資産および負債の実態を総合的に把握し、世帯の所得分布および消費の水準、構造等を全国的および地域別に明らかにすることを目的とする調査である[6)]。

(5) 社会生活基本調査

社会生活基本調査は、統計法に基づく基幹統計調査として、生活時間の配分や余暇時間における主な活動（学習・自己啓発・訓練、ボランティア活動、スポーツ、趣味・娯楽および旅行・行楽）を調査し、国民の社会生活の実態を明らかにするための基礎資料を得ることを目的として5年ごとに実施している[7)]。

(6) 経済構造実態調査

経済構造実態調査は、わが国の製造業およびサービス産業における企業などの経済活動の状況を明らかにし、国民経済計算の精度向上等に資するとともに、企業等に関する施策の基礎資料を得ることを目的として、2019（令和元）年から新しく始まった統計調査である[8)]。

(7) 人口動態調査

人口動態調査は、わが国の人口動態事象を把握する上で重要な統計調査である。同調査は戸籍法および死産の届出に関する規程により届け出られた出生、死亡、婚姻、離婚および死産の全数を対象として、毎月実施される[9)]。

(8) 国民生活基礎統計調査

本調査は、厚生行政基礎調査（1953〔昭和28〕〜1985〔昭和60〕年）、国民健康調査（1953〜1985年）、国民生活実態調査（1962〔昭和37〕〜1985年）、保健衛生基礎調査（1963〔昭和38〕〜1985年）の4調査を統合することによって世帯の状況を総合的に把握し、併せて地域別に観察できるものとした調査であり、1986（昭和61）年を初年とし、3年ごとに大規模な調査を実施し、中間の各年には、世帯の基本的事項および所得の状況について小規模で簡易な調査を実施している[10]。

(9) 商業動態調査

商業動態調査は、全国の商業を営む事業所および企業の販売活動などの動向を明らかにすることを目的としている[11]。

3 データ収集のための技法

第2節でデータの種類について述べたが、ここではそのデータを収集する手法について述べる。

A リサーチによるデータ収集

2次データをあたっても適切なデータがなかった場合は自らリサーチを行ってデータを収集する必要がある。リサーチを外部（専門機関）に委託する場合と企業内（組織内）で行う場合の2通りがある。どちらを選択するかは、費用や人材、時間などの面から検討し企業内（組織内）で決定される。外部（専門機関）に委託する場合は、費用はかかるが企業内（組織内）においてリサーチ技術を持った人材が必要ではなくなるため、リサーチに使用されるであろう人材・時間を他の業務に振り分けることができる。企業内（組織内）でリサーチを行う場合は、リサーチ技術を持った人材を雇用しておく必要がある。リサーチを行っている間は他の業務を行うことができないが、委託するよりは費用はかからないであろう。

リサーチを行うことが決定したら現状の問題を認識し、ニーズを分析し必要があれば問題の再認識を行い調査の背景や調査の目的[12]を明らかにする必要がある。そして、調査計画の設計[12]を行う。まず、調査対象者[13]を選定する。調査対象地域と調査対象者の範囲（性別や年齢、職業等）を決定し、調査対象者の選定方法を決定する[14]。選定方法には有意選出法（ある集団から一部の調査対象を選ぶ方法の１つ。調査設計者または調査員がその知識経験によって、集団全体を代表すると判断した一部対象を選ぶ[15]）と無作為抽出法（集団から一部の対象者を選ぶ方法の１つ。選定者の主観をまったく排し、乱数表等を用いて対象者をクジ引きで当てるようにして選ぶ[16]）[17]がある。

マーケティング・リサーチの手順をまとめると図11-2のようになる。

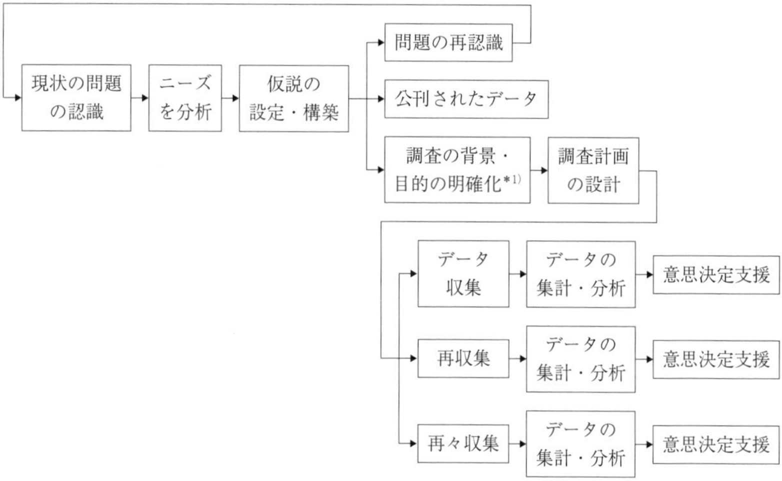

＊1）マーケティング・リサーチ・サービス監修/後藤秀夫『市場調査マニュアル』みき書房，1996, p.17.
出典）著者作成.

図11-2　マーケティング・リサーチの手順

調査の対象となる人全員に対して調査を行うことを全数調査、調査の対象となる人の中から一部の人を抽出して抽出した人を対象に調査を行うことを標本調査という。全数調査の例として国勢調査が挙げられるが、マーケティング・リサーチの場合は標本調査が行われることが多い。全数調査は全員に対して調査を行うため精度が高くなるが、費用や時間や手間がかかる。企業や組織がマーケティング・リサーチを行う場合は、費用や時間や手間が比較的かからない標本調査が選ばれることが多い。

B　質問法・観察法・実験法

データ収集のための手法として、質問法、観察法、実験法が挙げられる。

[1] 質問法

質問法とは、調査員が被調査者に対して調査票を用いて聞きたいことを質問する方法である。

質問法には、面接法、電話法、郵送法、留置法、ファックス調査、インターネット調査がある（表 11-2）。

表 11-2　質問法一覧

調査法	面接法	電話法	郵送法	留置法	ファックス調査	インターネット調査
調査票記入者	調査者	調査者	被調査者	被調査者	被調査者	被調査者
調査票受け渡し方法	調査者が所持	調査者が所持	郵便で送受信	調査者が手渡し・回収	ファックスで送受信	インターネット上で送受信
量的調査・質的調査	質的調査	量的調査	量的調査	量的調査	量的調査	量的調査
費用	非常に高い	中	非常に低い	高い	低い	非常に低い
回収率	高い	中	低い	中	低い	中

出典）和田充夫・恩藏直人・三浦俊彦『マーケティング戦略（第 5 版）』有斐閣アルマ，2019，p. 83 の表 4-1 を筆者加筆・修正.

調査票は大きく２つの部分に分かれていて、被調査者の属性（年齢、性別、居住地域など）を記入する部分（フェイスシート）と企業や組織が被調査者に質問したいこと（調査項目）を記入する部分とがある。

(1) 面接法

調査者が被調査者と直接会って質問した上で回答を得る方法である。

メリット	• 被調査者と会うことができれば、高い確率で回答を得ることができる。 • 調査者が被調査者に質問内容を詳細に説明することができる。 • 調査員が詳しい正確な情報を引き出すことができる。
デメリット	• 被調査者がいるところへ調査者が赴く場合、費用や移動時間がかかる。 • 面接会場へ被調査者が向かう場合においても、交通費などの費用はかかる。 • バイアスがかかる可能性がある。 • 聞き間違い、勘違い、誤解が生じる可能性がある。 • 調査員の能力によって、集まるデータに違いが生じる可能性がある。

(2) 電話法

調査者が被調査者に電話をかけて質問して回答を得る方法である。固定電話の所有率が下がってきているため、サンプルに偏りが生じる可能性がある。

メリット	• 費用が安い場合が多い。 • その場で回答してもらえるので、時間が短くて済む。 • 調査員が移動する必要がない。
デメリット	• 世帯の誰が回答するかわからない。 • 質問数や質問内容が限られる。 • 用事があるからと断られやすい。 • サンプルに偏りが生じる可能性がある。

(3) 郵送法

調査者が被調査者に郵便で調査票を送付し、被調査者が回答してまた郵便で送付する方法である。

メリット	• 費用が安い。 • 電話法の場合、遠方に住む調査者にも回答してもらえる。
デメリット	• 調査票をなかなか返送してもらえない。 • 回収率を高めるために、謝礼が必要となる。調査票とともに謝礼を同封すると謝礼だけ受け取って調査票が返送されない場合があるので、調査票を返送してくれた被調査者に改めて謝礼を送ることになり、その分手間と費用がかかる。

(4) 留置法

調査者が被調査者の家を訪問して調査票を渡して、被調査者が回答した頃に訪れて調査票を回収する方法である。

メリット	• 実際に調査員が被調査者を訪ねて調査票を回収するため、回収率が高くなる。 • 調査員が質問の主旨などを説明することができる。 • 調査票を回収する際に、調査員が不備などをチェックすることができる。
デメリット	• 調査員になる人が少ない。 • 調査員の移動する費用や人件費がかかる。

(5) ファックス調査

調査者がファックスで調査票を被調査者に送付し、被調査者が回答した質問票をファックスで送付する方法である。

メリット	・費用が安い。
デメリット	・パソコンやスマートフォンの普及により、ファックスの所有率が減っている[18)]ため質問票をファックスで送受信できなくなってきている。 ・ファックスを所有していても、インク切れや紙切れが生じている場合は調査票を受け取れない。

(6) インターネット調査

調査者が作成した調査票をインターネット上に挙げて、被調査者が回答した調査票をインターネット経由で送信する方法である。

メリット	・パソコン、スマートフォンの普及により、調査票の受け取り、回答、調査票の返信が簡単に行えるようになった。 ・費用が非常に安い。 ・調査に必要な日数が他の調査法と比べて少ない。 ・謝礼をポイント付与にすれば、謝礼を入手したり受け渡したりする費用や手間も不要になる。
デメリット	・OSやソフトウエア、アプリケーションのバージョンが古いと調査票を受け取れない場合がある。 ・簡単に回答して返信できるため、回答の信憑性に問題がある。

[2] 観察法

調査者が被調査者に気づかれないように観察したり記録したりして情報を収集する方法である。

[3] 実験法

マーケティング実験を行ってデータを集める方法である。実験室実験（模擬店舗での実験や完全な統制下で測定機器を用いて行われる実験）とフィールド実験（実際の店舗で行われる実験）などに分けられる[19)]。

4 データ分析

データ収集のための技法を用いて集められたデータは、多変量解析法を用いて分析されることが多い。多変量解析法とは、データを用いて予測したり多数のデータを意味あるまとまりにまとめて解釈しやすくしたりするものである。統計解析のソフトを使用すれば簡単に分析できる。

A 回帰分析

回帰分析は、原因になると思われる変数（独立変数）と結果になる変数（従属変数）の間にどのような関係があるのかを分析する手法である。相関係数は変数間の相関関係の強さを表す数値で－1～1の値を取るが、1に近いほど2つの変数（独立変数と従属変数）の相関関係が強いことを表し、0に近いほど相関関係がないことを表す。－1に近いほど負の相関関係が強いといえる。

B 重回帰分析

回帰分析は、1つの独立変数と1つの従属変数との間の因果関係を見出すものであったが、重回帰分析は複数の独立変数と1つの従属変数との間の因果関係を見出すための分析手法であり、複数の独立変数で従属変数を説明するものである。

C 判別分析

判別分析は、データの法則性を明らかにして、新たなデータがその法則のどちらにあてはまるかを判別する分析手法である。

D 主成分分析

主成分分析とは、たくさんあるデータ項目から主成分を合成し、データをグループ化してグループの意味を考える分析手法である。

E　因子分析

因子分析は、たくさんあるデータの中から共通する因子を見つけ出し、共通因子によってデータが示す意味を分析するものである。

F　クラスター分析

クラスター分析は、似ているものをグループ化してスポーツの試合の対戦表のような図にまとめるものである。

5　マトリックス手法の有用性

マーケティングの領域で現在起こっていることを捉えるには、データを図表に表すことが有益である。図表に表す際に、データを時系列で捉える方法とマトリックス図（matrix chart）を使用する方法がある。

A　時系列で捉える方法

時系列とは時間とともに変動する現象を記録したデータ[20]である。数字の羅列にしかすぎないものが、時系列という軸を用いることによってデータの持つ意味が読み取りやすくなるのである。

表 11-3 は『家計調査年報』の「1 世帯当たり年平均 1 か月間の収入と支出——2 人以上の世帯のうち勤労者世帯」[21]のデータである。データを見ると、実収入の減少や、消費支出の減少、といった断片的な情報は読み取れるが、データ全体の意味を数字から読み取ることは難しい。

表 11-3　1 世帯当たり 1 か月間の収入と支出——時系列収入・支出

費目／年	実収入	消費支出	食料	住居	光熱・水道	家具・家事用品	被服及び履物	保健・医療	交通・通信	教育	教養・娯楽	その他の消費支出
2005	524,585	329,499	70,947	21,839	21,328	10,313	14,971	12,035	46,986	18,561	32,847	79,671
2006	525,719	320,231	69,403	20,292	21,998	9,954	14,430	11,463	45,769	18,713	31,421	76,786
2007	528,762	323,459	70,352	20,207	21,555	9,914	14,846	11,697	46,259	19,090	33,166	76,372
2008	534,235	324,929	71,051	19,156	22,666	10,501	14,263	11,593	48,259	18,789	33,390	75,260
2009	518,226	319,060	70,134	19,614	21,466	10,152	13,773	12,036	47,093	19,493	33,243	72,055
2010	520,692	318,315	69,597	20,694	21,704	10,638	13,573	11,398	48,002	18,195	34,160	70,353
2011	510,149	308,838	68,420	21,600	21,742	10,406	13,103	10,880	45,488	18,611	31,296	67,293
2012	518,506	313,874	69,469	20,479	22,511	10,484	13,552	11,721	50,233	17,992	30,506	66,926
2013	523,589	319,170	70,586	19,775	23,077	10,385	13,715	11,596	52,595	19,027	30,861	67,554
2014	519,761	318,755	71,189	20,467	23,397	10,868	13,730	11,279	53,405	18,094	30,435	65,890
2015	525,669	315,379	74,341	19,477	22,971	11,047	13,561	11,015	50,035	18,240	30,364	64,329
2016	526,973	309,591	74,770	18,862	20,730	10,854	13,099	11,295	48,798	19,612	30,133	61,439
2017	533,820	313,057	74,584	18,532	21,164	10,980	13,184	11,506	49,610	19,080	30,527	63,890
2018	558,718	315,314	76,090	18,200	21,771	11,338	13,072	11,973	51,508	19,131	29,838	62,394
2019	586,149	323,853	77,431	19,292	21,838	12,079	12,935	12,662	54,943	18,529	31,948	62,195
2020	609,535	305,811	79,496	18,824	21,696	13,364	10,654	13,068	49,469	16,548	26,824	55,868

出典）総務庁統計局ウェブサイト「家計調査年報（家計収支編）2020 年（令和 2 年）」より筆者作成．（https://www.stat.go.jp/data/kakei/2020np/index. html）

時系列のグラフにすると、それぞれの項目の増減がはっきりとわかる（図 11-3）。グラフを見ると、実収入は 2017（平成 29）年から急激に増加している。消費支出は、2020（令和 2）年に減少に転じている。消費支出の減少は、新型コロナウィルス感染症の影響だと思われる。消費支出の詳細を見ると、その他の消費支出、交通（費）・通信（費）、教養（費）・娯楽（費）が減少していることがわかる。その他の消費支出には、理美容サービス（費）、身の回り用品（費）、交際（費）などが含まれる。新型コロナウィルスの感染者数の増加によって、外出を控えて自粛することが多かったため理美容サービス（費）や身の回り用品（費）、交際（費）、交通（費）、娯楽（費）への支出が減少したのだろう。食料（費）は 2020（令和 2）年に微増しているがコロナ禍のため買い置きが増えたのではないだろうか。

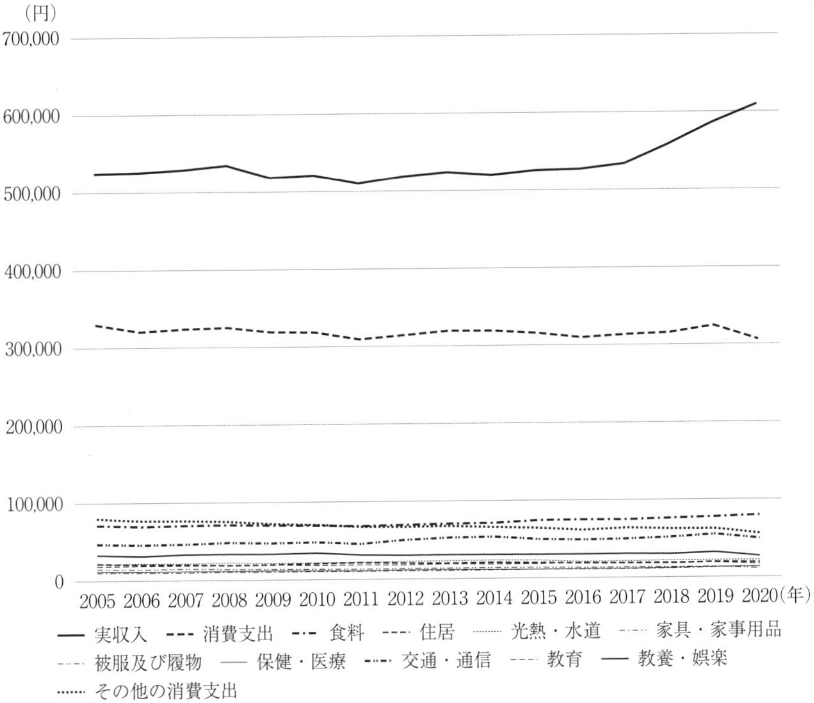

出典）総務庁統計局ウェブサイト「家計調査年報（家計収支編）2020 年（令和 2 年）」より筆者作成.
（https://www.stat.go.jp/data/kakei/2020np/index.html）

図 11-3　実収入と消費支出の時系列グラフ

時系列分析は、1 象限の中で時系列の要素をもとにものごとの変動を捉えたり過去のデータをもとに未来を予測したりする際に使用される。

また、**表 11-3** のデータで相関分析を行った結果、**図 11-4**〜**図 11-6** のようになる。数字だけでは、実収入がどの項目に関連があるのかはわからないのであるが、相関図を描くとわかるのである。**図 11-4** は、実収入と食料（費）との相関図であるが非常に正の相関関係が高いことがわかる。**図 11-5** は、実収入と教育（費）の相関図であり、非常に負の相関関係が高いことがわかる。**図 11-6** は実収入と光熱（費）・水道（費）の相関図であり、実収入と光熱（費）・水道（費）の間には相関関係がないことがわかる。したがって、実収入が増加すると食料（費）も増加するが、教育（費）は減少し、光熱（費）・水道（費）は影響を受けないことがわかる。

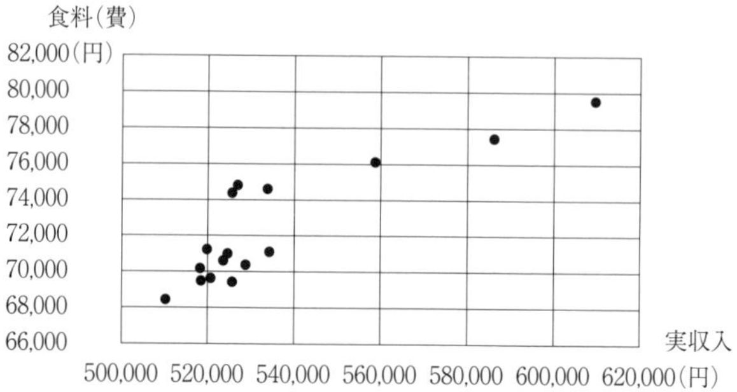

出典）総務庁統計局ウェブサイト「家計調査年報（家計収支編）2020 年（令和 2 年）」より筆者作成.
（https://www.stat.go.jp/data/kakei/2020np/index.html）

図 11-4　実収入と食料（費）の相関図

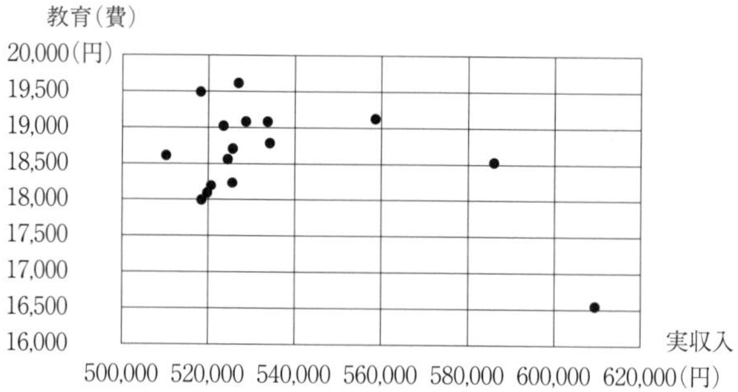

出典）総務庁統計局ウェブサイト「家計調査年報（家計収支編）2020 年（令和 2 年）」より筆者作成.
（https://www.stat.go.jp/data/kakei/2020np/index.html）

図 11-5　実収入と教育（費）の相関図

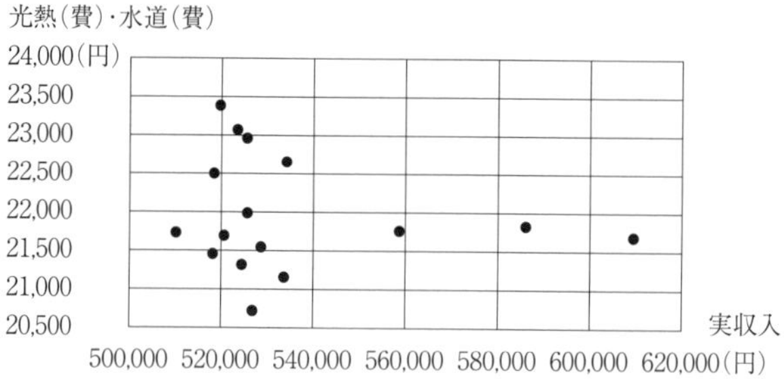

出典）総務庁統計局ウェブサイト「家計調査年報（家計収支編）2020 年（令和 2 年）」より筆者作成.
（https://www.stat.go.jp/data/kakei/2020np/index.html）

図 11-6　実収入と光熱（費）・水道（費）の相関図

B　マトリックス図

単純な時系列や相関図では見えないものが別の要素を加え象限を増やすことで見えてくる。それがマトリックス図である。マトリックスはもともと行列という意味だが、ここではデータを座標平面上にプロットしたものを指す（図 11-7）。右上から反時計回りに、第 1、第 2、第 3、第 4 象限である。

第 2 象限	第 1 象限
第 3 象限	第 4 象限

図 11-7　マトリックス図

コラム　マーケティング・リサーチの重要性

新型コロナウィルス感染症の影響で、大学の授業の形態も大きく変わった。キャンパスへの入構が禁止となり、テレビ会議システムを使用してオンラインで授業を行うことになったのである。今まで対面で黒板を使いながらアナログ方式で授業を行ってきたのだが、資料の配付も含めてデジタル方式で行わなければならなくなった。アナログ方式の授業からデジタル方式の授業への変換も大変であったが、オンライン授業でどれほどのことが伝えられるのかという不安があった。試行錯誤しながら何とか前学期を乗り越えたときに、テレビ会議システムのオンライン講習会に参加した。そこで、テレビ会議システムに投票機能があることを学んだ。この投票機能を使って学生とコミュニケーションを取ることができないかと思い、試しに使ってみたら好評で学生から投票内容のリクエストがあるほどであった。

「卵焼きの味付けは甘い派、しょっぱい派？」「ポテトサラダに入れる具は？」「好きなお寿司のネタは？」「今どんな勉強をしている？」「関心のある業界は？」などの質問を行った。1 クラス約 30 人であるが、こんなに好みや考え方は違うのかと思うほど回答は分散していた。日本の人口は総務省統計局によると 2021（令和 3）年 8 月 1 日時点の概算値で 1 億 2,530 万人であるが、1 億 2,530 万人いたらもっと好みや考え方は分かれるのではないだろうか。新製品を開発する、もしくは既存製品を改良する際には、消費者の意見を聞かないといけないということが改めて認識された。消費者の意見を聞かなければ、簡単に間違った方向へ進んでしまうだろう。投票機能を使って、マーケティング・リサーチの重要性が明らかになったのである。このことは、学生にも知識としてではなくて実感として伝わったと思う。また、クラス全員の意見を聞く機会は、対面授業ではなかなかないのが現状である。オンライン授業にもメリットがあるので、メリットを生かせるように工夫して、授業を行っていきたいものである。

注)

本章は、拙稿（1995）「マーケティング・リサーチおよびその分析手法に関する一考察」日本大学大学院修士論文、拙稿（2010）「戦略立案のためのデータ活用法」梅沢昌太郎編『現代商業学』慶應義塾大学出版会を大幅に改編したものである。

ネット検索によるデータの取得日は，すべて 2021 年 9 月 29 日.

1) e-Gov ウェブサイト「統計法（平成十九年法律第五十三号）」.
（https://elaws.e-gov.go.jp/document?lawid=419AC0000000053）

2) 総務省ウェブサイト「統計法について」.
（https://www.soumu.go.jp/toukei_toukatsu/index/seido/1-1n.htm）

3) 総務省統計局ウェブサイト「令和 2 年国勢調査の概要」.
（https://www.stat.go.jp/data/kokusei/2020/gaiyou.html）

4) e-Stat ウェブサイト「小売物価統計調査」.
（https://www.e-stat.go.jp/stat-search/files?page=1&toukei=00200571）

5) 総務庁統計調査局ウェブサイト「家計調査」.
（https://www.stat.go.jp/data/kakei/index.html）

6) 総務庁統計調査局ウェブサイト「2019 年全国消費実態調査」.
（https://www.stat.go.jp/data/zenkokukakei/2019/index.html）

7) e-stat ウェブサイト「社会生活基本調査」.
（https://www.e-stat.go.jp/stat-search/files?page=1&toukei=00200533）

8) 総務庁統計局ウェブサイト「経済構造実態調査」.
（https://www.stat.go.jp/data/kkj/index.html）

9) e-Stat ウェブサイト「人口動態調査」.
（https://www.e-stat.go.jp/stat-search/files?page=1&toukei=00450011&tstat=000001028897）

10) 厚生労働省ウェブサイト「国民生活基礎統計調査」.
（https://www.mhlw.go.jp/toukei/list/20-21tyousa.html#anchor02）

11) 経済産業省ウェブサイト「商業動態調査」.

(https://www.meti.go.jp/statistics/tyo/syoudou/index.html)

12) マーケティング・リサーチ・サービス監修 / 後藤秀夫（1996）『市場調査マニュアル』みき書房，p. 17.

13) 同上書 12)，p. 18.

14) 同上書 12)，pp. 18-19.

15) 社会調査研究所監修 / 後藤秀夫（1996）『市場調査ケーススタディ』みき書房，p. 66.

16) 同上書 15)，p. 56.

17) 前掲書 12)，p. 18.

18) 総務省ウェブサイト「報道資料　令和 2 年通信利用動向調査の結果」p. 2.
(https://www.soumu.go.jp/johotsusintokei/statistics/data/210618_1.pdf)

19) 宮澤永光・亀井昭宏監修（1998）『マーケティング辞典』同文館出版，p. 96.

20) 東京大学数理・情報教育研究センターウェブサイト　北川源四郎（2019）「時系列解析（1）」学部横断型教育プログラム「数理・データサイエンス教育プログラム　数理手法Ⅶ（時系列解析）」p. 5.
(http://www.mi.u-tokyo.ac.jp/mds-oudan/lecture_document_2019_math7/2018 年度版/時系列解析（1）.pdf)

21) 総務庁統計局ウェブサイト「家計調査年報（家計収支編）2020 年（令和 2 年）」.
(https://www.stat.go.jp/data/kakei/2020np/index.html)

第12章 高度情報ネットワーク社会と小売経営動向

本章のポイント

1. 少子高齢化や団塊世代の大量定年退職などによる生産年齢人口の減少に加え、働き方改革や新型コロナウィルス感染拡大などの影響に伴い、小売企業の人員不足は深刻化している。
2. 高度情報ネットワーク社会において、IT テクノロジーを用いて、業務効率化を図ろうとする動きが活発化している。IC タグやキャッシュレス決済の導入はその一例である。これらの IT テクノロジーは、従前の経営に大きな変化をもたらしている。
3. 小売経営のイノベーションは、伝統的な流通システムの基盤として深くかかわってきた卸売機能面の向上を促すと共に、流通構造変化を引き起こす可能性を秘めている。「流通革命論」の再燃をもたらすかもしれない。

1　小売経営をめぐる外部環境の変化

少子高齢化や団塊世代の大量定年退職などによる生産年齢人口の減少に伴い、企業の人員不足は深刻化している（図 12-1）。加えて働き方改革も実施され、残業や長時間労働規制が進み、現場では「人員不足による皺寄せ」が発生している。例えば、内閣府（2017〔平成 29〕年）によると、「2030 年にかけて、生産年齢人口の減少が加速する」と予想している[1]。したがって、今後も働き手が減少していくことが明確となっている。また、東京リサーチが実施した「人手不足関連倒産月次推移」によると、2018（平成 30）年度の人手不足関連倒産件数は 387 件の前年比 2 割増しとなっており、調査開始以降、最多記録を更新している。その理由の内訳としては「求人をかけても応募がない」「人員確保が難しくなっている」などといった声が多く、企業活動に与える影響は一段と増している（図 12-2）。

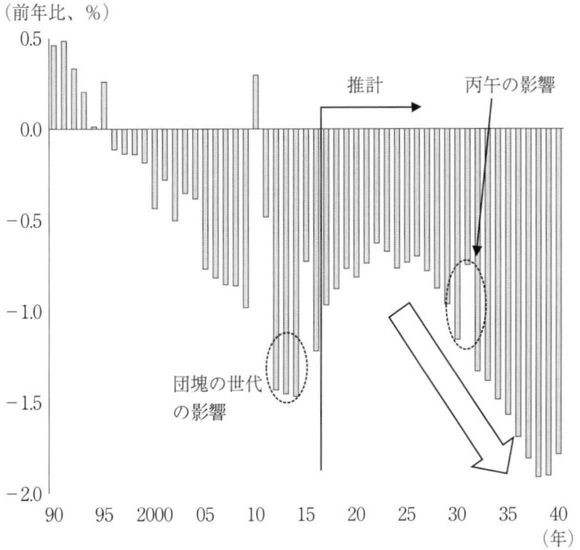

出典）内閣府ウェブサイト「平成 29 年 第 1 回経済財政諮問会議」資料 4-2
【分割版】3, p.1.（https://www5.cao.go.jp/keizai-shimon/kaigi/minutes/2017/0125/shiryo_04-2-3.pdf）

図 12-1　生産年齢人口（15〜64 歳）の伸び率

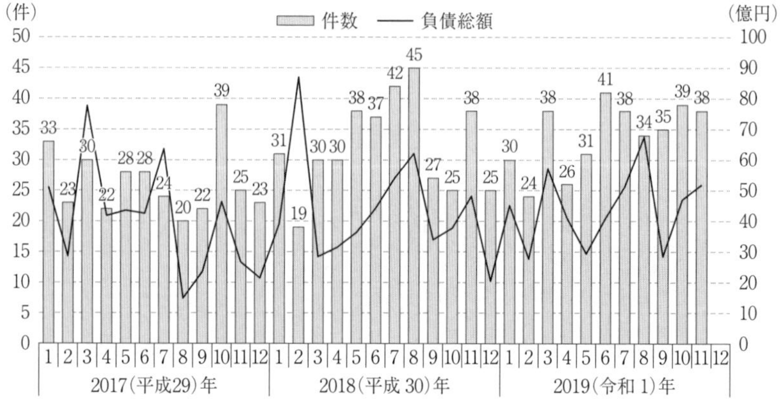

東京商工リサーチ調べ

出典）東京商工リサーチウェブサイト「『人手不足』関連倒産（11 月）」.
（http://www.tsr-net.co.jp/news/analysis/20191209_01.html）

図 12-2　人手不足関連倒産月次推移

同様の調査として、帝国データバンクが行った「特別企画：人手不足に対する企業の動向調査」によると、従業員が不足しているとする割合も増加傾向にある[2)]。

2　小売経営をめぐる内部環境の変化

第 1 節においては、小売経営に影響をもたらすものとして、少子高齢化や団塊世代の大量定年退職などにみる生産年齢人口の減少について見てきた。第 2 節では、より具体的に小売店の業務遂行との関係においてデータに基づいて見ていくこととしたい。まず、**図 12-3** が示すように、正社員は 2019（平成 31）年 1 月時点で 53%、前年より 1.9% 増加し、過去最高を記録している。非正社員では同年同月時点で 34.4%、前年より 0.3% 増加し、同様に過去最高を記録している。

特に、非正社員（パート・アルバイト）を多く抱える小売業や外食産業などではより深刻な状況となっている。例えば、**図 12-4** に示すように、従業員が「不足」している非正社員の上位10業種のうち、飲食店が84.1%（第1位、前年比9.8%増）、飲食料品小売が67.7%（第2位、前年比0.5%増）そして各種商品小売が57.5%（第4位、前年比13.6%増）などとなっている。

このように人手不足が深刻で、人件費の高騰や欠員などにより従前のような業務を遂行していくことが困難となってきている。しかしながら、人手が足りないことで、できる限り業務を自動化していこうとする動きもある。例えば、帝国データバンクの調査によると、「設備投資は更新需要を中心とし、人手不足に対する投資やIT関連投資も上位」としている[3)]。つまり、設備の充実化を図ることで人手不足に対応する動きが進んでいる。小売経営においても、設備の充実などを図ることで、業務の効率化を図る動きが最近では顕在化している。小売経営においても、設備の充実、例えば、セルフレジとICタグやキャッシュレス決済を連動させることで、業務の効率化を図り、人手不足を解消させようとする動きが進んでいる。また、これらの動きは、昨今の新型コロナウィルス感染拡大による影響も後押しをしている。三密を回避したい消費者の中には極力、店舗での購買活動を効率化したいとするニーズがある。加えて、ストレスフリー消費の動きも活発化している。小売経営側も、消費の可視化を推し進め、競争優位な店舗経営を進めたいとする思惑もある。さらに、オンラインショッピングの台頭と新型コロナウィルス感染拡大に伴う外出自粛の影響で、リアル店舗での業務効率化は急務となってきている。

本章では、高度情報ネットワーク社会におけるテクノロジーの進化について、特に、ICタグとキャッシュレス決済の2つに着眼して、その動向について考察することとしたい。加えて、今後の流通構造の変化についての若干の示唆を行ってみたい。

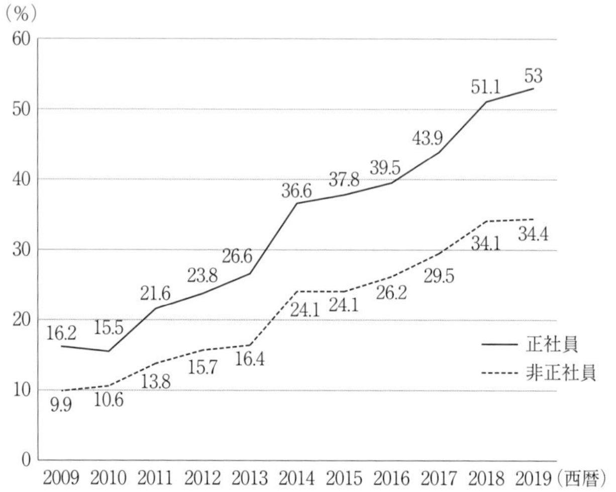

出典）帝国データバンクウェブサイト「特別企画：人手不足に対する企業の動向調査（2019年1月）」p.3 をもとに筆者作成.
（https://www.tdb.co.jp/report/watching/press/pdf/p190207.pdf）

図 12-3　従業員が「不足」している企業の割合

	正社員	2019年1月	2018年1月	2017年1月	非正社員	2019年1月	2018年1月	2017年1月
1	放送	⇧ 76.9	⇩ 53.8	－ 73.3	飲食店	⇧ 84.1	⇩ 74.3	－ 80.5
2	情報サービス	⇧ 74.8	⇧ 74.0	－ 65.6	飲食料品小売	⇧ 67.7	⇧ 67.2	－ 59.4
3	運輸・倉庫	⇧ 71.9	⇧ 65.9	－ 58.1	メンテナンス・警備・検査	⇧ 61.7	⇧ 59.7	－ 52.5
4	建設	⇩ 67.8	⇧ 68.1	－ 60.1	各種商品小売	⇧ 57.5	⇩ 43.9	－ 47.6
5	飲食店	⇧ 65.9	⇩ 42.9	－ 53.7	娯楽サービス	⇩ 57.4	⇩ 63.6	－ 64.8
6	家電・情報機器小売	⇧ 64.7	⇧ 60.5	－ 58.3	旅館・ホテル	⇧ 54.2	⇩ 46.2	－ 53.3
7	メンテナンス・警備・検査	⇩ 64.3	⇧ 65.4	－ 62.9	人材派遣・紹介	⇩ 52.1	⇧ 66.7	－ 51.1
8	リース・賃貸	⇧ 62.9	⇧ 61.2	－ 47.1	電気通信	⇧ 50.0	⇧ 40.0	－ 38.5
9	人材派遣・紹介	⇩ 60.4	⇧ 61.1	－ 60.8	リース・賃貸	⇧ 48.3	⇧ 39.5	－ 35.0
10	機械製造	⇧ 58.2	⇧ 57.8	－ 44.0	飲食料品・飼料製造	⇧ 48.1	⇧ 47.1	－ 41.4

注：2019年1月の矢印は2019年1月と2018年1月との増減、2018年1月の矢印は2018年1月と2017年1月との増減を表す

出典）帝国データバンクウェブサイト「特別企画：人手不足に対する企業の動向調査（2019年1月）」p.3.
（https://www.tdb.co.jp/report/watching/press/pdf/p190207.pdf）

図 12-4　従業員が「不足」している上位 10 業種

3　高度情報ネットワーク社会におけるテクノロジーの進化と業務効率化

A　IC タグと業務効率化

[1] IC タグとは[4)]

IC タグは、一般に「次世代のバーコード」といわれ、従来型のバーコードや QR コードと管理や機能面においてよく比較される。ここでは、今日、最も盛んに利用されているバーコードとの比較検証を行い、その特長について整理することとしたい（図 12-5）。

バーコード（従来型）	IC タグ
・国境を越えて単品管理が可能	・国境問わず個品管理が可能
・製品に対しスキャンすることでデータを読み取る（接触型）	・製品に対しスキャンすることなしに一括してデータを読み取る、また GPS 搭載により物の所在が明確化。（非接触型）
・製品に対する情報をバーコード技術によって記録させることで製品情報をもたらせることができる ⇒情報管理に制約あり	・製品に対する情報を RFID 技術によって記録させることで、製品情報をもたせることができる ⇒情報管理に制約なし
・バーコードは印刷によりコピーが可能となるため低コストで製造できる（しかし、そのため、偽造が可能となり信頼面に疑問が残る）	・バーコードとは異なり、印刷できないため、普及が促進されるまでは、コストがかかるが工業製品では問題にはならない。（偽造面における問題はバーコードと比較すると少ない）

出典）筆者作成.

図 12-5　バーコードと IC タグの比較

まず、IC タグはバーコードと異なり、単品管理ではなく個品管理が可能となっている。これは商品ごとに ID 情報（履歴情報）を紐付けすることができ、在庫管理などにおいて優れた機能を有している。またその都度、バーコードでスキャニングしてきたが、それを一括でデータの読み取りをすることができる。加えて、それを情報管理することで、商品や在庫の所在を把握することもできる。さらに、バーコードと比較して入力などの手間も省ける。

こうした技術は、今日に始まったわけではなく、歴史的には、1960 年代後半から実は利活用されてきた。当初は、盗難防止の仕組みとして利用され、それが1980年代前半には、自動車の料金収受システムとして導入された。そして1980年代後半に入ると、現在のような小型RFIDデバイスが登場する。しかし当時は半導体技術が未発達であったゆえに、低い周波数で動作するICタグであった。その後1990年代から2000年代半ばにかけてはICチップの小型化・軽量化・低価格化が進展し、当時、日立製作所が開発したミューチップのような0.4 mm程度のものが市場投下された。しかし、こうした技術の進展はあったものの、その後のサブプライムローン問題やリーマンショックなどの影響により、景気が低迷し、コストのかかる技術よりも低廉でコストのかからなく、使い勝手の良いQRコードが普及していった（表12-1）。

表12-1 ICタグ登場の歴史

年　代	ICタグ利用動向
1960年代後半～	盗難防止の仕組みとして利用
1980年代前半～	自動車の料金収受システム導入に伴い利用
1980年代後半～	今日のICタグのような小型RFIDデバイスが登場。しかし、当時は半導体技術が未発達だったがゆえに、低い周波数で動作するICタグが利用
1990年代～現代	ICチップの小型化・軽量化・低価格化が進展し、日立が開発したミューチップのような0.4 mm程度のものが市場投入

出典）筆者作成.

QRコードの普及の要因には、こうしたコスト負担に対する低減効果の他に、当時、カメラ付き携帯電話の普及によって、利用しやすい環境が整っていたことが挙げられる。セブン&アイ・ホールディングスやイオンなどの日本を代表する大手チェーン小売業が自社PBにそうしたQRコードを食の安全・安心のために登用していったことも、ICタグから急速にQRコードへと移行した要因ともいえる。

このように、かつてはバーコードに代わる「次世代のバーコード」として期待されたICタグであったが当時の経済環境と技術的側面の問題などと相まって、結局のところ、一般的普及には至らなかった。

しかしながら、今日、高度情報ネットワーク社会において人手不足が社会問題化するなかで、業務効率化だけでなく、人件費の削減効果も期待できることから、最近になってICタグを再評価する動きも進んでいる。本章では、特にその導入に積極的な株式会社ファーストリテイリング（以下、ファーストリテイリング）について事例として取り上げ、検証する。

[2] ファーストリテイリングICタグ導入とその効果

現在、ファーストリテイリングは、人手不足解消の一環として、GUとユニクロの店舗において東芝テック開発のRFIDセルフレジを導入し[5)]、ICタグと連動させて、レジの効率化や省人化を実現している。また、これらのテクノロジーの導入によって、リアルとウェブの両店舗における在庫管理の強化も実現している。ここではリアル店舗を中心にICタグとのかかわりの中で、考察する。

ICタグの店頭導入は、GUから開始している。GUから店頭導入を開始した背景には、いうまでもなく価格との関係が挙げられる。GUは低価格を武器にマーケティングが展開されている。ユニクロが老若男女問わず高品質・低価格にあるのに対してGUは低価格のみに照準を絞っている。特に、若い女性をターゲットとし、流行を捉えながら低価格でお洒落を楽しむことを前提に商品開発を進めている。インスタグラムなどのSNSに代表される口コミ効果も相まって、若い女性にとって買い求めやすい低価格であることは、売上を確保する上で重要となる。それゆえに、設備に対して多額な先行投資をしてまでもGUでは、商品の低価格化にこだわっているのである。

また、店舗数を見ても、ユニクロに比べてGUの方がその数は少ない。そうした意味では、実験店舗としてGUでの導入はリスクが低くなる。加えて、スマートフォンでアプリを立ち上げ、クーポン利用できる消費者にとって使い勝手も良く、片時もスマートフォンを離さない若い女性にとってお得で便利なセルフレジは受け入れやすいとファーストリテイリング側はふんだものとも考えられる。

このように、GUではICタグを導入することで、レジ待ち時間を短縮し、現在、それ以前までの3分の1の時間での支払いを実現させている[6)]。厳密には、ICタグによる一括決済でのレジ待ち解消と精算に費やす時間の削減を実現し、結果として、レジ業務の人手が減ったことで、その分の労働力を接客業務の強化につなげている。

また、IC タグによる導入効果はこれにとどまらない。例えば、GU 最大の売場面積を誇る横浜港北ノースポート・モールでは、最新のテクノロジーがカードに搭載されている。このカートはオシャレナビ・カートと呼ばれ、ビーコン（発信機）から情報を受信し、最寄りのおすすめ商品が表示されるシステムとなっている。気になった商品があれば、消費者は随時、商品を端末にかざし、カラー・サイズ別の在庫、コーディネート情報を確認することができる（図 12-6）。

＊タブレット端末がついたオシャレナビ・カートでは在庫などの有無が瞬時に把握できる。
出典）東洋経済 ONLINE「ジーユー「超ハイテク店舗」はこんなにスゴい―在庫やレビューなど、便利な情報を客に提供」.
（https://toyokeizai.net/articles/-/189390?page=1）

図 12-6　オシャレナビ・カート

既述したセルフレジにおいても同様の確認ができることから、これらのシステムは、商品探し（カラー、サイズ、在庫の有無など）に費やす時間や手間を大幅省力してくれる[6)]。このように、IC タグとこれら端末とが連動することで、レジや接客にかかる人件費の削減につながり、なおかつ、検品や在庫管理、棚卸などといった裏方の作業も大幅に軽減している。

ファーストリテイリングでは、物流倉庫においても IC タグを導入し、超省人化に取り組んでいる。現在は EC 市場のみで導入されているが、株式会社ダイフクと戦略的グローバルパートナーシップを締結し、物流倉庫での検品、商品管理、出荷、棚卸といった人手のいる作業を効率化させている。図 12-7 および図 12-8 のようにそれまでは段ボール単位での商品の入荷を折畳式コンテナ単位に変更し、それを生産国から日本に輸送する段階から IC タグを貼付している。コンテナに変更したことで、荷姿や大きさを統一し、システム化することによって物流センターでの取扱いやすさを実現させている。その流れとしては以下のとおりである[7]。

①自動入庫荷下ろし機（コンベア）に載せ、②自動検品機で検品し、③自動保管倉庫で保管し、④自動出庫倉庫から商品を出荷し、その後、人手によるピッキング作業へといった流れとなっている。ファーストリテイリングによると、今後は人手によるピッキング作業も、自動化する予定としている[7]。

出典）図 12-7、図 12-8 共に流通ニュースウェブサイト「ユニクロ／全商品に RFID 貼付、製造から販売まで生産性を向上」.
（https://www.ryutsuu.biz/column/k101748.html）

図 12-7　折畳式コンテナ

図 12-8　IC タグ自動検品機

なお、ファーストリテイリングの有明自動倉庫の配置については図 12-9 のとおりである。1 階の商品搬入口に自動入庫荷下ろし機を導入し、1 階に運ばれた商品は IC タグ自動検品機で検品をした後、3 階の自動保管倉庫に運ばれるシステムとなっている[8]。

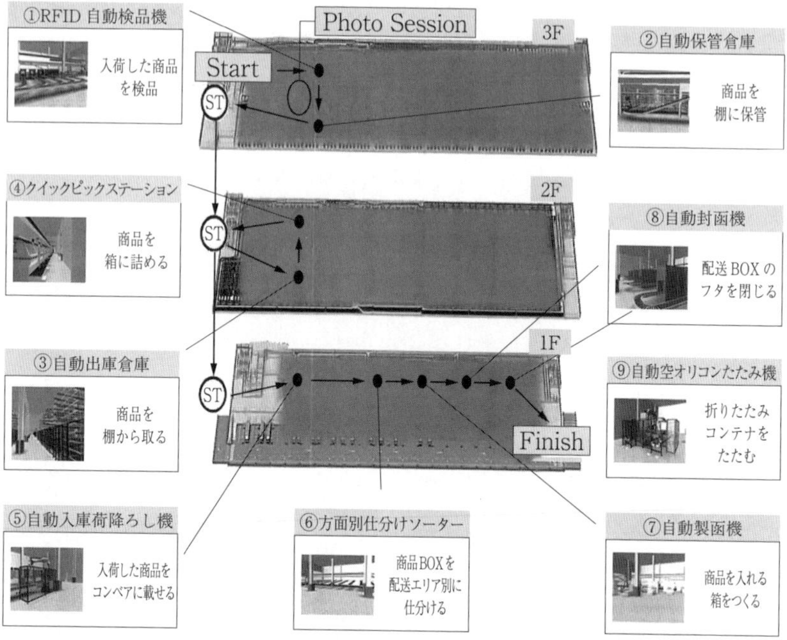

出典）商業界 ONLINE「ユニクロの有明自動倉庫に見る課題」.
（https://news.line.me/issue/oa-shogyokaionline/def8133ee5b3）

図 12-9　有明自動倉庫配置図

[3] ファーストリテイリング IC タグ導入による経済的波及効果

ファーストリテイリングではグループを挙げて IC タグを導入している。そして全てに IC タグを貼付することで、生産、物流、販売の全工程の効率化を推進している。現在、IC タグ 1 枚当たりの導入コストは 10 円程度といわれている[7]。費用対効果の観点から、IC タグの導入に踏み切ったとされる。「GU」は同グループの他社に先駆けて積極的に IC タグを導入し、以下の業務効率化を実現させている。

①レジ・検品・棚卸業務の高速化
②情報の共有化による商品・在庫管理の強化
③レジや接客にかかる人員の削減
④新しいサービスの提供、拡大

特に、物流面でのこれまでの課題として、どの商品がどのくらい生産されているのか、いつどのくらいの数量で工場から倉庫に届けられるのか、倉庫から出荷されて商品がいつ、どのくらいの数量でどの倉庫から店舗に納品されるのか、店舗では売場とバックヤードにどれだけの商品があるのかなど、完全に把握することは困難であった。

しかしながら、ICタグの導入によって「どこにどれだけの数量の商品があるのかを、瞬時に正確に把握する」ことが可能となった。現在は、日本国内EC用倉庫4拠点、店舗用倉庫9拠点の13拠点にこのような業務効率化が推し進められているが、今後は順次、国内倉庫を有明倉庫同様に、自動化していく予定としている。これが実現されれば、なお一層、全国的に業務の効率化が実現されることとなる。

ファーストリテイリンググループは2019（令和元）年時点、全体で年間13億着の衣服を生産している。この数字は世界衣服市場における約1.6%となる。また、日本国内アパレル市場においては、店舗数が3,589（2019年度)、売上高/売上収益約2兆3,000億円とされることから、ファーストリテイリングがアパレル市場に与える影響は国内外共に大きいと考えられる。さらに、2019年8月期の純利益は1,625億円と過去最高益を更新した。特に、海外事業については営業利益が1,389億円に達し、国内事業の1,024億円を大きく上回った[9)]。2020（令和2）年度はコロナ禍の影響で、外出自粛ムードが強まった影響もあり、店舗数の減少と共に売上不振が続いている。

しかし、2021（令和3）年8月期の純利益は回復傾向にあり、今後、アフターコロナの海外事業展開と並行してEC市場でのシェア拡大が、少子高齢化によって減収する国内事業を補填する上で、従来以上に重要な鍵となってくる。業務効率化と相まって海外事業とECサイトでの市場拡大がファーストリテイリングにとって成長戦略として重要になってくることはもちろんのこと、そうした成長戦略の中でICタグが利活用されることは、競合他社にとっても新たなビジネスモデルとして広く波及するものと考えられる（図12-10)。

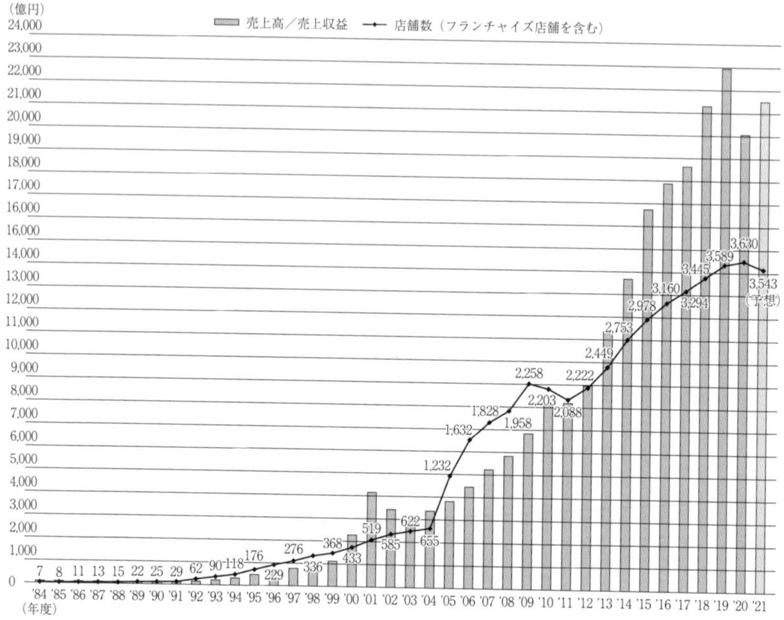

注）2002 年度から連結ベースのデータを記載しています。
　　2014 年度から国際会計基準（IFRS）ベースのデータを記載しています。
出典）株式会社ファーストリテイリングウェブサイト「ファーストリテイリングについて」.
　　(https://www.fastretailing.com/jp/about/business/aboutfr.html)

図 12-10　ファーストリテイリングの売上/売上収益と店舗数の推移

B　キャッシュレス決済と業務効率化

IC タグと同様に、業務の効率化を促すツールとして注目されているテクノロジーとしてキャッシュレス決済の本格的導入が挙げられる。クレジットカードや電子マネーなどは、今に始まった技術ではないが、セルフレジの導入との関係から省人化をする上で重要となる。また、消費の可視化を実現させる上でも、小売業側としてもマーケティング戦略上、データを確保することは、必要不可欠である。現金では使った本人確認ができないが、キャッシュレス決済がなされることによって、それが可能となり、より精巧な消費者の購買行動分析が可能となる。こうした消費の可視化が一般化されることは、今後の流通構造に大きな変化をもたらすことは必至であることから、本項では、キャッシュレス決済がもたらす流通構造の変化について考察することとしたい。

[1] キャッシュレスとは

キャッシュレスとは、「現金を使わない、現金ではない」すなわち、「現金を使わずに商品やサービスなどに対して決済を行うこと」[10]である。また主な決済手段として、クレジットカード、デビットカード、電子マネーの他に、プリペイドカードやQRコードなどがある。加えて、広義の意味においては、収納代行（コンビニ収納、代引）や送金サービス、銀行口座振替なども含まれる。

このようにキャッシュレスの支払手段は、多岐にわたり存在する（表12-2）が、今日のような高度情報ネットワーク社会においては消費者にとって

表12-2　主要なキャッシュレス支払手段

	プリペイド（前払い）	リアルタイムペイ（即時払い）		ポストペイ（後払い）
主なサービス例	電子マネー（交通系、流通系）	デビットカード（銀行系、国際ブランド系）	モバイルウォレット（QR コード、NFC 等） ※プリペイ、ポストペイ可能	クレジットカード（磁気カード、IC カード）
特徴	利用金額を事前にチャージ	リアルタイム取引	リアルタイム取引	後払い、与信機能
加盟店への支払いサイクル	月2回など	月2回など	即日、翌日、月2回など様々	月2回など
主な支払い方法	タッチ式（非接触）	スライド式（磁気） 読み込み式（IC）	カメラ/スキャナ読込（QR コード、バーコード）タッチ式（非接触）	スライド式（磁気） 読み込み式（IC）
【参考】 2016年の民間最終消費支出に占める比率（日本国内）	1.7%	0.3%	―	18.0%

出典）経済産業省ウェブサイト「キャッシュレス・ビジョン（平成30年4月）」p. 4, 図表1.
（https://www.meti.go.jp/press/2018/04/20180411001/20180411001-1. pdf）

ストレスフリー消費をする上でキャッシュレス決済は、利便性を追求するためには重要な要素となりつつある。一方、企業にとっても、データを解析する上でこれらの手段が一般化され、普及することは、消費の可視化がしやすく、同時に人手不足に直面する企業にとっては、労働生産性の向上を促す重要な手段ともなる。

[2] 日本におけるキャッシュレス決済の現状

高度情報ネットワーク社会においてキャッシュレス決済は経済効率を高めてくれる手段として今日、注目されている。特に、2019（令和元）10 月導入の消費増税に向けて効率性を高めることでその分の還元を打ち出す戦略を行った企業も少なくない。経済産業省の「キャッシュレス決済の中小店舗への更なる普及促進に向けた環境整備検討会（第 1 回事務局説明会）」（2020〔令和 2〕年 6 月 1 日）によると、ポイント還元事業では、最終的な登録店舗は約 115 万店であった（図 12-11）[11)]。また、これを契機に、9 割を超える加盟

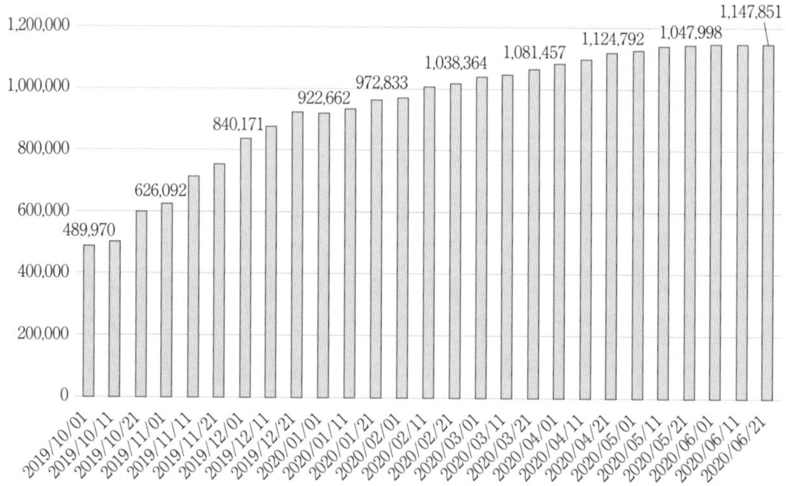

出典）一般社団法人キャッシュレス推進協議会ウェブサイト「キャッシュレス・ロードマップ 2021（2021 年 3 月 31 日）」p.12.
（https://www.paymentsjapan.or.jp/wordpress/wp-content/uploads/2021/05/roadmap2021.pdf）

図 12-11 ポイント還元事業における加盟店登録数の推移

店が2020年6月のポイント還元終了後もキャッシュレスを継続するとしている[12)]。

情報ネットワーク化をさらに進めるためには、現金ではなく、キャッシュレスでの決済は効率の観点およびデータ解析の観点においても理想的である。現在、多くの先進国において、キャッシュレス決済に向けての政策的な取組みが進んでいる。

しかしながら、日本におけるそれは必ずしも進んでいる訳ではない。むしろ、キャッシュレス決済においては後発国である。例えば、図12-12のように先進各国における決済比率は2018（平成30）年時点においては、韓国（94.7%）、中国（77.3%）、カナダ（62.0%）、オーストラリア（59.0%）、シンガポール（57.6%）、英国（57.0%）、スウェーデン（48.9%）、アメリカ（47.0%）、フランス（44.8%）、日本（24.2%）といった順で、日本は先進他国に比べ出遅れている[13)]。しかしその後は、電子マネーやデビットカード、クレジットカードを中心に緩やかに上昇し、キャッシュレス支払比率は26.8%に達している（図12-13）[14)]。また、2019（令和元）年には、キャッシュレス決済方法として新たにコード決済も加わった。これらの上昇の背景には、コンビニ各社を中心とするポイント還元を謳い文句とした消費者囲い込み戦略や利便性を求める消費者への利用拡大による影響が挙げられる。また、中小企業の設置、導入も含め、その利用機会が増加していることもその要因として考えられる。かつては、例えばクレジットカード決済をする際に手数料の問題から小売店での利用ができないケースもあった。しかしながら、今日においては、様々な場所で利用可能である。

さらに、インバウンド観光客の増加とその対応も挙げられる。インバウンド消費を拡大するためにも、利便性の高い店舗が広く求められるようになってきていることも、その要因の1つと考えられよう。

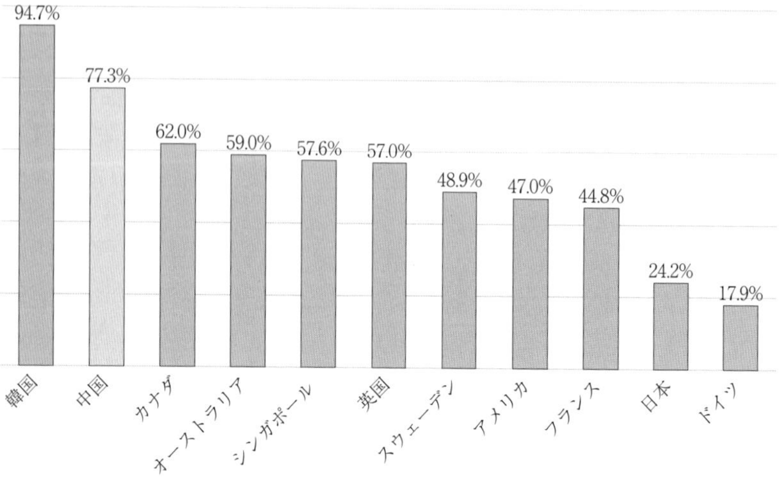

出典）一般社団法人キャッシュレス推進協議会ウェブサイト「キャッシュレス・ロードマップ 2021（令和 3 年 3 月 31 日）」p.9.
（https://www.paymentsjapan.or.jp/wordpress/wp-content/uploads/2021/05/roadmap2021.pdf）

図 12-12　各国のキャッシュレス決済比率の状況（2018）

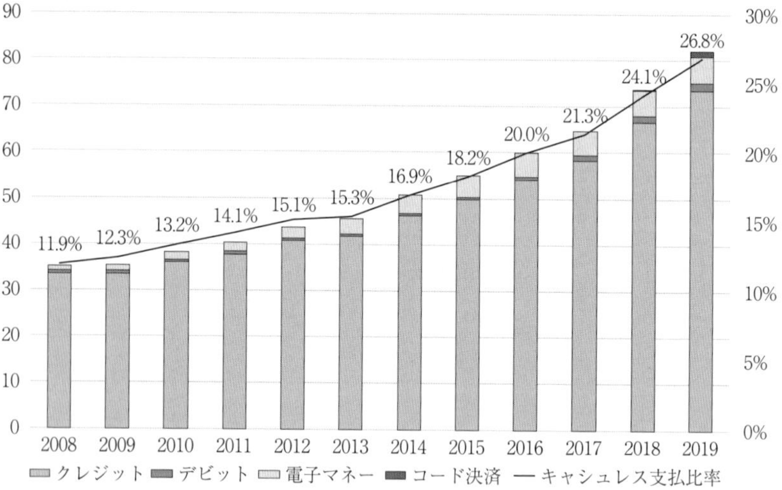

出典）一般社団法人キャッシュレス推進協議会ウェブサイト「キャッシュレス・ロードマップ 2021（令和 3 年 3 月 31 日）」p.4.
（https://www.paymentsjapan.or.jp/wordpress/wp-content/uploads/2021/05/roadmap2021.pdf）

図 12-13　キャッシュレス支払額と民間最終消費支出に占める比率

[3] キャッシュレス決済導入背景と業務効率化

2019（令和元）年10月からの消費税の増税によってキャッシュレス化を推進する動きはますます、強化された。日本政府はキャッシュレス決済をする消費者に対しては7,800億円程度の予算を駆使して、2%還元を2020（令和2）年6月末日まで実施した。これに乗じて、人手不足や業務の効率化を図ろうとする事業者はセルフレジなどを導入し対応した。例えば、コンビニエンス・ストアのローソンやセブン-イレブンなどではストレスフリー消費への対応も含め、早い時期から対応している。また、消費者もこれらのインフラ環境の整備と充実を受けて、キャッシュレス決済への関心や利用が高まった。

本項では、コンビニエンス・ストアの株式会社ローソン（以下、ローソン）と外食チェーン店であるロイヤルホールディングス株式会社（以下、ロイヤルホールディングス）の事例を取り上げる。コンビニエンス・ストアが抱える人手不足問題やストレスフリー消費への対応、一方、外食店が抱える人手不足問題や業務の効率化への対応について事例をもとに検証していていきたい。

(1) ローソン

ローソンでは「コンビニは変化対応業」[15)]と捉え、さらなる生産性向上を実現する店舗業務の効率化とストレスフリーな買物経験の提供を目的に、キャッシュレス化を視野に入れたセルフレジを開発し、これまで漸次、実験的に店舗に導入している。2019（令和元）年8月23日午前零時をもってローソン氷取沢町店（横浜市磯子区）においてスマート店舗（深夜省人化）実験が開始され、日本のマスコミ各社を騒がせたことについては記憶に新しい。

実験店舗では、深夜時間帯の0〜5時の間は「QRコード」または「顔撮影」のよって入店管理する形式となっている。したがって、事前にローソンアプリをダウンロードし、ローソンIDを登録しておく必要がある。アプリ内に表示されるQRコードを店舗入口付近に設置されている機器にかざすと、自動ドアが開き、入店できる仕組みとなっている。なお、スマートフォンを持っていなくローソンアプリを利用できないという人は、店舗で事前に「お得意様入店カード」を入手して利用するか、入店機器に設置してあるカメラで顔を撮影することによって入店ができる[16)]。

店舗内では、必要な商品を買物かごに入れて、スマホレジかセルフレジで商品登録し、支払いをする。クレジットカードや電子マネー、QR コードなどのキャッシュレス決済が中心であり、現金での決済もできる[16]（図 12-14）。

出典）ローソン研究所ウェブサイト「【News】スマート店舗（深夜省人化）実験を横浜で開始！」.
（http://www.lawson.co.jp/lab/tsuushin/art/1381668_4659.html）

図 12-14　ローソンのセルフレジ（左）とスマホレジ（右）の画像

ローソンでは、省力化や省人化を目的にスマート店舗の営業実験を開始した。しかし、こうした取組みは、ストレスフリー消費を求める消費者にとって、その利便性を経験することで、結果として、キャッシュレス決済への利用を高めることにつながる。競合他社であるセブン-イレブンやファミリーマートなどでも省人化や無人化に向けた営業がこれまでに実験的に導入され、現在、両社ではセルフレジでの会計をキャッシュレスのみとしている。

ローソンをはじめとするコンビニエンス・ストア各社のセルフレジの導入は当然のことながら、キャッシュレス決済への移行を従前以上に推し進め、特に、業態の特性と相まって消費者からの支持を得られるであろう。

(2) ロイヤルホールディングス[17]

ロイヤルホールディングでは、生産労働人口の減少および働き方改革に伴い、生産性向上の実現を目的にキャッシュレス化を取入れた次世代店舗（GATHERING TABLE PANTRY 馬喰町店）を開店している。この店舗では、IT

を駆使することで、業務負荷を軽減し、完全キャッシュレス化とセルフオーダーのオペレーションを導入している。そして現金管理をなくすことで、締め処理などの売上管理業務の作業工程の軽減や報告業務などの店舗業務の効率化を実現させている。

具体的には図 12-15 のような看板を店頭前に設置しキャッシュレス支払いのみに対応している旨を告げた上で、入店してもらうよう要請している。

源出典）ロイヤルホールディングス　検討会発意表資料（第 6 回）
出典）経済産業省ウェブサイト「キャッシュレス・ビジョン（平成 30 年 4 月）」p.36, 図表 29.
（https://www.meti.go.jp/press/2018/04/20180411001/20180411001-1.pdf）

図 12-15　ロイヤルホールディングスの研究開発店舗

キャッシュレス決済の導入によって、ロイヤルホールディングスの次世代店舗では、店長業務の効率化が進んでいる。従来、約 40 分かかっていたレジ締めを、約 5 分で終了できるなど、劇的な変化が表れ、店長業務からのプレッシャーも大きく軽減しているとの声も報告されている[18]。また、図 12-16 に示すように、店長の業務時間のうち、管理・事務作業は従来の店舗では全体の 19% を占めていたのに対し、同店舗では 5.6% となっている[18]。

このように、キャッシュレス決済によって削減された時間を接客や調理、OJT のトレーニング、スタッフ同士のコミュニケーションにあてることができるため、店舗内でのサービスや料理の質の向上に費やすことが可能となっている[18)]。

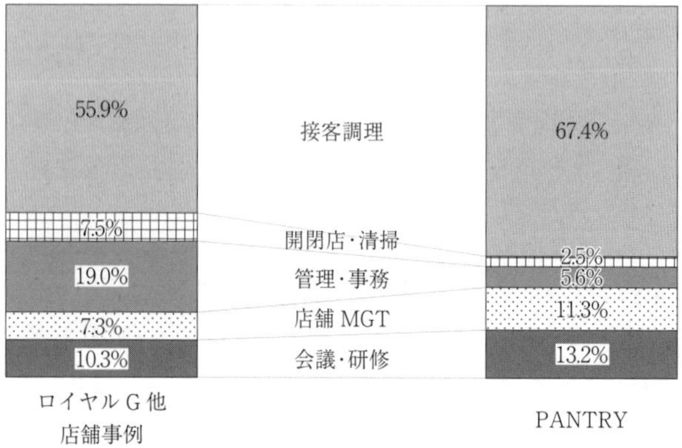

出典）ペイサポウェブサイト「ロイヤルホールディングスが完全キャッシュレス店舗に踏み切った理由」.
（https://www.smbc-card.com/kamei/magazine/tips/interview3.jsp）

図 12-16 店長の業務時間割合

ロイヤルホールディングスの次世代店舗では、キャッシュレス決済によって人手不足が深刻化し、従来どおりの業務が図れない外食店にとって、店舗業務の効率化を実現させてくれる今後欠かせないシステムとなっていくものと考えられる。こうした動きは、大手外食チェーンであるすき家やスシローなどにおいても導入されており、漸次、拡大している。

(3) 両社の事例からみる効果

ローソンは生産性向上を実現する店舗業務の効率化とストレスフリーな買物経験の提供を目的に、セルフレジを導入してキャッシュレス化を推し進めている。そして店内ではキャッシュレス決済を中心とした端末を設置し、スピーディーな精算が可能となっている。消費者にとってみれば、これを契機にキャッシュレスを経験することで利用価値を見出し、今後の継続的な利用につながっていく可能性も高い。

一方、ロイヤルホールディングスでは、キャッシュレス決済を通じて、管理業務の作業工程の軽減や報告業務などの店舗業務の効率化を実現させている。その分の労力を接客サービスや料理の質の向上に費やすことができるようになった。

人手不足が深刻化している昨今、両社にとってキャッシュレス決済の導入は、業務効率化の実現だけでなく、これまで課題とされてきた事象を解決するための糸口ともなっている。

しかしながら、キャッシュレス決済がもたらす意味は、これに留まることない。ローソンの事例に見るように、キャッシュレス化して決済データを蓄積すれば、現金決済では把握しきれなかった消費者一人ひとりの購買データを収集、分析し、より高度なマーケティングに活かすことも可能となる[19)]。元来、キャッシュにおいては購入した商品やサービスと購入者のデータ記録、保管、管理などは不可能であった。小売店舗でのPOSレジによる販売記録（履歴）は残ったものの、誰が購入したかまでの記録（履歴）は管理することは不可能であった。もっとも、ポイントカードや電子マネーはID-POSといった形で、ある程度の分析はできるようになったが、支払われた金額の電子記録にまでは至っていない。その点、キャッシュレス決済は消費者個人の購買行動が瞬時に把握しやすくなり、加えてAI解析によって販売促進にもつながりうる。消費者にとってみても、欲しい情報サービスが提供されることで、効率的な購買行動を図ることができるようになる。すなわち、利便性が一段と増すことになる。そして、中・長期的にはこれまで以上に精巧に消費者ニーズを分析、解析することが可能となり、店舗経営はより高度化し、新しいサービスや産業を創出するようになっていくことになろう。

4　店舗経営のイノベーションと流通構造変化

少子高齢化の進展などによる生産年齢人口の減少、人手不足による労務コストの上昇などが今日、課題視され、加えて新型コロナウィルス感染拡大に伴う三密回避を求める店舗経営が求められるなかで、ICタグやキャッシュレス決済の導入は様々な観点から注目されている。

本章では、ICタグについて、ファーストリテイリングの事例に基づいて考察し、以下の利点について確認している。

①店舗業務の効率化
②物流の効率化
③消費者行動の可視化

また、これらの導入効果に加え、経済産業省主導による「コンビニ電子タグ1000億枚計画」の推進や直近のコンビニエンス・ストアの24時間営業の見直し、Amazon Goなどの存在と相まって、今後もICタグの普及、拡大を促す要素は多分にある。

一方、キャッシュレス決済についても、ローソンやロイヤルホールディングスの事例に見られるように、業務効率化における期待は大きい。またICタグ同様の利点も享受できる。2019（令和元）年10月導入の消費増税に伴うポイント還元政策や、ペイペイなどのQRコード決済事業者の台頭と店舗における普及もあり、それを契機にキャッシュレス決済が定着しつつある。また、最近の消費の在り方は、利便性と価格（低価格訴求）の二極化が進展していることから、その両面を兼ね備えるキャッシュレス決済は今後も拡大の余地があると考えられる。特に、スマートフォンを片時も離さない若年層を中心にその動向が注目される。彼らは日常生活においてはLINEを使用し、それを通じてコミュニケーションを図り、ショッピングにおいては、楽天やAmazonなど、ネットを通じて賢く購入する傾向にある。しかも、楽天やAmazonなどで既に会員登録がなされている場合が多く、それゆえに、キャッシュレス決済に移行しやすいものと考えられる。

ICタグにせよ、キャッシュレス決済にせよ、いずれのテクノロジーもこれまで人間が担ってきた手法とは異なり、効率性が格段に向上することから、今後は流通構造が大きく変化していくことも予見される。つまり、本来、流通段階において主に在庫管理を行ってきた卸売機能を小売業やメーカーが担うようになる可能性が現実味を帯びてきた。生産と消費から生じるミスマッチリスクを回避するために、ITが普及する以前は、中間業者である卸売業が在庫管理を多段階に分けて管理し、対応してきた。だが、人手不足による業務の効率化の必要性やEC市場の拡大が今後も継続的に進めば、流通段階における「卸中抜き」、すなわち、かつて林周二氏が『流通革命』[20]（中央公論社、1962年）の中で論じた議論が、今後、現実的になる日もそう遠くないかも知れない。

コラム モバイル決済プラットフォーム「アリペイ」

2004年12月、アリペイは、アリババ社（中国）の運営するオンラインショッピング「タオバオワン」に対する消費者不安を払拭するためエスクロー機能を有する支払サービスとして誕生した[21]。当時はまだ、アリペイのような第三者決済機関のオフラインでの銀行カード清算市場への参入は認められていなかった。

しかし、2007年以降、インターネットが急速に普及、そして拡大した。これを受け、オンライン決済の需要が高まり、同時に成長市場として中国政府も等閑視することができなくなった。そこで2013年7月、人民銀行は「銀行カード終単（アクワイアリング）業務管理弁法」を公布した。これにより、2014年以降、QRコード決済が急速に普及した。

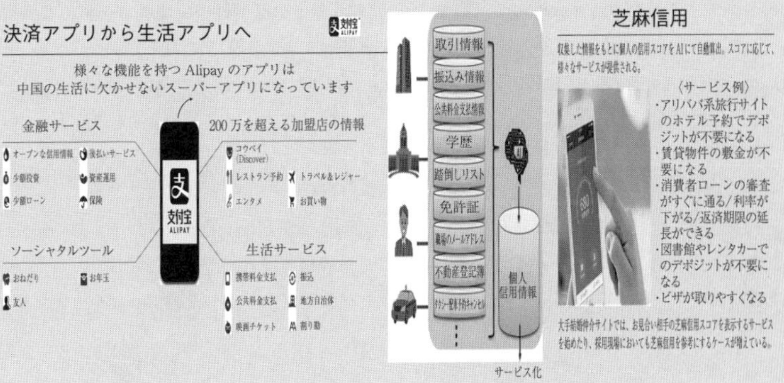

出典）経済産業省ウェブサイト「キャッシュレス・ビジョン（2018年4月）」pp.18-19.
（https://www.meti.go.jp/press/2018/04/20180411001/20180411001-1.pdf）

図12-17 アリペイの「生活アプリ」とデータ利活用サービス

アリペイは、現在、支払いを行う電子財布から進化し、生活必需品全般に対するサービスを提供している。また、利用価値を高めるべく世界200以上の国と都市、18の通貨に対応し、アリペイはグローバルなデジタルプラットフォームとして機能している[22]。さらに、データベースを駆使し、AI解析とそれに基づく付加価値サービスの充実化を図り、ますます、消費者からの支持を拡大している。中国国内の消費者にとってアリペイはもはや、生活する上で、欠かせない社会インフラ的なツールといっても過言ではない。それゆえに、日本においても、アリペイが利用できるスーパーやショッピングモールなどの商業施設も増えてきている（図12-17）。

注)

本章は、拙著（2020）『高度情報ネットワーク社会とマーケティング概念の変容』なでしこ出版の第5章および第6章を大幅に改編したものである。

ネット検索によるデータの取得日は，すべて2021年11月22日.

1) 内閣府ウェブサイト「平成29年　第1回経済財政諮問会議」資料4-2【分割版】3, p. 1. (https://www5.cao.go.jp/keizai-shimon/kaigi/minutes/2017/0125/shiryo_04-2-3.pdf)

2) 帝国データバンクウェブサイト「特別企画：人手不足に対する企業の動向調査（2019年1月）」p. 1. (https://www.tdb.co.jp/report/watching/press/pdf/p190207.pdf)

3) 帝国データバンクウェブサイト「特別企画：2019年度の設備投資に関する企業の意識調査」p. 3. (https://www.tdb.co.jp/report/watching/press/pdf/p190504.pdf)

4) ICタグの特長については以下の文献を参照した。
秋山功ほか編（2004）『ICタグの仕組みとそのインパクト』ソフト・リサーチ・センター.
井熊均（2004）『ICタグビジネス――実践手法と新分野への適用』東洋経済新報社.
井上能行（2004）『ICタグのすべて』日本実業出版社.
國領二郎・日経デジタルコアトレーサビリティ研究会編（2004）『デジタルID革命――ICタグとトレーサビリティーがもたらす大変革』日本経済新聞社.
RFIDテクノロジ編集部編（2004）『無線ICタグ導入ガイド――先進ユーザーと実証実験に学ぶ！』日経BPムック.

5) 東洋経済ONLINE「ジーユー『超ハイテク店舗』はこんなにスゴい――在庫やレビューなど、便利な情報を客に提供」p. 2. (https://toyokeizai.net/articles/-/189390?page=2)

6) 同上ウェブサイト5)，p. 1. (https://toyokeizai.net/articles/-/189390)

7) 流通ニュースウェブサイト「ユニクロ/全商品にRFID貼付、製造から販売まで生産性を向上」. (https://www.ryutsuu.biz/column/k101748.html)

8) LNEWSウェブサイト「ファーストリテイリング/有明倉庫を自動化、省人化率90%実現」. (https://lnews.jp/2018/10/k100911.html)

9) 日本経済新聞ウェブサイト「ユニクロ、海外で稼ぐ営業利益、国内を逆転――主要小売業で初」. (https://www.nikkei.com/article/DGXMZO50850810Q9A011C1EA2000/)

10) 経済産業省ウェブサイト「キャッシュレス決済の“いろは”」p. 1. (https://www.meti.go.jp/policy/mono_info_service/cashless/image_pdf_movie/cashless_iroha.pdf)

11) 一般社団法人キャッシュレス推進協議会ウェブサイト「キャッシュレス・ロードマップ2021

(2021 年 3 月 31 日)」p. 11.
(https://www.paymentsjapan.or.jp/wordpress/wp-content/uploads/2021/05/roadmap2021.pdf)
12) 同上ウェブサイト 11), p. 15.
13) 同上ウェブサイト 11), p. 9.
14) 同上ウェブサイト 11), p. 4.
15) 経済産業省ウェブサイト「キャッシュレス・ビジョン (2018 年 4 月)」p. 36.
(https://www.meti.go.jp/press/2018/04/20180411001/20180411001-1.pdf)
16) ローソン研究所ウェブサイト「【News】スマート店舗 (深夜省人化) 実験を横浜で開始！」.
(http://www.lawson.co.jp/lab/tsuushin/art/1381668_4659.html)
17) ロイヤルホールディングの事例については、経済産業省ウェブサイト「キャッシュレス・ビジョン (平成 30 年 4 月)」pp. 35-36 を参照.
18) ペイサポウェブサイト「ロイヤルホールディングスが完全キャッシュレス店舗に踏み切った理由」. (https://www.smbc-card.com/cashless/kamei/interview3.jsp)
19) 日経 FinTech・日経クロストレンド・日経×TECH 編 (2019)『QR 決済——日本列島を覆い尽くすキャッシュレスの本命はこれだ』日経 BP ムック, p. 32.
20) 林周二氏は、1960 年代に流通革命の可能性について次のように論じている。「大量生産、大量販売の時代にあって、大メーカーと大規模小売業が出現すれば、消費財の相当部分はメーカーから小売業の倉庫等への直接納入が行われる。(仲介) サービス機能を主とする問屋は大幅に排除していくべきだ」としている。チェーン小売業としてのスーパーマーケットが出現した時期に当たり、これが消費革命という社会現象の先駆けにもなるなかで、チェーン小売業が成長とともに仕入量を増大させ、その仕入量が卸売業の取扱量を上回るようなことになれば、実質上、メーカーと小売業が直接取引をできるようになり、卸売業は不要になる内容であった。
21) 前掲ウェブサイト 15), p. 18.
22) 前掲ウェブサイト 15), pp. 18-19.

第13章　食品とマーケティングの概念

本章のポイント

1. 時代の変化を受け、われわれの食生活は大きく変化してきている。ホールの状態のまま店頭に陳列されていた生鮮食品から小売に適した消費者向けパッケージ仕様となった加工食品が、昨今、店頭では主流となって販売されている。
2. 家庭内イノベーションによって、家事に費やす時間が大幅に縮小された。それに伴い、消費者のライフスタイルは大きく変化し、食文化にも影響を及ぼしている。
3. 高度情報ネットワーク社会においてパッケージの重要性は高まっている。スペースの制約を受けない QR コードなどの IT を介した情報提供は食の「安全・安心」を実現する上で重要性を増してきている。

1 食品コンセプトの変化とマーケティング

元来、「食品」とは、収穫された採れたての状態、すなわち、ホールの状態のまま店頭に陳列され販売されてきた。しかし、ホールの状態で消費者に販売されてきた食品は次第に減少している。出荷時のホールではなく、小売に適した消費者向けパッケージへと加工され販売されている。また、それに伴う変化によって卸売市場経由率も低下している（図 13-1）。

その要因の1つとして、近年、加工食品の消費が増加したことが挙げられる。ここで簡単に「生鮮食品」と「加工食品」について日本農林規格等に関する法律（以下、JAS 法）に基づいて分類してみたい。なお、これらの区分については、JAS 法と食品衛生法とでは異なる食品区分とされてきたが、消費者庁によって JAS 法の考え方に基づく区分に統一・整理された[1]。

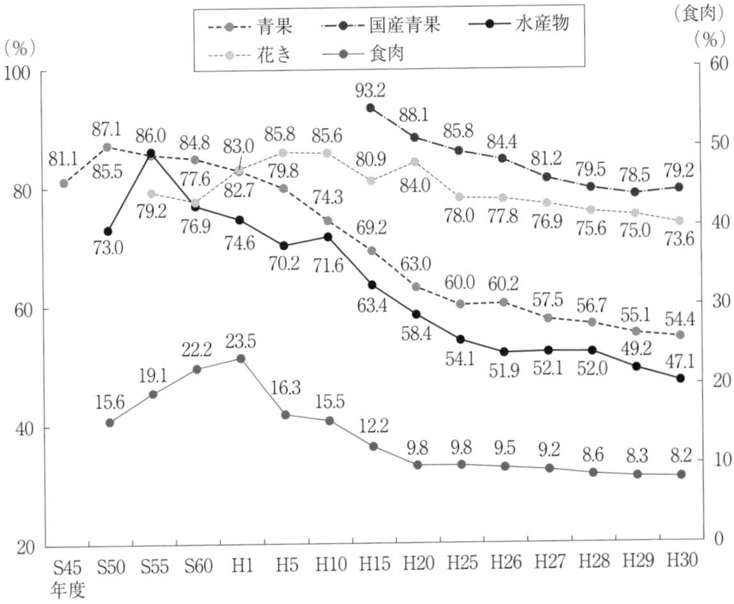

出典）農林水産省ウェブサイト「卸売市場をめぐる情勢について（令和 3 年 11 月）」p.8.
（https://www.maff.go.jp/j/shokusan/sijyo/info/attach/pdf/index-75.pdf）

図 13-1　卸売市場経由率の推移（重量ベース、推計）

それによると、生鮮食品とは、農林水産物を未処理のものや単に冷凍にしたもの、そして単に切断したものや同じ種類を切断し、混ぜたもののことをいう。一方、加工食品とは、農林水産物の違う種類を切断して混ぜたものや調理したものをいう。

また、ビジネスの視点から見ると、生鮮食品は生産者が主体となってつくる食品であるのに対し、加工食品はメーカーが主体となって食材を集め調理・製造した食品である。生鮮食品の担い手である生産者の規模は小さく、マーケティングといった発想に乏しい。そのため流通中心のビジネスとなる。またそれゆえに、以前は卸売市場を経由した流通が一般的であった。

しかしながら、消費者のニーズの変化によって、今日においては加工食品が主流となっている。加工食品は、工業製品としてものの流れと情報の流れが別という、抽象的市場を形成してきた[2)]。そのため、現物を見なくても取引が可能となる。したがって、食品メーカーは、ブランド浸透を図るために積極的なプロモーション活動を行う。またその一方で、スーパーマーケットなどの量販店に対しても積極的なマーケティングを行っている。

流通中心であった生産者主体の生鮮食品からメーカー主体の加工食品に移行したことで、マーケティングの必要性が発生し、同時に、食品のコンセプトが変化したといえる。

2 家庭内イノベーションと食文化の変容

あらゆる時代において、産業に対し、国民経済的に意味のある進歩をもたらすのは、広義の意味におけるイノベーションである。シュンペーターによるとイノベーションとは、「既存の概念や制度、そしてモノやサービスのシステムを創造的な発想で否定し、その上に新しいモノとソフトそしてシステムをつくること」とされる。加えて、彼はこうした創造的破壊と革新は、生産技術の革新、新商品の開発、新市場の開拓、そして新しい組織の創出によって具現化されるとした[3)]。食産業においてもイノベーションのインパクトは例外でなく、食品コンセプトに変化を促した要因の１つといえる。例えば、現在では当たり前のように使用されている調理器具などは、かつて想像を絶するほどのインパクトを家庭に与えた。家庭内イノベーションとなって主に家事に従事してきた主婦の時間に対する意識変化を促したのである。自動炊飯器や電子レンジ、オーブンレンジ、冷蔵庫の大型化などは、どれも家事に費やしてきた時間を大幅に改善させた。これらの調理器具が市場投下されたことで、かつて専業主婦として家事を担ってきた家庭の女性は、時間的拘束から解放され、次第に、解放された時間をパートタイマーで働くなどして、ライフスタイルを変化させていった。また、これらの調理器具によって冷凍食品の長期保存性と簡便性といったベネフィットの普及も促した[4]。これらの家庭内技術の革新は、加工食品の需要拡大を引き起こし、それがまた、海外からの輸入を高めた要因ともなっている。もちろん、プラザ合意に基づき発生した円高や1990年代における輸入の自由化などの規制緩和の影響もある。しかし、家庭内イノベーションなくして、ここまでの加工食品の拡大はなかったものと考えられる。併せて、食の洋風化の進展も含めて、今日、わが国における食料自給率は低下している。元来、米を中心とした食文化から畜産物や油脂を中心とする食文化への移行の背景にも、加工食品が深くかかわっていることはいうまでもない（図13-2、図13-3）。

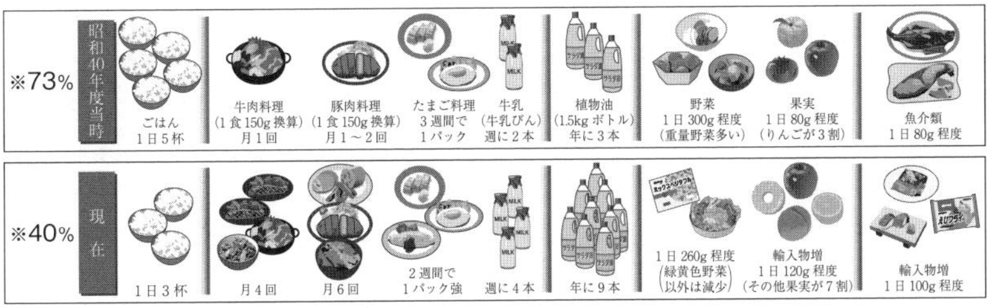

出典）農林水産省ウェブサイト「平成18年度　食料・農業・農村白書」p.4.
（https://www.maff.go.jp/j/wpaper/w_maff/h18/pdf/20070525press_1c.pdf）

図13-2　食文化の変化（食事内容、食料消費量）

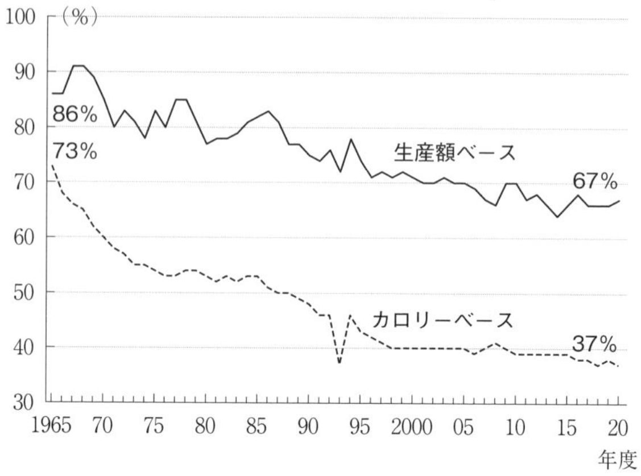

（農水省の資料を基に作成）

出典）日本農業新聞ニュースウェブサイト「食料自給率最低37％　20年度米需要減響く」.
（https://www.agrinews.co.jp/news/index/21907）

図 13-3　食料自給率の推移

3 食商品としてのパッケージの重要性

女性の社会活躍や単身者の増加に伴い、加工食品の需要が高まった。

加えて、モータリゼーションの到来と共に、業種店から業態店へと小売業の主役が変化した。これにより、食品を販売する小売システムが大きく変化した。八百屋や魚屋、肉屋などといった業種店では、フルサービスが基本で、ホールの状態の食品を店主自らが袋詰めをしていた。

しかしながら、スーパーマーケットやコンビニエンス・ストアなどの業態店ではセルフサービスが基本で、消費者が自ら買物カゴを持ち、その中に食品を入れてレジで精算をする。その過程において、消費者が自ら商品価値を判断し、その購入を決定することになる。以前であれば、店主の一言が購入判断の材料となっていたが、セルフサービスでは、消費者自身の判断に委ねられることになる[5)]。

そこで重要になってくるのが、食品自体が消費者に自らセールスする力、すなわち、「商品力」である[6)]。また、スーパーマーケットなどの大型店舗においては、消費者ニーズ多様化の影響もあり、所狭しといわんばかりに、多くの商品が陳列されている。コンビニエンス・ストアにおいては、多品種少量販売を基本としていることから、なおさら、「商品力」が求められることになる。特に、加工食品においてはその力は必要不可欠である。そのために、加工食品メーカーは、マーケティングの一環としてパッケージ戦略を図る。豊富な商品陳列棚の中で、自社商品の指名買いを消費者に促すため、パッケージによる魅力を発信し、差別化を図るのである。農産物のような生鮮食品においても例外ではなく、例えば、スーパーマーケットや道の駅においても、パッケージによる差別化がなされている。

しかし、昨今のような高度情報ネットワーク社会においては、単に魅力的な商品力に留まることなく、QR コードなどを介した様々な情報提供を内包したサービスも求められるようになってきている。食の安全・安心が広く社会から求められ、その対応が食にかかわる生産者や企業にとって必要不可欠となってきているのである。食品アレルギーを持つ人や、健康志向の人、食品や食材に含まれる添加物や農薬などに対してシビアな人は、商品のパッケージに記載されている情報提供だけでなく、より納得のいく説明を求める傾向にある。それゆえ、マーケティング・コミュニケーションとしてのパッケージ情報戦略は重要な意味を持ってくる。次節では、イトーヨーカ堂のパッケージについてトレーサビリティとの関係において考察する。

4 「安全・安心」システムとしてのトレーサビリティ

高度情報ネットワーク化が進展する今日において、食をめぐる「安全・安心」は重要なテーマとなる。それ以前の社会であれば問題とならなかった些細なことでも、インターネットを介して大きく取り上げられてしまう。特に食品についての消費者の目はシビアであり、対応を怠ると瞬く間に信用を失うことになる。そのため、食品ブランドを擁する企業にとってその対策は急務となる。

こうした状況下で、「安全・安心」システムとしてのトレーサビリティについて見ていくこととしたい。まず、トレーサビリティとは、トレース

（trace＝追跡）とアビリティ（ability＝可能性）を合わせたもので、“追跡可能性”と訳される。また、流通においてトレースといった言葉を使う場合、“遡《そ》及《きゅう》”といったニュアンスが強くなる。トレーサビリティという言葉は、わが国において使われるようになった背景に、食品をめぐる問題があるからである。2000（平成12）年以降、わが国におけるインターネットは急拡大し、BSE（牛海綿状脳症）にはじまり表示偽装などの問題が発生し、消費に大きな影響を与えた。例えば、BSEは国産牛の消費の低迷を促し、農水省は「国産牛のトレーサビリティ法」を施行している。

こうした状況のなかで、独自にトレーサビリティ・システムの導入を進める動きがある。大手チェーン小売業のセブン＆アイ・ホールディングスやイオングループである。これらの小売業は、独自のブランドのパッケージにQRコードを貼付して、消費者に情報公開し、「安全・安心」の提供を行っている。そして、QRコードを通じて、生産者情報や流通情報を提供している。

セルフサービスが浸透し、店頭での人手不足が深刻化している一方で、説明責任や法令順守が求められる昨今、食品を取り扱うメーカーや小売業にとってこのようなパッケージのあり方は重要なものになってきている。

A　大手チェーン小売業のパッケージ情報戦略

2006（平成18）年に社団法人食品需給研究センターが行った「食品の情報開示へのニーズに関する消費者調査」によると、当時、消費者が情報提供として求めているのは、「店頭で店員に尋ねる」が49.7%で、次いで「自分のPCで検索する」が47.3%、「店頭に設置した専用端末で検索する」が45.5%とITを利用した方法であった。また、4番目の項目として「自分の携帯で検索する」（11.6%）といった意見もあった（図13-4）。

その後、ITも格段に進展し、その接続もPCを中心としたものからケータイへと移行している。また、既述したように、食品をめぐる表示偽装問題が多発したのも2007（平成19）年から2008（平成20）年にかけての出来事であった。こうした時期に、消費者の不信・不安を払拭し、安心して食品を購入してもらうための手段として、「安全性」を科学的に証明できるシステム開発が求められるようになった。セブン＆アイ・ホールディングス（以下、イトーヨーカ堂）とイオングループでは、自社PB商品にQRコードを貼付し、その読み取りを通じて自社ホームページや生産者のホームページに接続させ、生産情報などを提供している。これらの情報は厳密には、トレーサビリティとはいいがたいものの、生産情報の1つである生産履歴を提示することで消費者は安心することができる。加えて、このことは、パッケージに情報を紐付けし、「無実の証明」を提示することで、リスク管理にもつながる。これら生産者・流通業者の試みは、商品に新たな付加価値を創造し、ブランド形成にも有効に働くこととなる。

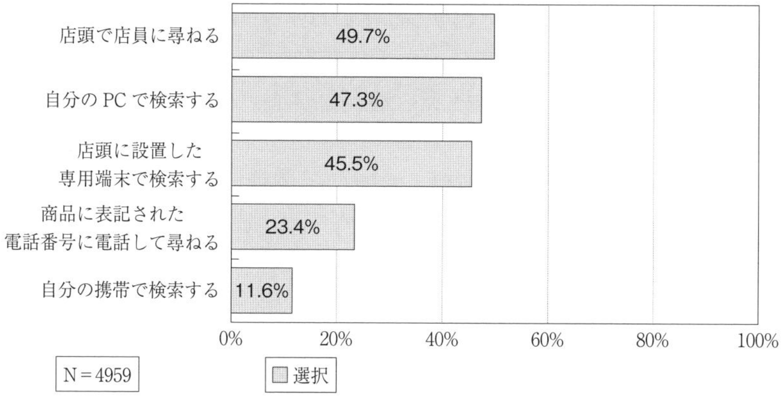

出典）社団法人食品需給研究センターウェブサイト「『食品の情報開示へのニーズに関する消費者調査』結果概要」p.4.（http://www.fmric.or.jp/trace/h18/consumer/digest070611.pdf）

図13-4　情報提供の方法として有効と思われること

B　イオンの「トップバリュグリーンアイ」とイトーヨーカ堂「顔の見える野菜」

イオンの「トップバリュグリーンアイ」とイトーヨーカ堂の「顔の見える野菜」は両社が誇るPB商品として今日、消費者の支持を得て、全国的に売上を伸ばしてきている。また、消費者から求められる「安全・安心」を求める声を真剣に受け止め、食材仕入から食材管理、食材販売に至るまで入念なチェックを行っている。従来のように価格に捉われることなく、「安全・安心」のブランドづくりを試みている。

「トップバリュグリーンアイ」は、食材の持つ本来の「美味しさ」「栄養」などを安心して味わってもらうために、自然の力を生かして育てた、農・

水・畜産物のブランドである。消費者に「より安心して」商品を購入してもらえるよう、ウェブサイトやスマートフォン、ケータイの QR コード読取機能を使って、安全・安心に関する情報、さらに美味しい食材の食べ方や生産の情報開示を積極的に行っている。

一方、「顔の見える野菜」は、より高いレベルでの「安心・安全」「おいしい」を目指したブランドである。この目的を遂行するため、同じ“志のある生産者”を見つけ出すことから始まる。例えば、実際に農家の人々の所へ赴き畑を視察し収穫したばかりの野菜を食べて語り合うなどして契約前に入念に農家の人々に育てられている農産物についてのチェックをする。こうした段階を積み重ねがこのブランドのバックボーンにはある。そして、こうして知り得た生産者の「顔」、すなわち「どんな人が、どのようにしてつくった食品か」を、消費者にウェブサイトを通じて公開している。

C 消費者からのアクセス手段、方法

パッケージに貼付される QR コードをスマートフォンやケータイで読み取ると、即時に、生産者のサイトにアクセスされるようになっている（図 13-5）。このシステムを導入した当初は商品パッケージに記載されている ID 番号をウェブサイト上の検索コーナーに入力させ、購入商品の産地情報を開示する方法をとっていたが、「ID コードの入力が面倒」「自宅にパソコンがなく確認ができない」といった消費者の意見が多く寄せられたため、QR コードでその場でも簡単に情報確認できる現在の方法に変更され、消費者の負担が軽減された。

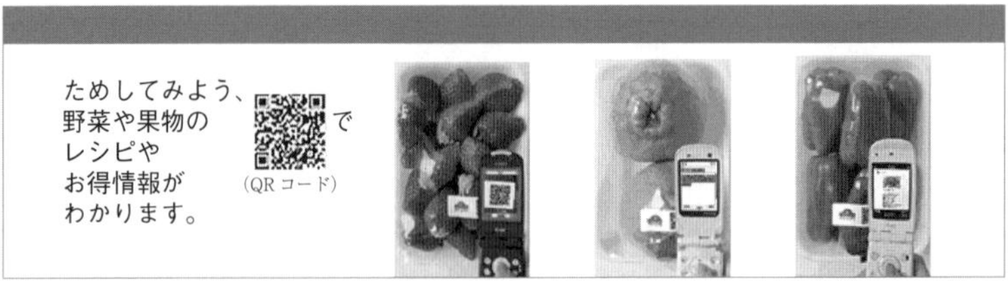

＊2007 年 12 月当時のケータイによる接続。現在は、スマートフォンによる接続が主流。
出典）イオンウェブサイト.（http://www.topvalu.net/brand/greenQr/greenQr.html）

図 13-5　情報アクセス手段、方法（QR コードを利用したアクセス）

D 情報開示による安全性確保の動機付け

情報内容の開示と安全性確保の動機付けについては、上記アクセス手段、方法の延長線上にあり、QR コードを読み取ると、スマートフォンやケータイの画面において、食材の詳細情報（使用農薬や肥料などの詳細、生産者と商品の詳細、素材を使ったレシピなど）が掲示される（図 13-6、図 13-7）。

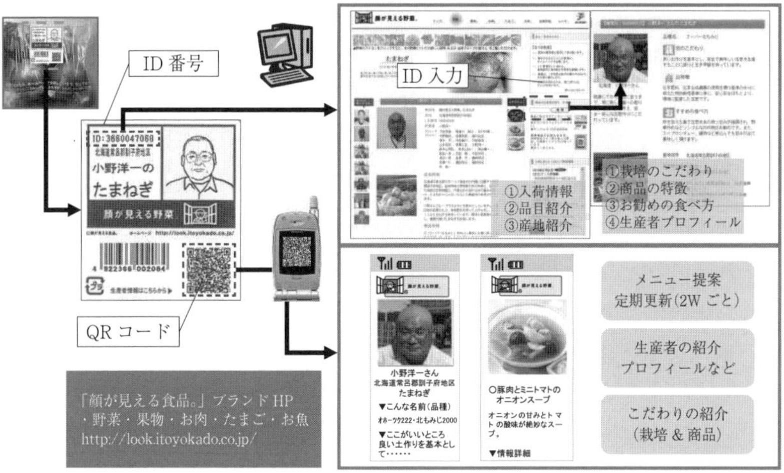

出典）恵本芳尚「『顔が見える野菜。果物。』『セブンファーム』～GAP 普及への取り組み～（2012 年 7 月 18 日）」GAP Japan 2012 講演資料, p.4.（https://jgap.jp/uploads/media/tyT-eogVAA）

図 13-6 生産者・消費者間コミュニケーション

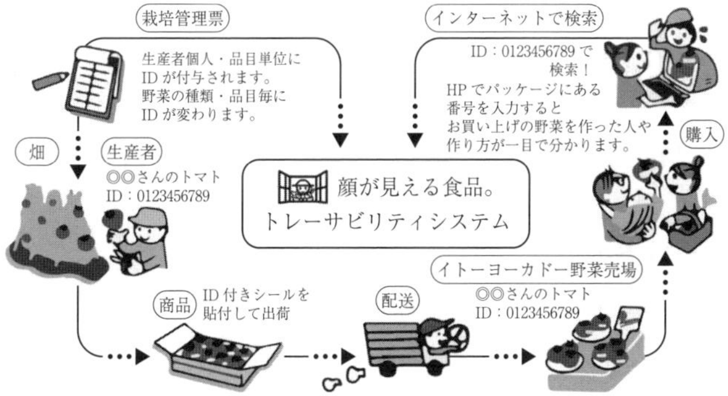

出典）株式会社シフラ　ウェブサイト「顔が見える食品。」.
（https://www.cifra.co.jp/service/consulting/kao/）

図 13-7 「顔が見える食品。」情報公開と管理の仕組み

このように、積極的にITを導入し、生産者側からの情報公開を行い、必要に応じて生産者と消費者とが、対話できるような場を提供することでインタラクティブな信頼関係を構築させている。また、その信頼性を高めるために、公正かつ中立的な外部機関による厳しいチェックと監査を導入している（図 13-8）。

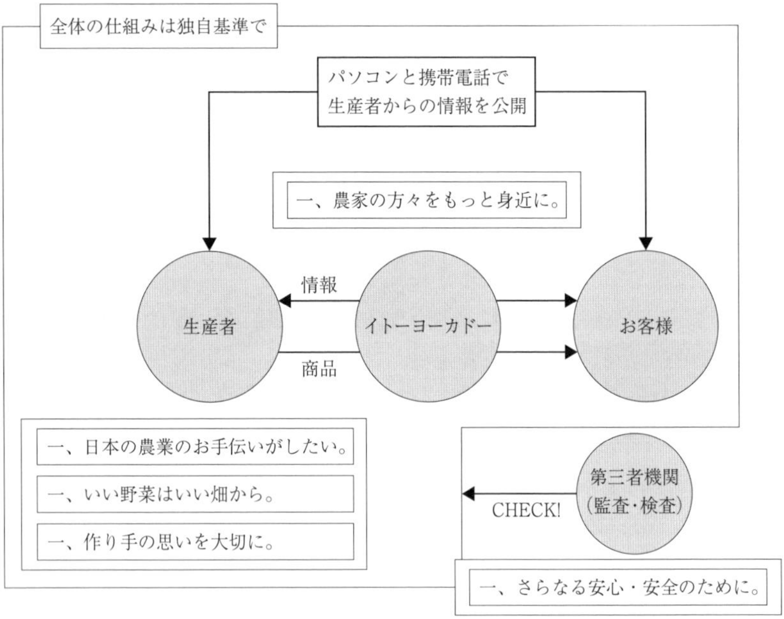

出典）イトーヨーカドーウェブサイト「顔が見える食品。」.
（https://look.itoyokado.co.jp/kao/yasai/promise/promise.html）

図 13-8 「安全・安心」のための公正・中立的外部機関の導入

E 各ブランドの位置付け

2005（平成 17）年以降、食品への薬品残留を規制する「ポジティブリスト制度」が施行されたことを受けて、「トップバリュ」や「顔の見える野菜」では品質管理強化を図っている。情報の透明性が広く求められる高度情報ネットワーク社会のなかでは、食品への安全性を求める動きはより活発化しており、目下、「安全性」を如何に科学的に証明するかが課題視されている。

こうしたなかで、イトーヨーカ堂では、縦軸に生産方法・品質基準を、横軸に情報開示レベルの基準を設け、自らのブランドの特徴をウェブサイト上に公開している（図 13-9）。同ブランドは特別栽培と呼ばれ、有機野菜と地場野菜の中間に位置付けられている。有機野菜に近い情報開示レベルで、生産方法・品質基準も有機野菜に次ぐ高いレベルとなっている。大手チェーン小売業にとって、これらのレベルは、取り扱う商品として制限のある価格と求められる量産化の両面の制限をクリアした高水準となっている。実はこれらの取組みこそが、今日の両社の PB 商品に対する消費者の支持に関係していることはいうまでもない。

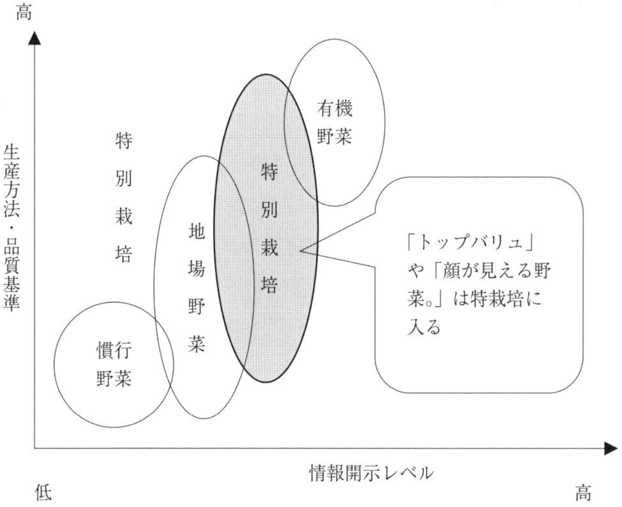

出典）イトーヨーカドーウェブサイト「CSR」をもとに一部加筆修正し筆者作成.
（http://www.itoyokado.co.jp/company/profile/csr/user/usr07.html）

図 13-9　イトーヨーカ堂「顔が見える野菜」のブランド位置付け

5　環境マーケティングとパッケージ

これまで見てきたように、食品はパッケージのあり方によって商品力を持ち、また高度情報ネットワーク社会においては、「安全・安心」を構築する上でQRコードを通じて、さらなる重要性を増した。

しかしながらその一方で、パッケージの増加は新たな社会問題ともなっている。パッケージの量産化によって拡大するゴミ・廃棄物問題が発生しているのである。また、世界的に同調ムードとなっているSDGsが注目され、パッケージとのかかわりのなかで、ゴミ・廃棄物は大きな問題となる。逆に、地球環境保全への対応は、新たなアピールにもなり、環境マーケティングが近年、再び注目されつつある。企業による積極的な対応や対策が進展している。例えば、2018（平成30）年、アサヒ飲料が他社に先駆けて、ラベルレスのミネラルウォーターをネット販売し、それを皮切りに、2020（令和2）年以降は、各社が注力するようになった（図13-10）。ラベルを剥がす手間とプラスチック樹脂量の使用を削減するなど、利便性と環境への配慮が消費者から支持され、現在、店頭展開も進んでいる[7]。

出典）食品産業新聞社ニュースWEB「ラベルレス飲料が一気に拡大、環境と利便性で支持、店頭展開も本格化へ」.
（https://www.ssnp.co.jp/news/beverage/2021/03/2021-0326-1831-16.html）

図13-10　各社のラベルレスの動き

また同様に、ゴミを資源価値とし、再資源化・再利用化しようとする動きも活発化している。例えば、わが国では環境省を中心に3R運動の推進が図られ、実務的側面では経済産業省を筆頭に様々な法整備が進められている[8]。3Rとは、Reduce（減らす）、Reuse（再使用）、Recycle（再生利用）を意味し、それぞれの頭文字を取ったものである。Refuse（断る）も入れて4Rと呼ばれることもある。4番目のRefuseについては、2020（令和2）年7

月より有料化となったレジ袋の例がある。それまで無料でもらっていたレジ袋を拒否することで、ゴミ・廃棄物の削減を促す狙いがある。パッケージとのかかわりのなかでは、過剰包装や必要のない包装を断るという判断を促す効果を生むとされている[9)]。

地球環境保全への取組みとして、もう１つ大きな動きがある。地産地消の推進である。わが国のような食料自給率の低下が著しい国では、食の輸入依存度が高くなる。その結果、それらの国は、地球環境への負荷が大きいということになる。例えば、それを裏付ける指標の１つに、フード・マイレージという考え方がある。フード・マイレージとは、「食品の重量×輸送距離」をトン/キロで表示したものである。つまり、その数値は高ければ高いほど、環境負荷が大きく、それを少なくすることに価値を見出そうとする動きである[10)]。生産された地域で消費することで地域の経済活性化を図り、生産者が地域内に存在することで、生産現場を見たり、生産者の顔を見ることができる[10)]。それ故に、「安全・安心」な食材の確保が図られるとして、近年、その取組みも増加傾向となっている[10)]。例えば、食材を取り扱うスーパーマーケットや道の駅、生協などでも積極的に展開されている。生産地から売場までの距離が短くなるがゆえに、価格も安くまた鮮度も高い、加えて、パッケージを簡素化したり場合によっては省くこともできる。6次産業化の推進と相まって、今後もますます、地産地消への期待は高まるものと考えられる。

以上、見てきたように、流通中心であった食品は時代の変化に伴って、マーケティングの重要性が増した。生産者から加工食品メーカーへ、そして業種店から業態店へとそれぞれの分野の主役が代わったことで、生鮮食品から加工食品へと食品コンセプトも変化した。また、高度情報ネットワーク社会の到来と相まって、パッケージのあり方が問われてきている。本章では、セブン＆アイ・ホールディングスやイオンの取組事例に基づいて、それらについて概観した。しかしその一方で、地球環境保全をめぐる議論が活発化し、原油高騰が叫ばれるなかで、パッケージを簡素化していこうとする動きもある。今後も時代の変化に伴って食品コンセプトは変化し続けることは間違いないが、その方向性の鍵を握るのはマーケティングに他ならない。

コラム　パッケージとプライベート・ブランド

パッケージの持つ基本機能は大きく分けると5つある。まず、1つ目は、単位化機能である。これは、そのままではバラバラになったりまとまりがなく取り扱いにくいため、必要な容量や数量、まとまりにして取り扱いやすくする機能である。2つ目は、保持化機能である。これは、中身のものを損なわずに保持する機能である。例えば、食品の場合、空気に触れることで腐敗が進んでしまう。そのため、真空などにし、空気に触れないようにすることで中身を損なわずに保持することができる。また、物流段階において、商品を落として破損してしまったりすることから守ることもできる。3つ目は、可搬化機能である。これは中身のものを持ち運びやすくするための機能のことである。物流に載せやすくしたり、個人レベルでは、セルフサービスでレジまで運びやすくすることを目的に開発されることもある。4つ目は、用途化機能である。これは、中身のものをパッケージングによって利用しやすくする機能のことで、例えば、ペットボトルなどは、一度で飲みきれない消費者にとって、パッケージに付いているキャップを開け閉めすることで、その利便性は格段に向上させている。そして最後に意味化機能である。これはパッケージをメッセージにする機能のことである。パッケージにメッセージ性を含ませることで、情報を消費者に提供するというもので、「無言のセールス」や「商品力」を創造する。

これらの機能のうち、今日では、特に意味化機能におけるメッセージという視点が重要になってきている。イオンやセブン&アイ・ホールディングスが擁するPB商品は、そこにQRコードを貼付して、パッケージだけでは補いきれない情報を自社や生産者などのホームページに囲い込むことで、消費者への説明責任や法令順守に対応している。このことが、現在の両社のPB商品の急速な普及の背景にあることは言うまでもない。

注)

本章は、拙著（2010）『イノベーションと流通構造の国際的変化――業態開発戦略、商品開発戦略から情報化戦略への転換』時潮社の第6章を大幅に改編したものである。

ネット検索によるデータの取得日は、すべて2021年11月3日。

1) 消費者庁ウェブサイト「新しい食品表示制度について（平成27年7月）」p. 5.（https://www.caa.go.jp/policies/policy/consumer_safety/food_safety/risk_commu_2015_003/pdf/150721shiryou_1.pdf）

2) 清野誠喜・梅沢昌太郎編（2009）『パッケージド・アグロフード・マーケティング――生産・販売履歴にみる安全・環境・ブランド化』白桃書房，p. 7.

3) Schumpeter, J. A.（1912）“Theorie der wirtschaftlichen Entwicklung” シュムペーター，J. A. 著 / 塩野谷祐一・中山伊知郎・東畑精一訳（1977）『経済発展の理論（上）』岩波文庫，pp. 182-183.

4) 梅沢昌太郎（1999）『アグロ・フード・マーケティング――食と農のマーケティング統合』白桃書房，pp. 8-10.

5) 前掲書 2)，pp. 5-6.

6) 前掲書 2)，p. 6.

7) 食品産業新聞社ニュースWEB「ラベルレス飲料が一気に拡大、環境と利便性で支持、店頭展開も本格化へ」.（https://www.ssnp.co.jp/news/beverage/2021/03/2021-0326-1831-16.html）

8) 鈴木理恵（2009）「環境とパッケージ――循環型社会の実現に向けてのパッケージの課題」清野誠喜・梅沢昌太郎編『パッケージド・アグロフード・マーケティング――生産・販売履歴にみる安全・環境・ブランド化』白桃書房，p. 113.

9) 同上書 8)，p. 115.

10) 同上書 8)，p. 124.

第14章　アート・マーケティング

本章のポイント

1. アート・マネジメントとは、芸術組織の運営手法であり、アーティストの育成や質の高いアートあるいは文化の提供を使命とした活動である。この手法により、人々に広くアートを届け精神的な豊かさを実現させる。
2. アート・マーケティングとは、芸術組織が、鑑賞者や観客との間に、関係性を構築し、社会に文化やアートを届けるためのプロセスである。
3. マーケティングの対象としてのアートは、無形性などの性質から、サービスやブランド概念との親和性がある。したがって、サービス・マーケティングやブランディングの知見を援用することがアート・マーケティングを実行するために有効である。

1　アート・マーケティングをめぐる状況

アート・マーケティング[1]は途上の段階にある。人々にとってアートは重要な要素であるため、このテーマについての研究が注目を集めている。例えば、アートを活用して地域を再生したり、アート的な付加価値を活用して商品を開発するなど、アートは鑑賞や売買だけにとどまらず、その力が様々な分野で重要視されている。また、アート的な感性をビジネスの思考法として利用するといった潮流も見られる。文化庁もアート市場活性化WG（ワーキンググループ）として、**図14-1**のような課題を示しながらアート市場の活性化について言及している。したがって、アートに関するマーケティングを検討することは喫緊の課題だといえる。

本章では、アート・マーケティングを普遍的に理解するために、先行研

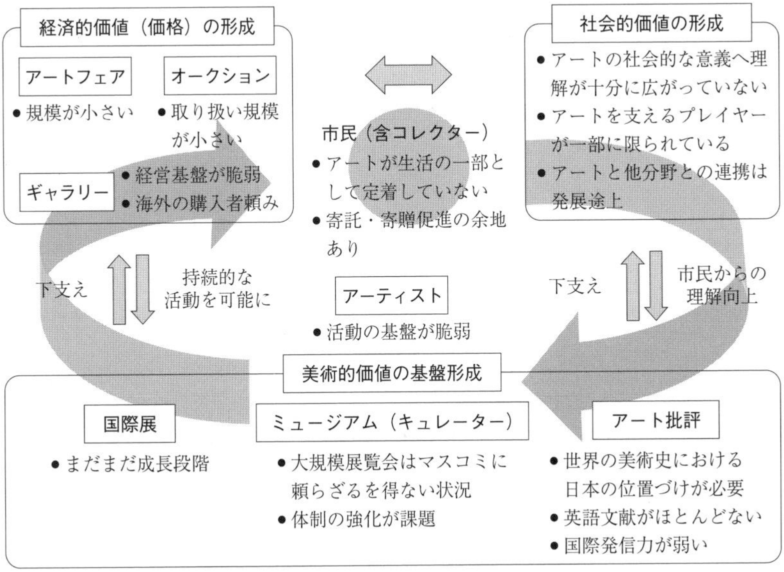

出典）文化庁ウェブサイト「文化審議会文化政策部会　第2回 アート市場活性化ワーキンググループ説明資料」p.5.
（https://www.bunka.go.jp/seisaku/bunkashingikai/seisaku/18/art_wg02/pdf/92866901_02.pdf）

図14-1　日本におけるアートを取り巻く現状

究の内容を整理していく。また、アート市場はグローバルな視野が求められる部分もあるが、日本におけるアート市場の活性化という点を中心に検討していく。そして、アート・マーケティングを理解するための導入的な内容を知るために、関連分野についても示していく。以上を踏まえて、アートという特殊な財を扱うマーケティングを理解していくことが主旨となる。

2 アート・マーケティングとは

A アート・マネジメント

アート・マーケティングを検討する上で、アート・マネジメントという考えが多く議論されている。位置付けとしては、アート・マーケティングはアート・マネジメント内におけるアートと鑑賞者あるいは観客をつなげるプロセスとなる。したがって、この点についても触れておく必要がある。本節ではアート・マネジメントに関する議論をいくつか示していく。

林はアート・マネジメントを、「アーティストの才能を育て、質の高いアートを世に生み出す環境を作り、生み出されたアートを効率よく社会に普及させることで人々の心と生活を豊かにするための物的・人的環境を整えるインターフェイス」[2]としている。

小暮はアート・マネジメントに芸術営という日本語を当て、複数の論者の定義を参照しながら、8つの点[3]にまとめている。以下、整理すると、①芸術と社会との出会いをアレンジすること、②芸術によっていかに社会を変えていけるかを追求する実践的営み、③芸術という文化分野を担う実践的営み、④芸術でフロー体験をつくること、⑤芸術組織の運営ないし芸術事業の継続的・計画的な遂行を進めるため、当該組織ないし事業の共通目的を設定するとともに、その目的を目指し、構成員間のコミュニケーションと貢献意欲を確保して、芸術組織・芸術事業活動内外の資源を有効かつ効率的に使うこと、⑥アマチュアの芸術活動をプロフェッショナルな芸術活動へと進化させる実践的営み、⑦芸術を取り巻く諸環境のなかで、芸術の社会的意義を明らかにすることにより、社会の支持を獲得して、その芸術活動を継続・発展させること、⑧芸術の創作・実演集団である芸術団と鑑賞者や体験者への芸術を届ける場である芸術場、それらをつないだり社会に展開したりする芸術援という3つの現場における営みである。

伊東らはアート・マネジメントを、「アートとは何か、文化とは何かを、社会に問いかけ広めていく、不屈の実践的学問である」[4)]と述べている。

小林と片山らは、「単に公演や展示といった事業遂行のためのノウハウでも、またそれに伴う広報・マーケティング業務、あるいは資金獲得のためのスキル（技能）でもなく、といって人事や経理といった事務局的な職務でもない、むしろそうした活動にかかわるあらゆる個々の職務を、望まれる結果を得るために使いこなし、実演団体なり文化施設といった芸術文化組織の目的（使命）を明確にし、時代環境の変化に適合させつつ、参加者の欲求を満足させつつ合理的に遂げるという、全体的な視野を持った経営戦略にかかわるもの」[5)]であるとしている。

文化庁文化審議会文化政策部会は、アート・マネジメントとは、「劇場・音楽堂等や、美術館・博物館・図書館等、文化芸術団体などにおいて、芸術家の創造性、文化芸術を享受する鑑賞者を中心とする地域社会、及びそれらを支えるリソースとの連携・接続を図ることにより、文化芸術の創り手と受け手をつなぐ役割を指すものであり、『文化芸術経営』と言い換えることができる。中間支援組織や行政において文化芸術活動を支える機能もアートマネジメントの概念に含まれる」[6)]としている。

以上から論点を整理すると、アート・マネジメントとは、芸術組織の経営であり、単に組織の運営だけでなく、アーティストの育成や質の高いアートあるいは文化の提供を通じて社会や人々を豊かにする営みであるといえる。

B　アート・マーケティング

次に検討するのは、アート・マーケティングである。アート・マネジメントのなかで触れられている部分もあるが、より具体的にアートのマーケティングを扱うために、いくつかの論点を整理していく。

山田は、アートのマーケティングについて、芸術作品や、芸術創作者のマーケティングではなく、芸術文化施設や芸術団体などが行っている事業活動のマーケティングを述べている。ここで述べられている事業活動とは、演劇、舞踊、音楽などの実演芸術であれば公演であり、美術館、博物館などのミュージアム系であれば展示会ということになる。そのチケットをどのような流通ルートに乗せ、価格をどのように設定するかというようなことが議論になる。顧客が持つニーズを満たすように商品やサービスを提供し、展覧会や公演のプログラムを顧客のニーズに合わせて開発し、集客活動を行い、彼らに満足して帰途についてもらうと同時に、組織の収益もこの流れを壊さない範囲で最大限にすること[7]が求められる。

川又は、芸術組織のマーケティングの目的は、「市場需要の開拓と拡大で、マーケティング・コンセプトは、芸術組織の運営にあたって必要とされる芸術組織の市場に対する考え方もしくは接近方法」[8]と述べている。

辛は、マーケティングの対象であるアートを、「万人に受け入れられるものではなく、横並びでもなく、この世に唯一のものを商品としながら、一般のコモディティーのように価格に生産、流通コストを加えるわけにもいかない」[9]ものであるとしている。そして、マーケティング・ミックスの考え方に当てはめてアートを検討している。まず、プロダクト（Product）については、作品やプロジェクト、アーティスト自身、美術館の展覧会、DVD、出版物、体験などが該当するとしている。また、作品を提供する環境なども含むべきであると指摘している。プライス（Price）は、プロダクトやサービスと交換される価値のことである。プレイス（Place）は、プロダクトやサービスがどのように顧客に到達するかということである。プロモーション（Promotion）は、効果的、効率的に潜在的な顧客にリーチし、買いたいと思わせるようにするための、広告、販売促進、広報、ダイレクトマーケティングなど、プロダクトやサービスをプロモートする様々な手法[10]であるとしている。

林は、アート・マネジメントにおけるマーケティングを、「作品を市場に出し、観客に提供することを指すが、美術、パフォーミングアーツともに単に観客を動員するのではなく、共感を通してその活動を地域に根付かせるための活動全体がマーケティングの仕事となる。それはすなわち、プロダクト（商品）を市場に出し、流通にのせることを意味する」[11]としている。マーケティングの目的は既存の観客の維持、観客層の拡大、新規顧客層の開拓、観客の満足度向上であり、アートを普及させるためにはアートの教育が必要であると指摘している。

太田は、アートのマーケティングをそのアートが鑑賞者と出会い、鑑賞者が作品を鑑賞し、その後の余韻に浸る、あるいは浸り続ける時間までを含んでいるものだとしている。そして、この一連の鑑賞者の経験のコンセプトをデザインし、実行するのが、アートマネジャーである。さらにアーティスト、アート、マネジャー、鑑賞者の相互制御活動がアートをサービスにすることである[12)]と述べている。

小林と片山らも、アート・マーケティングを芸術分野におけるマーケティングとして、マーケティング・ミックスの視点から検討している。つまり芸術組織のプロダクトは公演、展覧会などとして、製品ライフサイクルの視点から検討し、一般的な製品とは異なるライフサイクルをたどる可能性について示唆している。また、プロダクトについては、芸術組織の提供物が音楽などの無形の要素を含んでいるという点から、サービスの概念についても触れられている。そしてプライスはチケットの価格について、プレイスは開催場所やチケットの流通について検討すべきであると述べている。さらにプロモーションについては人的販売の有効性[13)]について示している。

C　アート・マーケティングの範疇

このように、既存のアート・マーケティングの領域では、主に芸術組織（ミュージアム、オーケストラ、劇団など）をどのように運営していくかということが議論されている。アート作品の売買を行うというよりも、ミュージアムなどでアートを観賞するということを問題としている。

これらの先行研究からアート・マーケティングの範疇を広く捉えるならば、アートや文化を扱うマーケティングであるということである。その意味でいえば画廊や百貨店がアート作品を販売することなども含まれるだろう。一方で、アート・マーケティングが一般的に議論の対象としている主体について考えてみるならば、それはミュージアムやオーケストラなどの芸術組織だということである。したがって、アート・マーケティングとは文化やアートを扱う芸術組織が、組織の目的を達成するために鑑賞者や観客との間に、相互に価値が得られるような関係性を構築し、広く社会に文化やアートを届けるためのプロセスであると捉えることができる。しかし、現代社会のなかでアートと人々との関係性は変化しており、また、アート自体も変化しているため、アートと鑑賞者をつなげるというプロセスに新たな展開が起こることも想定しておかなければならない。

D 芸術組織とは

アート・マネジメントあるいはアート・マーケティングを実施する主体が芸術組織である。この芸術組織がどのようなものを意味しているかについても示しておく。

小林と片山らは、芸術組織[14)]を3つに分類[15)]している。1つは、実演団体である。これには、オーケストラなどの楽団、劇団、舞踊団、オペラ団、合唱団などが含まれる。2つ目は文化施設である。これには、美術館、ギャラリー、劇場・コンサートホールなどが含まれる。最後は推進支援団体である。これには、活動団体や施設が連合して形成する協会や協議会、芸術文化活動の享受者や支援者がつくる鑑賞組織やサポーター組織、官民の助成団体や振興団体、文化行政を司る政府機関などが含まれる。

3 アートとは何か

A アートを消費する意味

アートは生活必需品ではない。極端にいえば、なくても困ることはない。しかし、人々はアートを求める。それには、様々な理由があるだろうが、成熟した社会において人々が求めるものは物質的な豊かさではなく、精神的な豊かさである。アートの消費は人々の思考や想像力を拡張し、創造性に結びついたり、多様な価値観を提示したり、自己実現につながる経験となる。このような点にアートの消費動機が隠されているといえる。

また、違った観点からアート消費の意義を述べているのがスロスビー（Throsby, D.）である。スロスビーは、文化あるいはアートの消費と経済成長について言及している。スロスビーによれば、あらゆる種類の文化的生産物は、経済の他の部分で使用されているということである。例えば、音楽は店舗のBGMとして使用される。また、アーティストは画材を買い、芸術産業は会計士を雇う。つまり、アートは感性的な意味だけでなく、経済のあらゆる産業とつながりを持っている[16]のである。

文化産業の経済的波及効果はミュージアムにも見ることができる。上山と稲葉はミュージアムがもたらす経済価値を、ミュージアムそのものの収益、ミュージアムを訪れる観光客がもたらす消費需要、ミュージアムが地元から調達する購買需要[17]があるというように指摘している。また、ミュージアムがもたらす経済効果は、消費需要に限らず、「新しい産業の育成や誘致に大きな役割を果たす」[18]という。

B　クリエイティブ産業

アートとの隣接分野として検討されるのがクリエイティブ産業である。ケイブズ（Caves, R. E.）は、クリエイティブ・インダストリーという概念を示し、文化的な産業について検討している。クリエイティブ・インダストリーによって提供される製品・サービスは文化、芸術、エンターテイメントの価値と結びついており、それらには、書籍の出版から、視覚芸術である絵画や彫刻や、舞台芸術であるオペラやコンサート、ダンス、さらに音響録音や映画、テレビ、ファッション、おもちゃ、ゲームなど[19]の広範囲にわたるものが含まれている。

後藤と勝浦らは、クリエイティブ産業について、文化的側面と経済的側面を持ち、両方の政策の対象となり、また、アートと商業の結合であるとし、文化的コンテンツの創造とその流通との結合であると定義づけている。その対象は①広告、②建築、③アートと骨董、④工芸、⑤デザイン、⑥デザイナー・ファッション、⑦映画とビデオ、⑧インタラクティブ・レジャー、ソフトウェア（ビデオ・ゲーム）、⑨音楽、⑩舞台芸術、⑪出版、⑫ソフトウェア、⑬テレビとラジオの13分野[20]であるとまとめている。

このようなクリエイティブな産業が出現している現状からフロリダ（Florida, R.）は、人々のクリエイティビティが経済を動かしている[21]と指摘している。

C マーケティングの対象としてのアート

アートとは何かという問いは、哲学や美学において、長い歴史の中でこれまで数多く議論されてきた。しかし、アートは常に変化するため、その捉え方は時代ごとに塗り替えられてきた。したがって、過去のアートの積み重ねが現代のアートであり、それは今後も変化し続けていく。その意味でアートを定義することは困難であると言わざるを得ない。しかし、人々はアートをアートと認識している。このように、アートを哲学や美学の文脈で捉えようとすると困難が伴うのだが、アート・マーケティングの文脈で端的に述べるとするならば、マーケティングの主体である芸術組織が定義した提供物がアートということになるだろう。では、具体的にどのようなものを指し示すかだが、対象を明確にするために佐々木による定義を示すと、「およそ文化現象は、政治や宗教を見ても分かるように、時代や場所によって、その形態や機能を変化させる。それでもなお、文学、音楽、造形美術（絵画、彫刻、建築、デザイン）、演劇、舞踊、映画などが、現在われわれが理解している芸術の諸分野であり、これらは多様な文化圏を通じて、相当普遍的な存在性が認められる。その具体的な現象のうえで見るならば、芸術とはこれらの総称、類概念である」[22]としている。ここで示されているアートは芸術組織が提供しているアートと理解して問題ないだろう。そのような意味でいえば、アートを定義するのは芸術組織あるいはその提供物を受け取る鑑賞者であるといえる。

小暮はアート・マネジメントの観点から芸術組織の提供物であるアートを3つに分類[23]している。1つは言語芸術（ランゲージアーツ）である。これには、書や文学が含まれる。2つ目は視覚芸術（ビジュアルアーツ）である。これには、メディア芸術、映画芸術、絵画、版画、写真、彫刻、インスタレーション、デザイン、建築など、多様なものが含まれる。最後は実演芸術（パフォーミングアーツ）である。これには音楽、舞踊、演劇とその混合のアートが含まれる。

ただし、芸術組織によって提供されていればアートであるという捉え方については注意が必要である。かつてデュシャン（Duchamp, M.）は、男性用便器にサインを施した「泉」という作品を発表したことで、これがアートなのかという議論を生んだ。デュシャンは作品制作において、ありふれた工業製品である男性用便器を選択することと、絵画を描くための画材や構図を選択することの差異は理論的にはないということを示したわけだが、工業製品にサインを書き入れ、しかるべき場所で展示されたらアートなのか、という問題提起となった。現代の解釈によれば、これはアートであり、今までになかったコンセプトを提示したという意味において、歴史的な作品となった。ただし、芸術組織が何かをアートにさせる装置として機能してしまったという理解もできるため、芸術組織で提供されていることが必ずしもアートかどうかを分ける基準ではないということを把握しておく必要がある。そこで本節では、マーケティングの対象としてのアートを表現される媒体で示すのではなく、その性質で捉える試みをしていく。

[1] サービスとしてのアート

山田は、マーケティングについて製造業や小売業と同様に芸術組織に対しても、その手法は適用可能であるということを示しながら、大きな違いとして、事業目的が異なるとしている。この違いを考えるために、アート・マーケティングの特徴として公共性、無形性、長期性、専門性の４つを提示[24]し、検討している。ここで示されている無形性はサービスが有する特徴の１つである。アートは体験でもあるため無形財に該当する。特に舞台芸術などは事前評価が困難な側面もあるため、サービスの概念でアートを捉えることには一定の意義があるといえる。

川又はアートをサービスとして捉え、芸術組織のマーケティング戦略について検討している。川又もアートの無形性に着目し、実際に体験してみなければそのものを評価することが困難であることを指摘している。そのため、アートのアイデアなどをできるだけ消費者に分かりやすく伝達することで知覚リスクを低減させることが芸術組織に求められるとしている。また、サービスの提供者であるアーティストとサービスの受け手である鑑賞者の相互作用によってサービスの品質が変化する[25]という指摘も、サービスが提供者と受容者との共同生産であるという性質と合致している。

サービスには、無形性、不可分性、変動性、消滅性という４つの性質[26]が存在する。音楽は無形であるし、絵画のようにモノを介して提供されることもあるが、重要なのはそこから得られる経験である。また、アートは鑑賞者の存在が必要であるため、不可分性の性質も有している。舞台芸術はまったく同じ演劇を再現することは困難であるし、保存したり再販売することもできない。このような観点から、サービスの概念を理解することがアート・マーケティングへの理解を深めることにつながる。

[2] 共創概念とアート

多様化するアートには、リレーショナル・アート（Relational art）と呼ばれる概念も存在している。これは関係性のアートであり、鑑賞者との関係性を含む、作品を生み出す社会的な文脈を通じて成立するアート作品のことである。アートはアーティストや芸術組織からの一方的な提示ではなく、鑑賞者との関係性のなかでその価値が創出される。アートの価値はアーティストと鑑賞者によって共同創造されるのである。アートの概念の1つであるリレーショナル・アートはアートの価値が相互作用の産物であるという捉え方を提示する。したがって、単に優れた作品の展示に終始するのではなく、芸術組織は鑑賞者の存在を想定し、鑑賞者を巻き込んだ展示内容を検討することなどが求められる。また、アーティストの立場としても鑑賞者の参加がキーコンセプトとなり得る。

[3] アートのブランディング

コルベール（Colbert, F.）とラヴァナス（Ravanas, P.）は、あらゆる芸術組織がブランドやトレードマークを持っているとした上で、これらの名前が、何かのイメージを想起させたり、特定の製品と結び付けたりすると述べている。また、強いブランドは鑑賞者に働きかけるだけでなく、フランチャイズを創り出す[27)]ということも指摘している。

ブランドは差別化の要因として機能する。芸術組織にはそれぞれ特徴があり、ミュージアムであれば所蔵されている作品群や提供方法、建築物としての価値などに大きな違いが存在する。これらの要素が芸術組織の独自性となり、鑑賞者に訴えかける。また、ブランドは、鑑賞者にとっても芸術組織にとっても意味のある概念である。ブランドが鑑賞者にもたらす効果として考えられるのが、リスクや探索コストの軽減や品質保障である。アートを無形財として捉えるならば、事前評価が困難となる。しかし、ブランドの力が機能していれば鑑賞に対するリスクの軽減や観賞者の増加につながる。したがって、芸術組織としては競争優位の源泉となり得る。結果的に、ブランドは鑑賞者との良い関係性を構築するための重要な概念となる。

[4] ボウモルのコスト病

文化の消費と経済活動に関する研究にボウモル（Baumol, W.）とボウエン（Bowen, W. G.）の成果がある。生産性があまり上昇しないような産業で生産されるものは、生産性が上昇していくような産業のものに比べて価格が上昇していく傾向にある。芸術組織は生産性があまり上昇しない産業に分類される。例えば、オーケストラの公演において、本来2時間を予定している演奏を短縮することはできない。また、公演に必要な演奏家の数を減らすこともできない。したがって、生産性を上昇させることは非常に困難だといえる。芸術組織の提供物はこのような生産性の問題から考えた場合、価格が上昇していく傾向にある。一方で、労働生産性を高めることでコストダウンが可能な自動車産業のようなものは、販売価格を引き下げることができる。ボウモルとボウエンは舞台芸術を対象に、チケットの値段が高騰していくことを分析し、この生産性にかかわる現象を明らかにした。ボウモルとボウエンの示唆は、芸術組織には公的な支援や民間の寄付が必要だということである。しかし、アート・マーケティングにおける価格の問題としても検討すべき点である。

4 アート・マーケティングの多様性

A 関係性マーケティングとアート

和田は、関係性マーケティングの観点から芸術組織のマーケティングを研究しており、関係性を構築するための会員組織について述べている。例えば、宝塚歌劇には宝塚友の会、劇団四季には四季の会という組織がある。これらの会員組織を固定客と考えた場合、大きな収益源となり得るため、芸術組織における関係性の構築は重要課題だといえる。顧客リテンションのマーケティングによって、いかにリピート率を高めるか、そしてそれを長期的な関係として維持していくかという仕掛けづくりが検討事項となる。宝塚歌劇、劇団四季にはこのような良い関係性を構築した会員組織が存在している。芸術組織のマーケティングには会員組織づくりが必要であり、消費者を組織化された会員の１人にしてしまうことが肝要[28]だという。

B アートという付加価値

芸術組織の運営に注目する研究以外には辻と梅村の「アートで売る」[29]という視点がある。これは、アートが有する感性的な性質をいわゆるアートではない製品・サービスに付加して、他の競合商品との差別化要因として活用するという方法である。アートの概念やアート作品は、独創性を価値としている部分がある。これはアートそのものの性質が既成概念を乗り越えることや、新しさを創出するということを含んでいることに由来する。また、アートの造形が持つ美的な特徴を商品に取り込むことでフォルムにも特徴を出し、他社の商品と差別化させるという手法もある。これらを踏まえて、商品開発や販売促進の視点からアートの力を活用することが検討されている。この手法自体は、芸術組織においても活用できるが、主体を芸術組織に限定させず、工業製品などを製造するような企業にまで拡張している点が特徴的である。

C アーティスト自身によるマーケティング

アーティストの村上隆は自著である『芸術起業論』にて、アーティストとして成功するために必要なビジネスとアートのつながりについて言及している。村上は、世界のアート市場が欧米中心の価値観で動いていることを理解した上で、大衆芸術である浮世絵やサブカルチャーであるマンガやアニメの手法を作品に取り込み、スーパーフラットという概念を創出し、アート作品の価値を高めることに成功した。また、ルイ・ヴィトンとのコラボレーションも行い注目を浴びた。これは、観念や概念がブランドの本質であり、作品評価の理由になる[30]と考えていることに由来している。また、かつてのウォーホル（Warhol, Andy）がそうであったように、村上も作品を集団で制作するスタイルを採用している。これにより、1人ではできないほどの精度で作品を仕上げることが可能となった。

村上は「カイカイキキ」という会社を運営し、アート作品の制作、プロモーションから、若手の発掘・育成、展覧会やイベントの総合マネジメント、アートグッズの制作・販売を行っている。

村上のケースは、アーティスト自身が作品制作や販売にかかわる工程のなかにマーケティングやブランディングなどの手法を自覚的に取り入れた代表的な事例である。

コラム　複製技術とアート

アート作品に触れるためには、例えば、ミュージアムに足を運び、展示を鑑賞する必要がある。これがアート・マーケティングにおいて想定される鑑賞者の行動だろう。しかし、アート作品を文字どおり見るだけなら、テレビや雑誌、インターネットなどを介していくらでも見ることができる。とはいえ、インターネット上の画像を見て、本物のアート作品を鑑賞したと思う人がどれほどいるだろうか。このように感じるのは、インターネット上の画像がオリジナルではなく複製されたものだからである。ベンヤミン（Benjamin, W.）風に表現するならば、アウラ[31)]の問題だといえる。

しかし、アウラの性質である、一回性、唯一性をアートの価値にしてしまえば、複製技術すらも創作の手法に組み込まれている現代のアートを語ることは困難になる。例えば、ミュージアムで販売される商品には複製技術を活用したアートに関連する商品もあるが、これを偽物と思って購入する人はいないだろう。これらの議論は複製技術によるアートの価値の失墜を意味するのではなく、新しい作品の提示の仕方や消費のあり方の変化だと理解できる。

現代では、ブロックチェーンの技術を活用することでアートの一回性、唯一性を保持する動きも見られる。デジタル技術によって制作されたアート作品は容易に複製できてしまうが、ブロックチェーンの技術によって制作されたNFT（Non-Fungible Token）アートは、唯一性を担保した作品となる。これからの分野であるNFTアートには将来性と課題が混在しているといえるが、アートの真贋や価値、あるいは概念に対して影響を与えるものになると考えられる。その意味でベンヤミンの成果は今もなお興味深いものとなっている。現代になり改めて、一回性、唯一性という概念を再考する機会が訪れている。

注)

ネット検索によるデータの取得日は，すべて2021年12月9日.

1) 文献によってはアーツ・マーケティングというように表記されているが、本章ではすべてアート・マーケティングの呼称に統一する。同様に、アートについても芸術、美術というように表現されるが、アートの呼称で統一する。アート・マネジメントについても、アーツや、マネージメントと表記されるが、アート・マネジメントに統一する。ただし、引用などについては原文の表現で記載する。
2) 林容子（2004）『進化するアートマネジメント』レイライン，p. 3.
3) 小暮宣雄（2013）『アーツマネジメント学——芸術の営みを支える理論と実践的展開』水曜社，p. 98 参照.
4) 伊東正伸・岡部あおみ・加藤義夫・新見隆（2003）『アートマネージメント』武蔵野美術大学出版局，p. 6.
5) 小林真理・片山泰輔監修・編 / 伊藤裕夫・中川幾郎・山崎稔惠編（2009）『アーツ・マネジメント概論（三訂版）』水曜社，p. 13.
6) 文化庁ウェブサイト「『アートマネジメント人材等の育成及び活用について』審議経過報告（案）」p. 4.
（https://www.bunka.go.jp/seisaku/bunkashingikai/seisaku/05/06/pdf/siryou_03.pdf）
7) 山田真一（2008）『アーツ・マーケティング入門——芸術市場に戦略をデザインする』水曜社，p. 24 参照.
8) 川又啓子（2004）「アートとマーケティング——Marketing as Communication」『Booklet』Vol. 11，慶應義塾大学，p. 74.
9) 辛美沙（2008）『アート・インダストリー——究極のコモディティーを求めて』美学出版，pp. 255-256.
10) 同上書 9)，pp. 257-260 参照.
11) 前掲書 2)，p. 147.
12) 松本茂章編（2021）『はじまりのアートマネジメント——芸術経営の現場力を学び、未来を構想する』水曜社，p. 67 参照.
13) 前掲書 5)，pp. 198-206 参照.
14) 小林と片山らは芸術文化組織というように呼称しているが、芸術組織と同一の性質を持つものとして扱う。

15）前掲書 5），　pp. 17-18 参照.
16）Throsby, David（2010）“The Economics of Cultural Policy”, Cambridge University Press　スロスビー，デイヴィッド著 / 後藤和子・阪本崇監訳（2014）『文化政策の経済学』ミネルヴァ書房，pp. 108-109 参照.
17）上山信一・稲葉郁子（2003）『ミュージアムが都市を再生する』日本経済新聞社，pp. 26-28 参照.
18）同上書 17），p. 30.
19）Caves, Richard E.（2000）“Creative Industries”, Harvard University Press, p. 1 参照.
20）後藤和子・勝浦正樹編（2019）『文化経済学――理論と実際を学ぶ』有斐閣，pp. 140-141 参照.
21）Florida, Richard（2005）“The Flight of the Creative Class”, HarperCollins　フロリダ，リチャード著 / 井口典夫訳（2007）『クリエイティブ・クラスの世紀――新時代の国、都市、人材の条件』ダイヤモンド社，p. 34 参照.
22）佐々木健一（1995）『美学辞典』東京大学出版会，p. 31.
23）前掲書 3），pp. 41-47 参照.
24）前掲書 7），p. 87 参照.
25）前掲書 8），pp. 79-81 参照.
26）すべてのアートがサービスの 4 つの性質を有するということではない。
27）Colbert, Francçois. & Ravanas, Phlippe（2018）“Marketing Culture and the Arts”, 5th ed., Carmelle and Rémi Marcoux, Chair in Arts Management　コルベール，フランソワ＆ラヴァナス，フィリップ編 / 曽田修司・中尾知彦訳（2021）『文化とアートのマーケティング』美学出版，p. 184 参照.
28）和田充夫（1999）『関係性マーケティングと演劇消費――熱烈ファンの創造と維持の構図』ダイヤモンド社，pp. 179-182 参照.
29）辻幸恵・梅村修（2006）『アート・マーケティング』白桃書房，p. 108.
30）村上隆（2006）『芸術起業論』幻冬舎，p. 35 参照.
31）ベンヤミンはアウラを「どんなに近距離にあっても近づくことのできないユニークな現象」と定義している。「いま」「ここに」しかないという芸術作品特有の一回性、唯一性という価値だと理解できる。

第15章 ソーシャル・マーケティング

本章のポイント

1. ソーシャル・マーケティングには2つの流れがある。1つは、コトラーが提唱した非営利組織へのマーケティング適用の流れである。もう1つは、アメリカのネーダーがGMの車を欠陥車であると指摘したことから始まりコンシューマリズムに発展する流れである。
2. 非営利組織には、公的非営利組織と民間非営利組織が存在する。具体的には、政府関連機関、医療機関、教育機関、宗教団体、慈善団体、政党、芸術団体が含まれる。
3. コンシューマリズムとは、消費者と比べて大きな力を持つようになった企業から消費者を守るために消費者の権利を確立しようという気運が生じて始まった主義・主張・運動である。

1　ソーシャル・マーケティングの基本的概念

ソーシャル・マーケティングには2つの流れがある[1)]。1つは、コトラー（Kotler, P.）が提唱した非営利組織へのマーケティング適用の流れである。従来は、利潤を追求する企業（営利企業）にマーケティングが適用されてきたが、利潤を追求しない組織（非営利組織）にもマーケティングの考え方を適用しようというものである。マネジリアル・マーケティングの手法を公共・非営利組織にも適用する[2)]のである。

もう1つは、アメリカのネーダー（Nader, R.）がGMの車を欠陥車であると指摘したことから始まりコンシューマリズムに発展する流れである。コンシューマリズムとは、大量生産体制の確立に伴い企業の規模が大きくなった企業は消費者と比べて大きな力を持つようになった。同業他社との競争に打ち勝つために消費者を巻き込んだり消費者に被害をもたらしたりするようなことが行われた。そのような企業から消費者を守るために消費者の権利を確立しようという気運が生じたのである。

『コトラーのソーシャル・マーケティング』の「推薦の言葉」の中で「ソーシャル・マーケティングとは、マーケティングの手法を社会の問題の解決に応用することを指している」[3)]と定義されている。世界の国々で生じている問題を、マーケティングの手法を用いて解決しようとしているのである。コトラーも近年は問題解決型である社会志向のソーシャル・マーケティングに力を入れている。コトラーは、（問題解決型の）ソーシャル・マーケティングとは、「ターゲット（標的層）自身と同様に社会（公衆衛生、安全性、環境、および、コミュニティ）にも便宜をもたらすようなターゲットの行動に影響を及ぼすために、マーケティングの原理と技法を、その価値の創造、伝達、実行に応用するプロセス」[4)]と定義している。

前述の『コトラーのソーシャル・マーケティング』[4)]では、地球環境に関する問題を明らかにしてマーケティングの手法を用いて解決しようとしている。そして、“Marketing 5.0”において、石油会社・ガス会社は再生可能エネルギーや電気自動車へのシフトに注目しなければならない[5)]、とエネルギーの転換について述べている。さらに『コトラー　ソーシャル・マーケティング』[6]において、多くの社会で問題となっている貧困を取り上げて、マーケティングを企業の利潤追求や顧客満足のために使用するだけでなく、企業の顧客ではない消費者・生活者を含めた社会全体が幸福になるために使用する手法について述べている。

現在世界の国々は、環境破壊、地球温暖化、環境汚染、気候変動、公害、少子高齢化、食糧不足、食品ロス、ごみ問題、貧困など様々な問題を抱えている。このうちのいくつかは問題解決型のソーシャル・マーケティングを適用することによって解決の糸口が見えてくる。

したがって、ソーシャル・マーケティングには、非営利組織のためのソーシャル・マーケティングと問題解決型である社会志向のソーシャル・マーケティングが存在するのである。

2 ソーシャル・マーケティングと社会志向マーケティング

A 非営利組織へのマーケティングの適用

非営利組織は、営利企業と同様に支出に見合う金額を受け取る必要がある。そうしないと、非営利組織が生き残ることはできない。しかしながら、非営利組織は、営利企業と同じように「利潤」を追求するわけではない[7]。

非営利組織には、公的非営利組織と民間非営利組織が存在する[8]。具体的には、政府関連機関、医療機関、教育機関、宗教団体、慈善団体、政党、芸術団体[8]が含まれる。

1989（平成元）年に京浜女子大学が鎌倉女子大学へと校名を変更した[9]ことによって受験者数が増加したことがある。鎌倉女子大学は1943（昭和18）年に横浜市神奈川区に京浜女子家政理学専門学校として始まった。その後、1946（昭和21）年に鎌倉市岩瀬に移転した[10]。京浜女子大学が設置された1959（昭和34）年にはすでに鎌倉市に移転していたのである。「京浜」というと工業地帯や大気汚染を思い浮かべてしまうが、「鎌倉」というと歴史ある落ち着きのある街が浮かんでくる。学生が通う学校名としては、工業地帯よりも歴史のある街に学校があるというイメージの方が断然良いはずである。今まで慣れ親しんできた学校名を変更するということは、ある意味賭けでもある。今まで獲得してきた知名度がゼロになり、また一から学校名を知ってもらわないといけないからである。しかし、鎌倉女子大学のように、イメージが良くなって知名度も上昇して受験者数が増えることもあるのである。利潤を追求しない組織がネーミングで成功した例である。

病院においても、待っているだけでは患者は来てくれない。病気やケガを治すだけでなく、最新の医療機器を導入したり病院内を清潔に保ったりして患者（顧客）のニーズを満たすことが必要である。また、無料で市民講座を開設して病院を知ってもらうことも重要である。病院も利潤を追求する組織ではないけれども、患者が来なければ病院を運営していくことが困難になるため、現在利用している患者のニーズを満たしながら今のところは患者ではないが将来患者になるかもしれない人たちに病院の名前を知ってもらうことは重要である。

教会も利潤を追求する組織ではないが、ミサや礼拝に来る信者から受けた献金で運営しているため信者を増やす必要がある。ウェブサイトやSNSで教会の知名度を上げる活動を行っているようである。

非営利組織といっても、組織を運営していくためにはコストがかかる。営利を第一義目的[11]にしなければ収益を上げることは可能であり、マーケティングの考え方を適用することは重要である。

B　コンシューマリズムの流れ

欧米においてコンシューマリズムは、1930 年までの第 1 期（萌芽期）、1930～1960 年までの第 2 期（展開期）、1960 年からの第 3 期（確立期）[12]に大きく分けられる。**表 15-1** をもとに、コンシューマリズムの歴史を遡ってみる。

アメリカの産業革命は 19 世紀後半～20 世紀初頭に起こった[13]といわれている。動力の発見や技術革新によって生産効率が飛躍的に高まったが、自然環境に汚染物質を排出するようになった。

1910 年代前半にフォードが大量生産体制を確立したことによって、車を大量に安価で生産することができるようになり車が普及することになった。それと同時に、車を生産する段階、使用する段階において汚染物質を大量に排出することになったのである。そして、大量生産体制を確立して大量

表 15-1　消費者運動の流れ

年	世界の流れ	日本の流れ
1910～1920年代		イタイイタイ病の発生[18]
1918年		米騒動[19]
～1930年頃	コンシューマリズム（第一期・萌芽期）[12]	
1948年		主婦連合会発足[20]
1962年3月15日	ケネディ大統領による「コンシューマー・ドクトリン（消費者の利益の保護に関する特別教書）」の中で消費者の4つの権利があると宣言[14]	
1930～1960年	コンシューマリズム（第二期・展開期）[12]	
1955年		森永ヒ素ミルク事件の発生[21]
1956年		水俣病の発生[23] 全国消費者団体連絡会発足[22]
1957年		「消費者宣言」が採択される[*1]
1960年前後	サリドマイド薬害[*2]	
1960年頃		四日市ぜんそくの発生[24]
1960年～	コンシューマリズム（第三期・確立期）[12]	
1961年		日本消費者協会設立[25]
1962年	レイチェルカーソンの「沈黙の春」が出版[16]される	
1965年	ラルフネーダーがGMの欠陥車に関して『どんなスピードでも危険』を発刊[17]	第二水俣病の発生[26]
1968年5月		消費者保護基本法が成立[27]
		国連人間環境会がその人間環境宣言を行う[30]
1973年		第一次オイルショック[29]
1975年	フォード大統領が消費者の5番目の権利として、5.「消費者教育を受ける権利」を付け加える[15]	
1978年		第二次オイルショック[29]
1982年	IOGU（国際消費者機構：現在CI）の会長に1978年に就任したアンワーファザールが消費者の8つの権利と消費者の5つの責任（消費者憲章）」を定めた[*3]	
1990年		消費者教育支援センターが経済企画庁と文部省の共管法人として設立[32]される
2004年		消費者基本法に改正、改称[28]

注）
*1）一般社団法人　全国消費者団体連絡会ウェブサイト「全国消団連　歴史概要」.
（http://www.shodanren.gr.jp/about/history_summary. php）
*2）佐藤嗣道（2010）「サリドマイド薬害事件の歴史と薬の催奇形性・先天異常に関する教育の重要性」厚生労働省ウェブサイト「第3回薬害を学び再発を防止するための教育に関する検討会　ヒアリング資料（2010年9月14日）」.
（https://www.mhlw.go.jp/stf2/shingi2/2r9852000000rwbu-att/2r9852000000rwkk. pdf）
*3）消費者庁ウェブサイト「消費者センスを身につけよう」pp. 10-11.
（https://www.caa.go.jp/policies/policy/consumer_education/public_awareness/teaching_material/material_004/pdf/material_004_190322_0001. pdf））

に製品を生産することができるようになった企業はパワーを所有するようになり、消費者の権利が侵害されるような事態が生じることもあり消費者が企業に対して不満を持つようになった。

1962年にアメリカのケネディ大統領が『コンシューマー・ドクトリン』（消費者の利益保護に関する特別教書）のなかで示した4つの権利がある。

①安全である権利（健康・生命をおびやかす商品のマーケティングから保護される権利）

②知らされる権利（詐欺的・欺瞞的、または人を大きく誤らせるような報道、広告、表示、その他の諸慣行から保護され、かつ賢明な選択をするために必要な事実を知らされることの権利）

③選ぶ権利（どこでも様々な商品・サービスについて競争的な価格で購入することが保証されること、および政府によって規制される産業において正当な価格で十分な品質・サービスが保証されることの権利）

④意見を反映させる権利（政府の行政に際しては、消費者の利益が十分にかつ同情的に考慮されるとともに、その行政上の判決において正当かつ迅速な処置が保証されることの権利）[14]

その後、「救済される権利」がニクソン大統領によって、「消費者教育への権利」がフォード大統領によって追加されたといわれている[15]。

1962年にアメリカのカーソン（Carson, R. L.）が「春がきたが、沈黙の春だった。」[16]というフレーズで有名な『沈黙の春』を出版し、農薬による環境や生態系への影響を描いた。1965年には、アメリカのネーダーが『どんなスピードでも自動車は危険』という本を出版し、GMの欠陥車について告訴した[17]。

このように、企業による環境破壊や製品の欠陥に対して消費者がおかしいと思うようになり、コンシューマリズムの確立期を迎えるのである。

日本において、三大公害と呼ばれる公害病のうちの1つであるイタイイタイ病が1910（明治43）年頃から発生している。初めは原因がわからず原因不明の病であったが、神岡鉱山（岐阜県飛騨市）から排出されたカドミウムが神通川の水や流域を汚染し、この川水や汚染された農地に実った米などを通じて体内に入ることで引き起こされる[18]ことがわかった。その後1918（大正7）年には、米価の急激な上昇のため米騒動が起きた[19]。米不足による価格急騰のため、主婦達が米問屋に押し寄せて騒動へと発展した。1948（昭和23）年には不良マッチ追放主婦大会をきっかけに全国組織の消費者団体である主婦連合会が設立された[20]。

1955（昭和30）年には、森永乳業による森永ひ素ミルク中毒事件が発生した。森永乳業株式会社徳島工場製造の調製粉乳にひ素を含む有毒物質が混入したことに起因して、近畿、中国地方を中心に乳幼児に数多くのひ素中毒患者が発生した食中毒事件である。1957（昭和32）年3月時点で、患者数は、約12,300人にのぼり、そのうち130名の方が亡くなった[21]。健康に生まれてきたにもかかわらず130名もの命が奪われ、命は助かったものの知的障がいや身体障がい[21]で苦しんでいる人が大勢いるのである。

1956（昭和31）年に全国消費者団体連絡会が設立された。消費者団体の全国的な連絡組織であり、2013（平成25）年に一般社団法人に移行し、「消費者の権利の実現とくらしの向上、消費者団体活動の活性化と消費者運動の発展に寄与すること」を目的として活動している[22]。

また、1956年には、三大公害と呼ばれる公害病のうちの2つ目である水俣病が発生した。1956年4月21日に原因不明の激しい脳症状を訴える5歳の女児が新日本窒素肥料株式会社（注：現JNC株式会社）水俣工場附属病院を受診し、同月23日に入院した。同年5月1日同工場附属病院長が水俣保健所に脳症状を呈する患者の発生を報告し、この日が「水俣病公式確認の日」とされている[23]。1968（昭和43）年9月26日に厚生省が発表した水俣病に関する政府統一見解によると、「水俣病は、水俣湾産の魚介類を長期かつ大量に摂取したことによっておこった中毒性中枢神経系疾患である。その原因物質は、メチル水銀化合物であり、新日本窒素水俣工場のアセトアルデヒド酢酸設備内で生成されたメチル水銀化合物が工場廃水に含まれて排出され、水俣湾内の魚介類を汚染し、その体内で濃縮されたメチル水銀化合物を保有する魚介類を地域住民が摂食することによって生じたものと認められる」[23]とされている。

1960（昭和35）年頃に、三大公害と呼ばれる公害病のうちの3つ目である四日市ぜんそくが発生している。三重県四日市市といえば四日市コンビナートが有名であり、近年はコンビナートの夜景を楽しむ夜景クルーズや夜景観賞スポットなどがあるらしい。四日市ぜんそくは、その石油コンビナートが起因する大気汚染による公害である。1950年代中頃に三重県四日市市の石油化学コンビナートの本格稼動に伴い、大気汚染物質（主として硫黄酸化物）の排出により、近隣住民にせきが出る、痰が出る、さらにはぜんそくなどの閉塞性肺疾患の症状を訴える人が多発した[24)]。

1961（昭和36）年に消費者教育、消費者啓発活動を主な目的として設立した公益法人である日本消費者協会が設立された。だれもが充実した消費生活を営むうえで必要である基本的な知識の普及啓発、ならびに暮らしを改善するための情報を提供し、啓発活動を行う人材の育成などを行っている[25)]。

1965（昭和40）年には、新潟県で第二水俣病（新潟水俣病）が発生した。新潟県では、1965年5月31日に、「原因不明の有機水銀中毒患者が阿賀野川下流地域で散発している」と、新潟大学から新潟県庁に報告（新潟水俣病発生の公式確認）があった。そして、6月12日に新潟大学と新潟県庁が「阿賀野川流域に有機水銀中毒患者7人発生、うち2人死亡」と正式に発表した[26)]。

1968（昭和48）年には消費者保護基本法が成立した。消費者の利益の擁護および増進について総合的推進を図り、もって国民の消費生活の安定と向上を確保することを目的とした消費者保護のための基本法である[27)]。2004（平成16）年に消費者基本法に改正、改称された[28)]。

1972（昭和47）年に第1次オイルショックが起こった。第1次オイルショックのきっかけは、1973年10月に勃発した第4次中東戦争であった。OPECが原油の供給制限と輸出価格の大幅な引き上げを行うと、国際原油価格は3か月で約4倍に高騰したのである[29)]。

2020（令和2）年3月末には、トイレットペーパーがなくなるといううわさが流れて買占め・買いだめが行われた。その後、本当にスーパーやドラッグストアの商品棚からトイレットペーパーがなくなるということがあったが、1972年にもスーパーの店頭からトイレットペーパーがなくなったのである。2020年の場合は、新型コロナウィルス感染症という未知のウィルスに対する不安感が、1972年の場合は戦争によって石油が日本に入って来なくなったら石油を原料とする製品が不足するのではないかという不安感が人々を買占め・買いだめ行動に走らせたのである。

OPEC（石油輸出国機構）が1978年末以降段階的に大幅値上げを実施し、これに翌年2月のイラン革命や翌々年9月に勃発したイラン・イラク戦争の影響が重なり、国際原油価格は約3年間で約2.7倍にも跳ね上がった。これが第2次オイルショックである[29)]。

C 消費者主権の時代へ

1972年に国連人間環境会がその人間環境宣言を行った[30)]。人間環境宣言の2において「人間環境を保護し、改善させることは、世界中の人々の福祉と経済発展に影響を及ぼす主要な課題である」[30)]と記されている。すでに1975年の時点で人間環境の保護、改善が世界中の人々の福祉と経済発展に影響を及ぼすことが述べられているのである。そして、人工の害として「水、大気、大地、および生物の危険なレベルに達した汚染、生物圏の生態学的均衡に対する大きな、かつ望ましくないかく乱、かけがえのない資源の破壊と枯渇および人工の環境、とくに生活環境、労働環境における人間の肉体的、精神的、社会的健康に害を与える甚だしい欠陥」[30)]を挙げている。

1975年においては、水質汚染や大気汚染による公害が問題となっている時代であるためこのような記述になっていると思われる。専門家の間ではすでに地球温暖化が問題視されていたが、1985年にオーストリアのフィラハで開催された地球温暖化に関する初めての世界会議（フィラハ会議）をきっかけに、二酸化炭素による地球温暖化の問題が大きく取り上げられるようになった[31)]。

1990（平成2）年には消費者教育支援センターが経済企画庁と文部省の共管法人として設立された[32)]。消費者教育支援センターは、消費者教育の普及・推進のための取組みを行い、消費者教育推進のためのノウハウを蓄積してきた。その実績に基づき、みなさまの多様なニーズに「全国版消費者教育コーディネーター」としてお応えしていきたい[32)]、と述べられている。

バブル経済の頃に、メセナ・フィランソロピーという用語が度々使われるようになった。メセナとは、企業が芸術文化活動を支援することである。フィランソロピーとは、企業が行う社会貢献活動のことである。

1990（平成2）年に企業メセナ協議会が設立されて、芸術文化を振興することにより、創造的で活力にあふれた社会、多様性を尊重する豊かな社会の実現に取り組んでいる[33)]。

日本フィランソロピー協会は、歴史が古く1963（昭和38）年に設立された[34]。社会貢献啓発事業、社会貢献促進事業、共生社会創造事業を行っている[35]。

1995（平成7）年にはPL法（製造物責任法）が施行された。この法律は、製造物の欠陥により人の生命、身体または財産に係る被害が生じた場合における製造業者などの損害賠償の責任について定めることにより、被害者の保護を図り、もって国民生活の安定向上と国民経済の健全な発展に寄与することを目的としている[36]。

近年、企業の社会的責任（CSR）という用語がよく使用されるが、2003（平成15）年がCSR元年といわれている。経済同友会の『第15回企業白書』の中でCSRが取り上げられている。『第15回企業白書』の中で、EUのCSRの定義を取り上げている。CSRとは、責任ある行動が持続可能なビジネスの成功を導くことを企業が認識し、「社会」や「環境」に関する問題意識を、その事業活動やステークホルダーとの関係の中に、自主的に組み込んでいくというコンセプトである[37]、と定義されている。そして、すべてのステークホルダーを視野に入れ、経済・環境・社会など幅広い分野での社会ニーズの変化を捉え、それをいち早く「価値創造」や「市場創造」に結び付けることによって、企業の「競争力強化」や「持続的発展」とともに、「経済の活性化」や「より良い社会づくり」を目指す取組み[38]であると述べられている。

アメリカにおいて1965年のネーダーのGM車への欠陥の指摘がソーシャリズムの発端だといわれている。しかし、日本においては、1918（大正7）年にすでに米騒動が起こっている。日本は1945（昭和20）年に第2次世界大戦（太平洋戦争）において敗戦している。戦争の後半から戦後は、大多数の国民が食べることもままならないような生活を強いられていた。日常の生活に支障をきたす物資不足や不良品の氾濫に対して主婦達が果たした功績は大きい。戦後、大規模化してパワーを所有し始めたメーカーや小売業者に対して、消費者としての主婦が消費者の権利を求めて立ち上がったのである。そのため、日本の方が早く消費者運動が起こったのではないだろうか。

3 ソーシャル・マーケティングと現代社会における問題

1987年に行われた環境と開発に関する世界委員会（ブルントラント委員会）の報告書“Our Common Future（邦題：我ら共有の未来）”において、「Sustainable Development（持続可能な開発）」[39]という用語が初めて使われたといわれている。

持続可能な社会とは環境省「第三次環境基本計画」において「健全で恵み豊かな環境が地球規模から身近な地域までにわたって保全されるとともに、それらを通じて国民一人一人が幸せを実感できる生活を享受でき、将来世代にも継承することができる社会である」[40]と定義され、「そのためには、多様化する国民の期待が実現する社会の基盤としての環境が適切に保全されるとともに、経済的側面、社会的側面も統合的に向上することが求められると言える」[40]と記載されている。

環境省は、1994（平成6）年12月16日に第1次環境基本計画を閣議決定し、2000（平成12）年12月22日に第2次環境基本計画を閣議決定し、2006（平成18）年4月7日に第3次環境基本計画を閣議決定し、2012（平成24）年4月27日に第4次環境基本計画を閣議決定した[41]。

環境省は第4次環境基本計画の中で、「第4次環境基本計画において目指すべき持続可能な社会とは、人の健康や生態系に対するリスクが十分に低減され、『安全』が確保されることを前提として、『低炭素』・『循環』・『自然共生』の各分野が、各主体の参加の下で、統合的に達成され、健全で恵み豊かな環境が地球規模から身近な地域にわたって保全される社会であるといえる」[42]と定義している。

第3次環境基本計画までは、持続可能な社会の構築を目指すに当たっての長期的な目標として、「循環」「共生」「参加」「国際的取組」[43]を掲げてきた。その後東日本大震災が発生したことにより「安全」や「低炭素」、「自然共生」[42]といった用語を用いて持続可能な社会を表現している。2011（平成23）年3月に起こった東日本大震災が、目指すべき持続可能な社会の形に少なからず影響を与えていることが伺える。持続可能な社会の構築には「循環」や「共生」だけでなく「安全」が不可欠と認識されたのである。

また環境省は、「環境教育等による環境保全の取組の促進に関する法律」を施行し、環境教育に力を入れることによって環境保全活動に取り組めるような人材を育成して[44]持続可能な社会を構築しようとしている。

今後は持続可能な社会を構築しながら、経済活動やマーケティング活動を行っていく必要がある。日本や他の先進国は、今まで経済活動を優先してその他のことを二の次にしてきた。そのことが、環境破壊、地球温暖化、環境汚染、気候変動、公害、少子高齢化、食糧不足、食品ロス、ごみ問題、貧困といった様々な問題を引き起こしてきたのである。そのような問題は、ソーシャル・マーケティングの適用によって解決の糸口が見えてくる。例えば、PL 法（製造物責任法）によって消費者が受けた被害に対して製造業者に責任を負わせたり、食品のトレーサビリティ制度によって生産者が所持している情報に対して消費者がアクセスしたりして食品が安全かどうかの判断をすることができる。

持続可能な社会を構築するためには、持続可能なマーケティングを実行する必要がある。持続可能なマーケティングとは、現在の顧客ニーズを満たしつつ、将来世代のニーズも同時に満たすことができるような、社会や環境への責任を果たすマーケティングである[45]と定義されている。そして、持続可能な環境方針とは、環境を支えつつ企業に利益をもたらす戦略を策定する経営アプローチ[45]である。

4　環境教育の必要性

持続可能な社会を構築するためには環境教育が必要となってくるが、環境教育には2つの観点がある。1つは環境についての「事実認識」を行うものであり、もう1つは環境のための「教育」を行うものである。日本の義務教育の学習では、日本の季節推移の特徴を示すにとどまっており[46]、環境のための「教育」を行うためには学校教育以外で学ぶ場を設ける必要がある。環境のための「教育」には、環境保護・保全のためにどのような行動を起こせばよいのか、といった個人の価値観や幸福論までも包括する幅広い概念が含まれるのである。個人の価値観と環境問題という地球全体の問題をどのようにすり合わせていくかという点が重要となってくる。

持続可能な社会を構築するためには、持続可能な社会を構成する一人ひとりが幸せを実感できる生活を享受し、その幸せが一時的ではなく将来世代まで継承される必要がある。そのためには、安心・安全な生活が確保されなければならず、これ以上地球環境を破壊することなく自然と共生できる社会を作り上げなければならない。持続可能な社会の構築ために、現代だけでなく将来世代のニーズを充足することも重要である。将来世代のニーズを充足するためには、経済の面でも持続可能でなければならない。しかし、環境保全と経済活動の追及を同時に行うことは難しいのである。環境保全と経済活動の追及の両立を目指すためには、エネルギー（発電方法）の選択が重要なカギを握ると思われる。

経済活動を行うためにはエネルギーが必須であるが、エネルギーを得るために環境を破壊してしまうのでは環境保全と経済活動の追及は両立できない。両立のためには、環境に負荷をかけないエネルギーを使用する必要がある。

電力小売の自由化が実施され、太陽光パネルの価格も引き下げられるようになり、日本においても少しずつではあるがエネルギーを選択することが可能になってきている。環境に負荷を与えるが価格の安いエネルギーを選ぶことは、個人としてはメリットがあるかもしれない。しかし、地球全体のことを考えると価格は多少割高になるが環境に負荷を与えないエネルギーを選択することによってメリットが生じる。環境保全のためには、個ではなく全体のことを考えなければならず、そのような考えに至るような環境教育が実施されるべきである学校における環境教育、家庭における取組み、地域における環境教育の推進、職場における取組みが行われている[47)]が、実際に自然環境に触れて学ぶことが重要である。都心に立地している学校においては難しいかもしれないが、体験学習などで里山へ行って環境教育を行うことが重要である。

コラム　電機メーカーが手掛ける「まちづくり」

パナソニックという企業名を聞いてどのような製品が思い浮かぶだろうか。TV、クーラー、電子レンジ、インターホン、ドライヤー、家……。いろいろと思い浮かぶと思うが、パナソニックは今、「まちづくり」にチャレンジしている。創業100年を超えるパナソニックは、なぜまちづくりにチャレンジし、一体何を得ようとしているのか？

1985（昭和60）年に公開されたアメリカの映画『バック・トゥー・ザ・フューチャー』の中で、多くの日本の電機メーカーの製品が登場した。ラジオ付き目覚まし時計、腕時計（腕時計のみ日本の時計メーカーの製品）、ビデオカメラ、携帯型音楽（カセット）プレイヤーなど、当時の若者が欲しいと思う製品はほぼ日本の電機メーカーが生産・販売する製品だった。現在の若者が欲しいと思う製品、使いたいと思う製品は何であろうか。Google Pixel、iPhone、iPad、iPod、Facebook、Kindle などGAFA の製品が思い浮かぶのではないだろうか。コンテンツ・アプリも含まれるが、すべてアメリカの企業の製品である。そして、家電を見てみるとアジアの国々が低価格の製品をどんどん市場に導入して競争が熾烈化している。日本において、1991（平成3）年のバブル経済崩壊以降消費者が実感するような好景気は訪れず、婚姻率の低下や高齢者（年金生活者）の増加により高品質であるが高価な日本製の家電製品よりも低価格の海外製の家電製品が好まれるようになってきた。電機メーカーを取り囲む環境やニーズは、1985年から大きく変化しているのである。そのような環境において、企業として生き残る戦略を考え出さなければならなかった。そして、パナソニックの新たな取組みとしてスタートしたのが「まちづくり」であった。

Fujisawa サスティナブル・スマートタウン（Fujisawa SST）[48]は、松下電器産業・松下精工・松下冷機（現パナソニック）藤沢工場（神奈川県）の跡地に展開されているスマートタウンである。計画が立ち上がった10年前は「メーカーが街を創造する」などまるで夢物語のようなもの[49]だったそうである。

工場閉鎖後に土地を売却して、大型ショッピングモールやマンションを建設することが一般的だと思われる。土地を売却すれば土地の代金は受け取ることができるが、その後の収益は売却先に生じる。しかし、藤沢の工場跡地は、目の前に湘南モールタウンという大型ショッピングモールが存在するため、どんなに魅力的な商業施設を開業しても顧客を取り合うことになる。顧客にとっては選択肢が広がるためメリットがあるかもしれないが、出店する側としてはリスクの方が高い。そして、工場跡地は藤沢駅と辻堂駅の間にあり、駅からバスに乗らなければならない。そのため、マンションを建設しても駅から徒歩圏内のマンションの方が選ばれやすいだろう。単なる商業施設やマンションではなく、他の魅力ある付加価値を付ける必要があったと思われる。また、企業としても工場跡地を単純に売却するのではなくて長い間お世話になった工場の近隣地域の皆さんと、これからも何らかの形でつながりを持っていたいという思いからスタート[50]したそうである。そこでパナソニックは工場跡地を売却するのではなく、プロジェクト・オーナーとして残り、協力企業とともにスマートタウンを建設することを決定した。大規模工場は、松下電器産業・松下精工・松下冷機（現パナソニック）藤沢工場のように都心の一等地ではなく郊外に建設されることが多い。工場の海外移転などに伴う工場閉鎖後のビジネス・モデルとして世界に提供することができれば、近年国際競争力を失いつつある日本が再浮上するきっかけにもなるかもしれない。

Fujisawa SST は、「100年先の未来を見据えたサステイナブルな街」[51]を目指している。団地やマンションは、親の世代は暮らし続けるが子の世代は団地やマンションを出て別に住居を構えることも多く、居住者の高齢化が進み建て替えもままならないという問題が生じる。ところが、Fujisawa SST は、魅力ある「まち」を形成することによって、何世代にもわたって住み続けてもらうことを目指しているのである。

パナソニックがプロジェクト・オーナーを務める「まち」に人々が住むということは、その人々が長年にわたって顧客になり得るということである。「まち」の居住者にパナソニックの製品のプロモーションを行って、パナソニックの製品を購入し続けてもらうことも可能だろう。何世代にもわたって住み続けることになれば、世代を超えたリレーションシップ・マーケティングを実現することができる。

注）

本章は、拙稿（2021）「持続可能な社会とエネルギー問題――持続可能なエネルギーの有用性とスマートコミュニティ」日本大学商学研究会編『商学集志』第91巻2号、日本大学商学研究会を大幅に改編したものである。

ネット検索によるデータの取得日は，すべて2021年11月15日．

1）和田充夫・恩藏直人・三浦俊彦（2016）『マーケティング戦略（第5版）』有斐閣アルマ，p. 318.
2）梅沢昌太郎（2006）『ビジネス・モデルの再生――ディスマーケティングを問う』白桃書房，p. 54.
3）Kotler, Philip & Mckenzie-Mohr, Doug & Lee, Nancy R. & Schultz, P. Wesley（2011）“Social Marketing to Protect the Environment What Works”, SAGE Publications　コトラー，フィリップ&マッケンジー＝モーア，ダグ&リー，ナンシー R. & シュルツ，P. ウェスリー著／松野弘監訳（2019）『コトラーのソーシャル・マーケティング――地球環境を守るために』ミネルヴァ書房，p. iv.
4）同上書 3），p. 3.
5）Kotler, Philip & Kartajaya, Hermawan & Setiawan, Iwan（2021）“Marketing 5.0 : Technology for Humanity”, Wiley, p. 46.
6）Kotler, Philip & Lee, Nancy R.（2009）“Up and Out of Poverty : The Social Marketing Solution”, Ft Pr　コトラー，フィリップ&リー，ナンシー R. 著／塚本一郎訳（2010）『コトラー　ソーシャル・マーケティング――貧困に克つ7つの視点と10の戦略的取組み』丸善.
7）Perreault, William D. & Cannon, Joseph P. & McCarthy, E. Jerom（2017）“Essentials of Marketing”, 15th ed., McGraw-Hill, p. 23.
8）同上書 7），p. 22.
9）鎌倉女子大学ウェブサイト「沿革」.
（https://www.kamakura-u.ac.jp/profile/history/index.html）
10）学校法人 鎌倉女子大学創立80周年記念サイト「80年のあゆみ History」.
（https://www.kamakura-u.ac.jp/80th_anniv/history/）
11）宮澤永光・亀井昭宏監修／岩本俊彦ほか編（1998）『マーケティング辞典』同文館出版，p. 186.
12）「コンシューマリズム」『日本大百科全書（ニッポニカ）』小学館.
（https://kotobank.jp/word/コンシューマリズム-67268）
13）国土交通省ウェブサイト「平成29年度　国土交通白書」p. 25.
（https://www.mlit.go.jp/hakusyo/mlit/h28/hakusho/h29/pdf/np101300.pdf）
14）前掲書 11），p. 108.
15）松本恒雄「消費者政策50年」独立行政法人 国民生活センターウェブサイト『国民生活』2018年5月号【No. 70】，p. 1.
（http://www.kokusen.go.jp/wko/pdf/wko-201805_01.pdf）
16）カーソン，レイチェル著／青樹簗一訳（1974）『沈黙の春』新潮文庫，p. 14.
17）「ラルフ ネーダー」『20世紀西洋人名事典』日外アソシエーツ.
（https://kotobank.jp/word/ラルフ%20ネーダー-1627603）

Nader, Ralph (1965) "Unsafe at Any Speed : The Designed-In Dangers of the American Automobile", Grossman

18) 富山県ウェブサイト「イタイイタイ病とは」.
(https://www.pref.toyama.jp/1291/kurashi/kenkou/iryou/1291/100025/100026.html)

19) 橿原市ウェブサイト「くらしの情報（歴史編）」.
(https://www.city.kashihara.nara.jp/article?id=5c35249ef1a7f00f31b1f11d)

20) 主婦連合会ウェブサイト「主婦連とは」. (https://shufuren.net/introduction/aboutus/)

21) 厚生労働省ウェブサイト「森永ひ素ミルク中毒事件について」.
(https://www.mhlw.go.jp/stf/seisakunitsuite/bunya/kenkou_iryou/shokuhin/kenkoukiki/morinaga/index.html)

22) 一般社団法人 全国消費者団体連絡会ウェブサイト「全国消団連って？」.
(http://www.shodanren.gr.jp/about/index.php)

23) 熊本県ウェブサイト「水俣病の発生・症候」.
(https://www.pref.kumamoto.jp/soshiki/47/1707.html)

24) EIC ネット「四日市ぜんそく」. (https://www.eic.or.jp/ecoterm/?act=view&serial=2634)

25) 一般財団法人 日本消費者協会ウェブサイト「日本消費者協会とは」.
(https://jca-home.jp/about/)

26) 新潟県ウェブサイト「新潟水俣病 20の疑問」.
(https://www.pref.niigata.lg.jp/uploaded/attachment/142851.pdf)

27) 前掲書 11), p. 109.

28)「消費者基本法」『日本大百科全書（ニッポニカ）』小学館.
(https://kotobank.jp/word/消費者基本法-156335)

29) 経済産業省 資源エネルギー庁ウェブサイト「【日本のエネルギー、150年の歴史④】2度のオイルショックを経て、エネルギー政策の見直しが進む」.
(https://www.enecho.meti.go.jp/about/special/johoteikyo/history4shouwa2.html)

30) 環境省ウェブサイト「国連人間環境会議（ストックホルム会議：1972年）人間環境宣言」.
(https://www.env.go.jp/council/21kankyo-k/y210-02/ref_03.pdf)

31) 全国地球温暖化防止活動推進センターウェブサイト「1-6　いつから地球温暖化が問題とされるようになったのか」. (https://www.jccca.org/faq/15922)

32) 公益財団法人 消費者教育支援センターウェブサイト「私たちにできること」.
(https://www.consumer-education.jp/activity/index.html)

33) 公益社団法人 企業メセナ協議会ウェブサイト「事業内容」.
(https://www.mecenat.or.jp/ja/about_mecenat/business_description)

34) 公益社団法人 日本フィランソロピー協会ウェブサイト「団体概要」.
(https://www.philanthropy.or.jp/aboutus/outline/)

35) 公益社団法人 日本フィランソロピー協会ウェブサイト「事業内容」.
(https://www.philanthropy.or.jp/aboutus/project/)

36) e-GOV ウェブサイト「製造物責任法（平成六年法律第八十五号）」.
(https://elaws.e-gov.go.jp/document?lawid=406AC0000000085)
37) 公益社団法人 経済同友会ウェブサイト「第 15 回企業白書『市場の進化』と社会的責任経営――企業の信頼構築と持続的な価値創造に向けて　第 2 部（実践編）」.
(https://www.doyukai.or.jp/whitepaper/articles/pdf/no15/030326_5.pdf)
38) 公益社団法人 経済同友会ウェブサイト「第 15 回企業白書『市場の進化』と社会的責任経営――企業の信頼構築と持続的な価値創造に向けて　企業白書要旨」.
(https://www.doyukai.or.jp/whitepaper/articles/pdf/no15/030326_2.pdf)
39) Brundtland G. H.（1987）"Our Common Future".（https://sustainabledevelopment.un.org/content/documents/5987our-common-furure.pdf）
40) 環境省ウェブサイト「環境基本計画――環境から拓く新たなゆたかさへの道（平成 18 年 4 月）」p. 4.（https://www.env.go.jp/press/files/jp/7955.pdf）
41) 環境省ウェブサイト「環境基本計画」.（https://www.env.go.jp/policy/kihon_keikaku/）
42) 環境省ウェブサイト「環境基本計画（平成 24 年 4 月 27 日）」p. 16.
(https://www.env.go.jp/policy/kihon_keikaku/plan/plan_4/attach/ca_app.pdf)
43) 環境省ウェブサイト「環境基本計画――環境から拓く新たなゆたかさへの道（平成 18 年 4 月 7 日）」pp. 5–6.（https://www.env.go.jp/policy/kihon_keikaku/kakugi_honbun20060407.pdf）
44) 環境省ウェブサイト「環境保全活動、環境保全の意欲の増進及び環境教育並びに協働取組の推進に関する基本的な方針（平成 30 年 6 月 26 日）」p. 17.
(https://www.env.go.jp/press/files/jp/109419.pdf)
45) コトラー，フィリップ & アームストロング，ゲイリー & 恩藏直人（2014）『コトラー、アームストロング、恩藏のマーケティング原理』丸善出版，p. 419.
46) 山添謙（2010）「環境教育におけるリメディアル教育のための Web ラーニングの可能性――気候システムの理解を事例にして」日本大学商学部情報科学研究所編『情報科学研究』第 19 号，日本大学商学部情報科学研究所，p. 45.
47) 文部科学省ウェブサイト「『つながり』に気づき、あなたから始めよう。――環境保全の意欲の増進及び環境教育の推進について（平成 17 年 1 月）」p. 7.
(http://www.env.go.jp/policy/001_oldlaw_pamph_suishin.pdf)
48) Fujisawa サスティナブル・スマートタウン公式サイト.（https://fujisawasst.com/JP/）
49) 未来コトハジメウェブサイト「『100 年続くまち』の実現へ――満 5 歳を迎えたスマートタウンの現在地点（2020 年 1 月 14 日）」.
(https://project.nikkeibp.co.jp/mirakoto/atcl/design/2/t_vol48/)
50) Harvard Business Review ウェブサイト「実装フェーズに移ったスマートシティ　成否を分ける鍵とは何か（2021 年 1 月 29 日）」.（https://www.dhbr.net/articles/-/7384）
51) Panasonic ウェブサイト「まち全体でより良いくらしを提供する『サスティナブル・スマートタウン』」.
(https://www.panasonic.com/jp/corporate/sustainability/case_study/case01.html)

参考文献

第1章

雨宮史卓（2020）『広告コミュニケーション』八千代出版.

池尾恭一・青木幸弘・南智惠子・井上哲浩（2010）『マーケティング』有斐閣.

石井淳蔵・栗木契・嶋口充輝・余田拓郎（2004）『ゼミナール　マーケティング入門』日本経済新聞社.

石川和男（2013）『基礎からの商業と流通（第3版）』中央経済社.

久保村隆祐・原田俊夫編（1984）『商業学を学ぶ（第2版）』有斐閣.

鈴木安昭（1993）『新・流通と商業』有斐閣.

田内幸一（1985）『マーケティング』日本経済新聞出版.

田内幸一（1983）『市場創造のマーケティング』三嶺書房.

野口智雄（2005）『ビジュアル　マーケティングの基本（第2版）』日本経済新聞出版.

Kotler, Philip（1991）“Marketing Management : Analysis, Planning, Implementation and Control”, Prentice Hall　コトラー，P. 著 / 村田昭治監修 / 小坂恕・疋田聰・三村優美子訳（1996）『マーケティングマネジメント――持続的成長の開発と戦略展開（第7版）』プレジデント社.

Kotler, Philip（2001）“Marketing Management : The Millennium Edition”, Prentice Hall　コトラー，P. 著 / 恩藏直人監修 / 月谷真紀訳（2001）『コトラーのマーケティング・マネジメント――ミレニアム版』ピアソン・エデュケーション.

第2章

雨宮史卓（2001）「産業構造の変化とブランド概念の進展」梅沢昌太郎編『マーケティング流通戦略』白桃書房.

雨宮史卓（2001）「ブランドの価値と創造的可能性」日本大学商学部マーケティング研究会編『マーケティング・ソリューション』白桃書房.

雨宮史卓（2004）「製品戦略」経営学検定試験協議会監修 / 経営能力開発センター編『経営学検定試験公式テキスト④――マーケティング』中央経済社.

雨宮史卓（2005）「ホスピタリティ・マネジメントにおけるブランド・ライフサイクル」日本ホスピタリティ協会編『HOSPITALITY――日本ホスピタリティ・マネジメント学会誌』第12号，日本ホスピタリティ・マネジメント学会.

雨宮史卓（2009）『ブランド・コミュニケーションと広告』八千代出版.

雨宮史卓（2020）『広告コミュニケーション』八千代出版.

久保村隆祐・荒川祐吉監修 / 鈴木安昭・白石善章編（1995）『最新商業辞典』同文舘出版.

辻幸恵・梅村修・水野浩児（2009）『キャラクター総論――文化・商業・知財』白桃書房.

出牛正芳編（2004）『基本マーケティング用語辞典（新版）』白桃書房.

星野克美監修 / 宮下真（2001）『キャラクタービジネス――知られざる戦略』青春出版社.

宮澤永光・亀井昭宏監修／岩本俊彦ほか編（2003）『マーケティング辞典（改訂版）』同文舘出版.
Aaker, D. A.(1991) "Managing Brand Equity : Capitalizing on the Value of a Brand Name" アーカー, D. A. 著／陶山計介・中田善啓・尾崎久仁博・小林哲訳（1994）『ブランド・エクイティ戦略——競争優位をつくりだす名前、シンボル、スローガン』ダイヤモンド社.
Aaker, D. A. (1996) "Building Strong Brands" アーカー, D. A. 著／陶山計介・小林哲・梅本春夫・石垣智徳訳（1997）『ブランド優位の戦略——顧客を創造するBIの開発と実践』ダイヤモンド社.
Aaker, D. A. & Joachimsthaler, Erich (2000) "Brand Leadership" アーカー, D. A. & ヨアヒムスターラー, E. 著／阿久津聡訳（2000）『ブランド・リーダーシップ——「見えない企業資産」の構築』ダイヤモンド社.
Keller, Kevin Lane (1998) "Strategic Brand Management" ケラー, K. L. 著／恩藏直人・亀井昭宏訳（2000）『戦略的ブランド・マネジメント』東急エージェンシー出版部.
Kotler, Philip (1984) "Marketing Essentials" コトラー, P. 著／宮澤永光・十合晄・浦郷義郎共訳（1986）『マーケティング・エッセンシャルズ』東海大学出版会.
Kotler, Philip (1991) "Marketing Management : Analysis, Planning, Implementation and Control" コトラー, P. 著／村田昭治監修／小坂恕・疋田聰・三村優美子訳（1996）『マーケティングマネジメント——持続的成長の開発と戦略展開（第7版）』プレジデント社.
Kotler, Philip & Armstrong, Gary (2001) "Principles of Marketing", 9th ed. コトラー, P. & アームストロング, G. 著／和田充夫監訳（2003）『マーケティング原理（第9版）——基礎理論から実践戦略まで』ダイヤモンド社.

第3章

小川孔輔（2009）『マネジメント・テキスト マーケティング入門』日本経済新聞出版社.
神原理編（2019）『サービス・マーケティング概論』ミネルヴァ書房.
近藤隆雄（2010）『サービス・マーケティング——サービス商品の開発と顧客価値の創造（第2版）』生産性出版.
近藤隆雄（2012）『サービス・イノベーションの理論と方法』生産性出版.
中原龍輝（2020）『サービス経営とサービスマーケティング』創成社.
南方建明・宮城博文・酒井理（2015）『サービス業のマーケティング戦略』中央経済社.
村松潤一・大藪亮編（2021）『北欧学派のマーケティング研究——市場を超えたサービス関係によるアプローチ』白桃書房.
Fisk, Raymond P. & Grove, Stephen J. & Jhon, Joby (2004) "Interactive Services Marketing", 2nd ed., Houghton Mifflin Company フィスク, R. P. & グローブ, S. J. & ジョン, J. 著／小川孔輔・戸谷圭子監訳（2005）『サービス・マーケティング入門』法政大学出版局.
Grönroos, Christian (2007) "Service Management and Marketing : Customer Manage-

ment in Service Competition", 3rd ed., JohnWiley & Sons Limited　グルンルース，クリスチャン著 / 近藤宏一監訳 / 蒲生智哉訳（2013）『北欧型サービス志向のマネジメント――競争を生き抜くマーケティングの新潮流』ミネルヴァ書房.

Grönroos, Christian（2007）"In Search of a New Logic for Marketing : Foundations of Contemporary Theory", JohnWiley & Sons Limited　グルンルース，クリスチャン著 / 蒲生智哉訳（2015）『サービス・ロジックによる現代マーケティング理論――消費プロセスにおける価値共創へのノルディック学派アプローチ』白桃書房.

Hochschild, Arlie R.（1983）"The Managed Heart : Commercialization of Human Feeling", University of California Press　ホックシールド，A. R. 著 / 石川准・室伏亜希訳（2000）『管理される心――感情が商品になるとき』世界思想社.

Kotler, Philip & Hayes, Thomas & Bloom, Paul N.（2002）"Marketing Professional Services", 2nd ed., Prentice Hall　コトラー，フィリップ＆ヘイズ，トーマス＆ブルーム，ポール著 / 白井義男監修 / 平林祥訳（2002）『コトラーのプロフェッショナル・サービス・マーケティング』ピアソン・エデュケーション.

Kotler, Philip & Keller, Kevin Lane（2006）"Marketing Management", 12th ed., Pearson Education　コトラー，フィリップ＆ケラー，ケビン・レーン著 / 恩藏直人監修 / 月谷真紀訳（2014）『コトラー＆ケラーのマーケティング・マネジメント（第 12 版）』丸善出版.

Lovelock, Christopher H. & Wright, Louren K.（1999）"Principles of Service Marketing and Management", Prentice Hall　ラブロック，クリストファー＆ライト，ローレン著 / 小宮路雅博監訳 / 高畑泰・藤井大拙訳（2002）『サービス・マーケティング原理』白桃書房.

Lovelock, Christopher & Wirts, Jochen（2007）"Services Marketing : PEOPLE, TECHNOLOGY, STRATEGY", 6th ed., Pearson Education　ラブロック，クリストファー＆ウィルツ，ヨッヘン著 / 白井義男監修 / 武田玲子訳（2008）『ラブロック＆ウィルツのサービス・マーケティング』ピアソン・エデュケーション.

Vargo, S. L. & Lusch, R. F.（2004）"Evolving to a new dominant logic for marketing", *Journal of Marketing, 68,* pp. 1-17（January）

Vargo, S. L. & Lusch, R. F.（2014）"Service-dominant logic : premises, perspectives, possibilities", Cambridge University Press　ラッシュ，R. F. & バーゴ，S. L. 著 / 井上崇通監訳 / 庄司真人・田口尚史訳（2016）『サービス・ドミナント・ロジックの発想と応用』同文舘出版.

第 4 章

上田隆穂（2005）『日本一わかりやすい価格決定戦略――売りたいのなら、値下げはするな！ 価格設定と消費者心理のマーケティング』明日香出版社.

小川孔輔（2009）『マネジメント・テキスト マーケティング入門』日本経済新聞出版.

菅野誠二（2013）『値上げのためのマーケティング戦略――まだ価格競争で勝負するのか？』クロスメディア・パブリッシング.

田中洋（2015）『消費者行動論』ベーシック＋，中央経済社.
吉川尚宏（2009）『実践プロフェッショナル 価格戦略入門――ケースで学ぶ利益最大化の理論と方法』ダイヤモンド社.
吉本佳生（2011）『無料ビジネスの時代――消費不況に立ち向かう価格戦略』ちくま新書.
Dolan, Robert J. & Simon, Hermann（1996）"Power Pricing : How Managing Price Transforms the Bottom Line" サイモン，ヘルマン＆ドーラン，ロバート・J. 著／吉川尚宏監訳／エコノミクス・コンサルティング研究会訳『価格戦略論』ダイヤモンド社.
Kotler, Philip & Armstrong, Gary（2001）"Principles of Marketing", 9th ed. コトラー，フィリップ＆アームストロング，ゲイリー著／和田充夫監訳（2003）『マーケティング原理（第9版）――基礎理論から実践戦略まで』ダイヤモンド社.
Kotler, Philip & Armstrong, Gary & Naoto Onzo（2012）"Principles of Marketing", 14th ed. コトラー，フィリップ＆アームストロング，ゲイリー＆恩藏直人（2014）『コトラー、アームストロング、恩藏のマーケティング原理』丸善出版.

第5章

梅沢昌太郎編（1991）『流通サービス産業の経営論』白桃書房.
懸田豊・住谷宏編（2016）『現代の小売流通（第2版）』中央経済社.
金沢尚基（2005）『現代流通概論――構造・経営・マーケティング』慶応義塾大学出版会.
株式会社セブン＆アイ・ホールディングスウェブサイト「セブン＆アイ・ホールディングス事業概要――投資家向けデータブック（2014年度版）」.
https://www.7andi.com/ir/library/co/2015.html
鈴木豊（1999）『これからの流通がわかる辞典――基本用語から経営戦略キーワードまで』PHP研究所.
蓼沼智行（2010）『イノベーションと流通構造の国際的変化――業態開発戦略，商品開発戦略から情報化戦略への転換』時潮社.
原田英生・向山雅夫・渡辺達朗（2021）『ベーシック 流通と商業――現実から学ぶ理論と仕組み（第3版）』有斐閣アルマ.
三家英治（1985）「アメリカと日本における小売革新の差異」京都学園大学学会編『京都学園大学論集』第14巻第1号.
矢作敏行（1996）『現代流通――理論とケースで学ぶ』有斐閣アルマ.
李栄璨（1999）「日・韓小売構造に関する比較研究――日・韓小売商業構造変化に関する実証分析を中心に」日本大学大学院商学研究科博士論文.
Davidson, W. R. & Bates, A. D. & Bass, S. J.（1976）"The Retail Life Cycle", *Harvard Business Review 54*, Nov./Dec
Hollander, S. C.（1966）"Notes on the Retail Accordion", *Journal of Retailing, Summer*
McNair, M. C.（1958）*Significant Trends Developments in the Postwar Period*, in Smith, A. B., ed., "Competitive Distribution in a High-Level Economy and Its Implications for the University", University of Pittsburg Press

Nielsen, Orla (1966) *Development in Retailing*, in Kjaer-Hansen, M., ed., "Readings is Danish Theory of Marketing", North-Holland
Stern, L. W. & El-Ansary, A. I. (1977) "Marketing Channels", Prentice-Hall Inc.

第 6 章

井幡貴司（2017）「【2017 年版】セブン＆アイのオムニチャネルの最新動向のまとめ」ebisumartMEDIA ウェブサイト.
https://www.ebisumart.com/blog/7-omni/
上原征彦（2006）「情報化と中間流通の変化」東京経済大学経営学会編『東京経大学会誌（経営学）』第 254 号.
圓丸哲麻（2015）「百貨店に関する消費者の業態認識」麗澤大学紀要編集委員会編『麗澤大学紀要』第 98 巻.
大竃麻奈（2017）「データで見る流通 拡大続く食品通販市場『ショッピングサイト』が『生協』に迫る」ダイヤモンド・チェーンストアオンライン.
https://diamond-rm.net/market/28760/
角井亮一（2015）『オムニチャネル戦略』日本経済新聞社.
加藤義忠（2011）「現代流通における情報化の進展」関西大学商学会編『関西大学商学論集』第 56 巻第 3 号.
川辺信雄（2011）「ネットスーパーの生成と発展――バーチャル・ビジネスとリアル・ビジネスの統合」早稲田商学同攻会編『早稲田商学』第 429 号.
財経新聞ウェブサイト（2016）「食品通販市場拡大、生協との市場規模逆転も――矢野経済研究所」.
https://www.zaikei.co.jp/article/20161116/337523.html
新日本スーパーマーケット協会スーパーマーケット白書事務局編（2016）『2016 年版 スーパーマーケット白書』.
総務省編（2017）『情報通信白書（平成 29 年版）――データ主導経済と社会変革』.
蓼沼智行（2018）「高度情報ネットワーク社会における新たな流通展開と課題」日本消費経済学会編『消費経済研究』第 7 号.
Tech 総研ウェブサイト「楽天エンジニアが挑む、ビッグデータの分析・活用とは」.
https://next.rikunabi.com/tech/docs/ct_s03600.jsp?p=002049

第 7 章

雨宮史卓（2020）『広告コミュニケーション』八千代出版.
池尾恭一・青木幸弘・南知惠子・井上哲浩（2010）『マーケティング』有斐閣.
小川孔輔（2009）『マネジメント・テキスト マーケティング入門』日本経済新聞出版.
亀井昭宏監修 / 電通広告事典プロジェクトチーム編（2008）『電通広告事典』電通.
宣伝会議編（2006）『マーケティング・コミュニケーション大辞典』宣伝会議.
販促会議編集部編（2017）『デジタルで変わるセールスプロモーション基礎』宣伝会議.
渡辺隆之・守口剛（2011）『セールス・プロモーションの実際（第 2 版）』日本経済新聞

出版.
Cutlip, Scott M. & Center, Allen H. & Broom, Glen M.（2006）“Effective Public Relations”, 9th ed.　カトリップ，S. M & センター，A. H. & ブルーム，G. M.　著 / 日本広報学会監修（2008）『体系パブリック・リレーションズ』ピアソン・エデュケーション.
Keller, Kevin Lane（2008）“Strategic Brand Management”, 3rd ed.　ケラー，ケビン・レーン著 / 恩藏直人監訳（2015）『戦略的ブランド・マネジメント（第 3 版）』東急エージェンシー.
Kotler, Philip & Armstrong, Gary（2001）“Principles of Marketing”, 9th ed.　コトラー，フィリップ&アームストロング，ゲイリー著 / 和田充夫監訳（2003）『マーケティング原理（第 9 版）――基礎理論から実践戦略まで』ダイヤモンド社.

第8章

雨宮史卓（2020）『広告コミュニケーション』八千代出版.
安藤真澄（2021）『広告コミュニケーションの本質とは何か――「広告社会学」の試み』ミネルヴァ書房.
一般社団法人日本インタラクティブ広告協会（JIAA）（2019）『必携 インターネット広告――プロが押さえておきたい新常識』インプレス.
井徳正吾編（2005）『広告ハンドブック――広告・広告メディアの基礎知識から計画立案・出稿・効果測定・プレゼンテーションの実務まで』日本能率協会マネジメントセンター.
石崎徹編 / 小泉眞人ほか（2008）『わかりやすい広告論』八千代出版.
岸志津江・田中洋・嶋村和恵（2017）『現代広告論（第 3 版）』有斐閣アルマ.
コトラー，フィリップ&アームストロング，ゲイリー & 恩藏直人（2014）『コトラー、アームストロング、恩藏のマーケティング原理』丸善出版.
小林保彦（1998）『広告ビジネスの構造と展開――アカウントプランニング革新』日本経済新聞社.
嶋村和恵監修（2006）『新しい広告』電通.
仁科貞文・田中洋・丸岡吉人（2007）『広告心理』電通.
波田浩之（2018）『新版　広告の基本』日本実業出版社.
水野由多加（2014）『統合広告論――実践秩序へのアプローチ（改訂版）』ミネルヴァ書房.
水野由多加・妹尾俊之・伊吹勇亮編（2015）『広告コミュニケーション研究ハンドブック』有斐閣ブックス.
Keller, Kevin Lane.（2008）“Strategic Brand Managemen”, Pearson Education　ケラー，ケビン・レーン著 / 恩藏直人監訳（2010）『戦略的ブランド・マネジメント（第 3 版）』東急エージェンシー.
Kotler, Philip & Keller, Kevin Lane（2006）“Marketing Management”, 12th ed., Pearson Education　コトラー，フィリップ&ケラー，ケビン・レーン著 / 恩藏直人監修 / 月谷真紀訳（2014）『コトラー&ケラーのマーケティング・マネジメント（第 12 版）』

丸善出版.
Rossiter, Jhon R. & Percy, Larry (1997) "Advertising Communications & Promotion Management", 2nd ed., The McGraw-Hill Companies　ロシター，ジョン R. & パーシー，ラリー著 / 青木幸弘・岸志津江・亀井昭宏訳（2000）『ブランド・コミュニケーションの理論と実際』東急エージェンシー.

第9章

雨宮史卓（2001）「ブランドの価値と創造的可能性」日本大学商学部マーケティング研究会編『マーケティング・ソリューション』白桃書房.
雨宮史卓（2002）「産業構造の変化とブランド概念の進展」梅沢昌太郎編『マーケティング流通戦略――対立と解消』白桃書房.
雨宮史卓（2008）「消費者の購買行動の変化とブランド・マーケティング」大江ひろ子編『コミュニケーション・マーケティング――共鳴と共感の対話型企業経営』白桃書房.
雨宮史卓（2009）『ブランド・コミュニケーションと広告』八千代出版.
雨宮史卓（2020）『広告コミュニケーション』八千代出版.
梅沢昌太郎（1986）『食品のマーケティング――食品流通の現実的課題』白桃書房.
大木英男・石井禎・山中幸信（2001）『マーケティング計画の立て方・つくり方――マーケティング戦略実行のための計画作成のプロセスとノウハウがわかる』日本能率協会マネジメントセンター.
小川孔輔（1994）『ブランド戦略の実際』日本経済新聞社.
恩蔵直人（2007）『コモディティ化市場のマーケティング論理』有斐閣.
久保村隆祐・荒川祐吉監修 / 鈴木安昭・白石善章編（1995）『最新商業辞典』同文舘出版.
長沢伸也編（2007）『ルイ・ヴィトンの法則――最強のブランド戦略』東洋経済新報社.
野口智雄（1995）『価格破壊時代の PB 戦略――「低価格・高品質」の秘密を探る』日本経済新聞社.
宮澤永光・亀井昭宏監修 / 岩本俊彦ほか編（2003）『マーケティング辞典（改訂版）』同文舘出版.
Aaker, D. A.（1991）"Managing Brand Equity : Capitalizing on the Value of a Brand name"　アーカー，D. A. 著 / 陶山計介・中田善啓・尾崎久仁博・小林哲訳（1994）『ブランド・エクイティ戦略――競争優位をつくりだす名前、シンボル、スローガン』ダイヤモンド社.
Farquhar, P. H.（1989）"Managing Brand Equity"　ファクハー，P. H. 著 / 青木幸弘訳（1993）「ブランド・エクイティの管理」流通経済研究所編『流通情報』No. 287,1993 年 4 月号，流通経済研究所.
Keller, Kevin Lane（1998）"Strategic Brand Management"　ケラー，K. L. 著 / 恩藏直人・亀井昭宏訳（2000）『戦略的ブランド・マネジメント』東急エージェンシー出版部.
Kotler, Philip（1991）"Marketing Management : Analysis, Planning, Implementation and Control"　コトラー，P 著 / 村田昭治監修 / 小坂恕・疋田聰・三村優美子訳（1996）

『マーケティングマネジメント――持続的成長の開発と戦略展開（第7版）』プレジデント社.
Kotler, Philip（2000）“Marketing Management : The Millennium Edition” コトラー，P. 著 / 恩藏直人監修 / 月谷真紀訳（2001）『コトラーのマーケティング・マネジメント――ミレニアム版』ピアソン・エデュケーション.
Oliver, Terence（1993）“Brand Valuation” オリバー，T. 著 / 福家成夫訳（1993）『ブランド価値評価の実務――経営戦略としてのブランド管理と運用』ダイヤモンド社.
Pine II, B. Joseph & Gilmore, James H.（1999）“The Experience Economy” パイン II, B. J. & ギルモア，J. H. 著 / 岡本慶一・小高尚子訳（2005）『新訳 経験経済――脱コモディティ化のマーケティング戦略』ダイヤモンド社.

第10章

相原修（2003）『ベーシック　マーケティング入門（第3版）』日経文庫.
菊池宏之（2013）『現代マーケティング入門』同文舘出版.
田内幸一（1985）『マーケティング』中央経済社.
沼上幹（2008）『わかりやすいマーケティング戦略（新版）』有斐閣アルマ.
宮澤永光・亀井昭宏監修 / 岩本俊彦ほか編（1998）『マーケティング辞典』同文舘出版.
村田昭次・田内幸一編（1981）『現代マーケティングの基礎理論』同文舘出版.
和田充夫・恩藏直人・三浦俊彦（2016）『マーケティング戦略（第5版）』有斐閣アルマ.
Perreault Jr., William D. & Cannon, Joseph P. & McCarthy, E. Jerome（2017）“Essentials of Marketing”, 15th ed., McGraw-Hill

第11章

岩田貴子（2017）『エリア・マーケティング・アーキテクチャー（増補版）』税務経理協会.
藤谷裕子（1995）『マーケティング・リサーチおよびその分析手法に関する一考察』日本大学大学院修士論文.
藤谷裕子（2010）「戦略立案のためのデータ活用法」梅沢昌太郎編『現代商業学』慶應義塾大学出版会.
和田充夫・恩藏直人・三浦俊彦（2019）『マーケティング戦略（第5版）』有斐閣アルマ.
Aaker, David A. & Kumar, V. & Day, George S.（1997）“Marketing Research” 6th ed., Willey
American Marketing Association（1960）“Marketing Definitions”, American Marketing Association
Brown, L. O.（1949）“Marketing and Distribution Research”, Ronald Press Co.
Brown, M. P. & Cardozo, R. N. & Cunningham, S. M. & Salmon, W. J. & Sultan, R. G. M.（1957）“Problems In Marketing”, McGraw-Hill
Cannon, Tom（1980）“Basic Marketing : Principles and Practice”, Holt
Howard, J. A.（1963）“Marketing Management : Analysis and Planning”, Homewood, Ill.,

Richard D. Irwin
Kelly, E. J.（1965）“Marketing : Strategy and Function”, Staples Press
Kinnear, T. C. & Taylor, I. R.（1983）“Marketing Research : An Applied Approach”, McGraw-Hill
Kotler, Philip（1980）“Marketing Manegement : Analysis, Planning and control”, Prentice-Hall
Kotler, Philip（1980）“Principles of Marketing”, Prentice-Hall
Luck, D. J. & Wales, H. G. & Taylor, D. A.（1952）“Marketing Research”, Prentice-Hall
McCarthy, E. J.（1960）“Basic Marketing : A Managerial Approach”, Homewood, Ⅲ., Richard D. Irwin
Perreault Jr., William D. & Cannon, Joseph P. & McCarthy, E. Jerome（2017）“Essentials of Marketing”, 15th ed., McGraw-Hill

第12章

秋山功ほか編（2004）『IC タグの仕組みとそのインパクト』ソフト・リサーチ・センター.
RFID テクノロジ編集部編（2004）『無線 IC タグ導入ガイド――先進ユーザーと実証実験に学ぶ！』日経 BP ムック.
井熊均（2004）『IC タグビジネス――実践手法と新分野への適用』東洋経済新報社.
一般社団法人キャッシュレス推進協議会ウェブサイト「キャッシュレス・ロードマップ 2021（2021 年 3 月 31 日）」.
https://www.paymentsjapan.or.jp/wordpress/wp-content/uploads/2021/05/roadmap2021.pdf
LNEWS ウェブサイト. https://lnews.jp/
株式会社ファーストリテイリングウェブサイト. https://www.fastretailing.com/
経済産業省ウェブサイト「キャッシュレス・ビジョン（平成 30 年 4 月）」.
https://www.meti.go.jp/press/2018/04/20180411001/20180411001-1.pdf
経済産業省ウェブサイト「キャッシュレス決済の“いろは”」.
https://www.meti.go.jp/policy/mono_info_service/cashless/image_pdf_movie/cashless_iroha.pdf
國領二郎・日経デジタルコアトレーサビリティ研究会編（2004）『デジタル ID 革命――IC タグとトレーサビリティーがもたらす大変革』日本経済新聞社.
蓼沼智行（2020）『高度情報ネットワーク社会とマーケティング概念の変容』なでしこ出版.
帝国データバンクウェブサイト「特別企画：人手不足に対する企業の動向調査（2019 年 1 月）」.
https://www.tdb.co.jp/report/watching/press/pdf/p190207.pdf
帝国データバンクウェブサイト「特別企画：2019 年度の設備投資に関する企業の意識調査」.
https://www.tdb.co.jp/report/watching/press/pdf/p190504.pdf

東洋経済 ONLINE.　https://toyokeizai.net/
内閣府ウェブサイト.　http://www5.cao.go.jp/
日経 FinTech・日経クロストレンド・日経×TECH 編（2019）『QR 決済――日本列島を覆い尽くすキャッシュレスの本命はこれだ』日経 BP ムック
日本経済新聞ウェブサイト.　https://www.nikkei.com/
林周二（1962）『流通革命――製品・経路および消費者』中公新書.
三井住友カードウェブサイト.　https://www.smbc-card.com/
流通ニュースウェブサイト.　https://www.ryutsuu.biz/
ローソン公式サイト.　http://www.lawson.co.jp/

第13章

イオントップバリュ　ウェブサイト.　https://www.topvalu.net
イトーヨーカドー　ウェブサイト「顔が見える食品。」.
https://look.itoyokado.co.jp/
梅沢昌太郎（1999）『アグロ・フード・マーケティング――食と農のマーケティング統合』白桃書房.
緒方知行・田口香世（2013）『セブンプレミアム進化論――なぜ安売りしなくても売れるのか』朝日新聞出版.
清野誠喜・梅沢昌太郎編（2009）『パッケージド・アグロフード・マーケティング――生産・販売履歴にみる安全・環境・ブランド化』白桃書房.
環境省ウェブサイト.　https://www.env.go.jp
経済産業省ウェブサイト.　https://www.meti.go.jp
国土交通省ウェブサイト.　https://www.mlit.go.jp
社団法人食品需給研究センターウェブサイト「『食品の情報開示へのニーズに関する消費者調査』結果概要」.
http://www.fmric.or.jp/trace/h18/consumer/digest070611.pdf
消費者庁ウェブサイト「新しい食品表示制度について（平成 27 年 7 月）」.
https://www.caa.go.jp/policies/policy/consumer_safety/food_safety/risk_commu_2015_003/pdf/150721shiryou_1.pdf
食品産業新聞社ニュース WEB.　https://www.ssnp.co.jp/news/
蓼沼智行（2010）『イノベーションと流通構造の国際的変化――業態開発戦略、商品開発戦略から情報化戦略への転換』時潮社.
日本農業新聞ニュースウェブサイト.　https://www.agrinews.co.jp/
農林水産省ウェブサイト.　https://www.maff.go.jp
Schumpeter, J. A.（1912）"Theorie der wirtschaftlichen Entwicklung"　シュムペーター, J. A. 著 / 塩野谷祐一・中山伊知郎・東畑精一訳（1977）『経済発展の理論（上）』岩波文庫.

第14章

伊東正伸・岡部あおみ・加藤義夫・新見隆（2003）『アートマネージメント』武蔵野美術大学出版局.

上山信一・稲葉郁子（2003）『ミュージアムが都市を再生する』日本経済新聞社.

川又啓子（2004）「アートとマーケティング――Marketing as Communication」『Booklet』Vol. 11, 慶應義塾大学, pp. 73-82.

小暮宣雄（2013）『アーツマネジメント学――芸術の営みを支える理論と実践的展開』水曜社.

後藤和子・勝浦正樹編（2019）『文化経済学――理論と実際を学ぶ』有斐閣.

小林真理・片山泰輔監修・編／伊藤裕夫・中川幾郎・山崎稔惠編（2009）『アーツ・マネジメント概論（三訂版）』水曜社.

佐々木健一（1995）『美学辞典』東京大学出版会.

辛美沙（2008）『アート・インダストリー――究極のコモディティーを求めて』美学出版.

辻幸恵・梅村修（2006）『アート・マーケティング』白桃書房.

林容子（2004）『進化するアートマネジメント』レイライン.

文化庁ウェブサイト「『アートマネジメント人材等の育成及び活用について』審議経過報告（案）」.
https://www.bunka.go.jp/seisaku/bunkashingikai/seisaku/05/06/pdf/siryou_03.pdf

文化庁ウェブサイト「文化審議会文化政策部会　第2回　アート市場活性化ワーキンググループ説明資料」.
https://www.bunka.go.jp/seisaku/bunkashingikai/seisaku/18/art_wg02/pdf/92866901_02.pdf

松本茂章編（2021）『はじまりのアートマネジメント――芸術経営の現場力を学び、未来を構想する』水曜社.

村上隆（2006）『芸術起業論』幻冬舎.

山田真一（2008）『アーツ・マーケティング入門――芸術市場に戦略をデザインする』水曜社.

和田充夫（1999）『関係性マーケティングと演劇消費――熱烈ファンの創造と維持の構図』ダイヤモンド社.

Baumol, William and Bowen, William G.（1966）"Performing arts the economic dilemma : a study of problems common to theater, opera, music and dance", Twentieth Century Fund　ボウモル, W. J. & ボウエン, W. G. 著／池上惇・渡辺守章監訳（1994）『舞台芸術――芸術と経済のジレンマ』芸団協出版部.

Benjamin, Walter Bendix Schönflies（1935）"Das Kunstwerk im Zeitalter seiner technischen Reproduzierbarkeit", Suhrkamp Verlag KG　ベンヤミン, ヴァルター著／佐々木基一訳（1970）『複製技術時代の芸術』ヴァルター・ベンヤミン著作集 2, 晶文社.

Caves, Richard E.（2000）"Creative Industries", Harvard University Press

Colbert, Francçois. & Ravanas, Phlippe（2018）“Marketing Culture and the Arts”, 5th ed., Carmelle and Rémi Marcoux, Chair in Arts Management　コルベール，フランソワ&ラヴァナス，フィリップ編 / 曽田修司・中尾知彦訳（2021）『文化とアートのマーケティング』美学出版.

Florida, Richard（2005）“The Flight of the Creative Class”, HarperCollins　フロリダ，リチャード著 / 井口典夫訳（2007）『クリエイティブ・クラスの世紀――新時代の国、都市、人材の条件』ダイヤモンド社.

Throsby, David（2010）“The Economics of Cultural Policy”, Cambridge University Press. スロスビー，デイヴィッド著 / 後藤和子・阪本崇監訳（2014）『文化政策の経済学』ミネルヴァ書房.

第 15 章

梅沢昌太郎（1995）『新版　非営利・公共事業のマーケティング――ふるさと・生協・農協（JA）の活性化戦略』白桃書房.

大守隆（2016）『入門テキスト　環境とエネルギーの経済学』東洋経済新報社.

栗山浩一・馬奈木俊介（2021）『環境経済学をつかむ（第 4 版）』テキストブックス［つかむ］，有斐閣.

藤谷裕子（2021）「持続可能な社会とエネルギー問題――持続可能なエネルギーの有用性とスマートコミュニティ」日本大学商学研究会編『商学集志』91 巻 2 号，日本大学商学研究会，pp. 109-130.

諸富徹編（2015）『再生可能エネルギーと地域再生』日本評論社.

Kotler, Philip & Lee, Nancy R.（2009）“Up and Out of Poverty : The Social Marketing Solution”, Ft Pr　コトラー，フィリップ&リー，ナンシー R. 著 / 塚本一郎訳（2010）『コトラー　ソーシャル・マーケティング――貧困に克つ 7 つの視点と 10 の戦略的取組み』丸善.

Kotler, Philip & Mckenzie-Mohr, Doug & Lee, Nancy R. & Schultz, P. Wesley（2011）“Social Marketing to Protect the Environment What Works”, SAGE Publications, Inc コトラー，フィリップ&マッケンジー＝モーア，ダグ&リー，ナンシー R. & シュルツ，P. ウェスリー著 / 松野弘監訳（2019）『コトラーのソーシャル・マーケティング――地球環境を守るために』ミネルヴァ書房.

索引

さ行

た行

な行

は行

ま行

や行

ら行

わ行

編者・執筆分担

雨宮史卓（あめみや　ふみたか）…………第1章、第2章、第4章、第7章、第9章
日本大学通信教育部　教授・大学院総合社会情報研究科　兼担教授

執筆者（五十音順）・執筆分担

蓼沼智行（たでぬま　ともゆき）…………………第5章、第6章、第12章、第13章
日本大学国際関係学部　教授・大学院国際関係研究科　兼担教授

藤谷裕子（ふじたに　ゆうこ）…………………………第10章、第11章、第15章
日本大学商学部　非常勤講師・日本大学商学部商学研究所　研究員

松本竜一（まつもと　りゅういち）………………………第3章、第8章、第14章
千葉経済大学経済学部　専任講師

Next教科書シリーズ マーケティング論

2022（令和4）年2月28日　初　版1刷発行

編　者　雨宮　史卓

発行者　鯉渕　友南

発行所　株式会社　弘文堂　101-0062　東京都千代田区神田駿河台1の7
TEL 03(3294)4801　振替 00120-6-53909
https://www.koubundou.co.jp

装　丁　水木喜美男

印　刷　三美印刷

製　本　井上製本所

ISBN978-4-335-00250-2